ALLES AUF ANFANG

Nicolaus Heinen, geb. 1980, leitet die Global Intelligence Services der Linde AG in München. Zuvor war er als Europavolkswirt für die Deutsche Bank AG tätig. Der Autor mehrerer Wirtschaftsbücher ist Lehrbeauftragter für Wirtschafts- und Wettbewerbspolitik an der Universität Bayreuth.

Jan Mallien, geb. 1982, ist geldpolitischer Korrespondent des Handelsblatts in Frankfurt. Zuvor war er als Politikredakteur in der Onlineredaktion tätig. Der Diplom-Volkswirt ist Absolvent der Georg von Holtzbrinck-Schule für Wirtschaftsjournalismus.

Florian Toncar, geb. 1979, ist als Rechtsanwalt in Frankfurt tätig und auf den Bereich Bankenaufsicht spezialisiert. Zwischen 2005 und 2013 war er Mitglied des Deutschen Bundestages. Als Vorsitzender des Finanzmarktgremiums sowie Mitglied im Haushaltsausschuss war er maßgeblich mit der politischen Bewältigung der Finanz- und Staatsschuldenkrise befasst.

Nicolaus Heinen, Jan Mallien, Florian Toncar

ALLES AUF ANFANG

Warum der Euro scheitert –
und wie ein Neustart gelingt

Campus Verlag
Frankfurt/New York

Die Aussagen in diesem Buch geben ausschließlich die persönliche Meinung der Verfasser wieder.

ISBN 978-3-593-50744-6 Print
ISBN 978-3-593-43689-0 E-Book (PDF)
ISBN 978-3-593-43763-7 E-Book (EPUB)

Copyright © 2017 Campus Verlag GmbH, Frankfurt am Main 2017.
Umschlaggestaltung: total italic, Thierry Wijnberg, Amsterdam/Berlin
Umschlagmotiv: © Shutterstock/kulyk
Satz: Fotosatz L. Huhn, Linsengericht
Gesetzt aus der Scala
Druck und Bindung:Druckhaus Beltz Bad Langensalza
Printed in Germany

www.campus.de

INHALT

DER TAG DER ENTSCHEIDUNG

Wie lange wird das noch gut gehen? Wer in diesen Tagen auf die Europäische Union (EU) und die Eurozone blickt, stellt sich unweigerlich diese Frage. Wir schauen auf eine Staatengemeinschaft, die über Verteilungsfragen streitet und kaum mehr zustande bringt als den kleinsten gemeinsamen Nenner. Statt Wohlstand zu schaffen, facht der Euro immer neue Konflikte an. Wir beobachten Volkswirtschaften, die seit Jahren unter Niedrigwachstum ächzen und trotzdem wichtige Reformen verschleppen. Die wirtschaftlichen Ungleichgewichte zwischen den Euroländern wachsen und sind kaum noch korrigierbar. Wir sehen Gesellschaften, die sich radikalisieren, weil sie den haltlosen Versprechen selbst ernannter Heilsbringer glauben. So ist im Jahr 2016 passiert, was niemand für möglich hielt: Die Briten stimmten für den Austritt aus der EU. Und jenseits des Atlantik wählten die Amerikaner Donald Trump zum Präsidenten der Vereinigten Staaten. Beide Ereignisse stehen für eine Zeitenwende: die Abkehr von der vertrauten Weltordnung, die nach dem Zweiten Weltkrieg auf internationaler Zusammenarbeit durch freien Handel und Kooperation auf Augenhöhe zum Nutzen aller Beteiligten beruhte. Diesen Multilateralismus stellen Populisten infrage. In vielen europäischen Ländern drängen sie an die Macht. Selbst in Frankreich, wo sich mit Emmanuel Macron bei den Präsidentschaftswahlen im Mai 2017 ein gemäßigter Kandidat durchsetzen konnte, haben über 40 Prozent der Wähler Populisten am linken und rechten Rand gewählt. Man kann über die Ursachen streiten, doch die Diagnose ist eindeutig: Europa steckt in seiner größten Krise seit dem Zweiten Weltkrieg.

Einer der Hauptakteure dieser Krise ist die Europäische Zentralbank (EZB) als oberste Währungshüterin. Bislang konnte sie jede noch so schwierige Lage mit immer neuen geldpolitischen Kunstgriffen ausbügeln. Immer wenn im Euroraum Fliehkräfte auftraten, sprang sie mit ihrer unkonventionellen Geldpolitik ein. Anders als die Regierungen in Berlin, Paris oder Rom konnten die Technokraten der EZB schnell und ohne Rücksicht auf Wähler reagieren. Doch für die Rolle des Euroretters wurde die EZB weder geschaffen noch legitimiert. Und spätestens an diesem Punkt wird es gefährlich: Je mehr Aufgaben die EZB übernimmt und je bedeutender ihre Rolle wird, desto stärker überfordert sie sich. Wenn sie die Erwartungen, die sie schürt, jedoch nicht mehr erfüllen kann, verlieren die Menschen das Vertrauen in sie und ihre Geldpolitik. Für die Eurozone wäre dies das sichere Todesurteil.

Dass diese Politik des geldpolitischen Ausnahmezustands auf Dauer nicht gut gehen kann, hat uns bewogen, dieses Buch zu schreiben. Wir sind überzeugt, dass der Euro in seiner heutigen Form als gemeinsame Währung Europas nicht überleben wird. Wir halten die wirtschaftliche, politische und institutionelle Lage Europas für so verfahren, dass wir nicht mehr mit einem guten Ausgang der Eurokrise rechnen.

Diese Einsicht war für uns alles andere als leicht, denn wir sind befangen. Wir gehören zu der Generation, die mit Europa und dem Euro wie selbstverständlich aufgewachsen ist – und ihn in gewisser Weise auch lieb gewonnen hat. Wir, Jahrgang 1979, 1980 und 1982, haben Europa in unseren Jugendjahren nur von seiner besten und von seiner erfolgreichsten Seite kennengelernt: In unserer Kindheit fällt der Eiserne Vorhang. Die Grenzen zwischen Ost und West öffnen sich. Über Nacht kommen neue Mitschüler in unsere Klassen, und der Horizont endet nicht mehr hinter dem Grenzübergang Helmstedt. Zehn Jahre später führen zunächst elf EU-Länder den Euro als gemeinsame Währung ein – eine der ersten großen wirtschaftspolitischen Entscheidungen, über die wir als Schüler diskutieren. Der Moment, als wir bei der Bank 20 D-Mark gegen das *Starterkit* mit neuen Euromünzen tauschen, ist uns noch in guter Erinnerung. Zum ersten Mal halten wir europäisches Geld in den Händen. Dann die EU-Osterweiterung: Erst acht, dann zehn weitere Länder treten der Gemeinschaft bei. Die Europäische Union ist damals ein Erfolgsprojekt, vor dem Länder Schlange stehen. Auch privat haben wir Europa zu schätzen gelernt: Reisefreiheit in jede Ecke unseres Kontinents. Schüleraustausche in Länder, die vor wenigen Jahrzehnten Kriegsfeinde waren. Und feuchtfröhlich vollzogene europäische Einigung in den Auslandssemestern unserer Studienzeit. Auch unsere beruflichen Lebenswege sind eng mit Europas Schicksal verwoben.

Wer erkennt, dass die Sache, für die er brennt, in Gefahr ist, diskutiert darüber mit seinen Freunden und Kollegen. So war das auch bei uns. Wir haben dabei festgestellt, dass die Menschen auf die Eurokrise unterschiedlich reagieren. In unserer Generation gehen die Meinungen besonders weit auseinander. Da sind die *Gleichgültigen*: Die Dauerkrise ödet sie an. Vielleicht haben sie sich auch an sie gewöhnt. Dies ist kein Wunder, denn die Krise mutet in all ihren Facetten doch recht technisch und abstrakt an. Und in den Medien ist sie so allgegenwärtig, dass viele Schlagzeilen kaum noch Neuigkeitswert haben. Dann gibt es die *Optimisten*: Sie glauben, die Institutionen und der politische Wille Europas seien stark genug, die Krise zu überwinden – sodass am Ende alles nicht so schlimm kommt. Und dann sind da die *Empörten*. Sie kennen und benennen die Missstände klar und deutlich. Mitunter vereinfachen sie allerdings und neigen zum Denken in Freund-Feind-Kategorien. Sie stützen sich selten auf konstruktive Argumente und geben sich manchmal fast schon auf triumphierende Weise Ressentiments und Untergangsszenarien hin.

Haben wir damit das gesamte Meinungsspektrum abgedeckt? Keinesfalls. Denn zu den drei durchaus präsenten Gruppen kommt noch mindestens eine weitere Fraktion, die in der heutigen Meinungslandschaft jedoch kaum wahrzunehmen ist: die *Ängstlichen*. Es sind Menschen, die unsere Erkenntnis teilen, sich jedoch nicht trauen, sie laut auszusprechen. Die Ängstlichen halten sich in diesen Tagen besonders zurück, weil sie befürchten, mit Populisten und Panikmachern in einen Topf geworfen zu werden – etwa, weil sie berufliche oder persönliche Nachteile sehen. All dies zeigt vor allem eines: Die Debatte über den Euro ist hoffnungslos polarisiert. Der Euro wird immer mehr zur Glaubensfrage, und schnell wird man gefragt: Bist du noch auf der richtigen Seite? Die Fronten sind verhärtet. Für eine nüchterne, faktenbasierte Analyse ist kaum noch Platz.

Die Folgen dessen reichen weit über die politische Diskussionskultur hinaus. Da nämlich nicht ergebnisoffen debattiert wird, können sich keine Ideen entfalten, wie sich die Dinge in der Eurozone zum Guten wenden lassen. Dadurch verschärft sich die Krise fast zwangsläufig. Und das gibt den *Empörten* immer neue Nahrung.

Dazu passt, dass derzeit nur jene Stimmen das Ende der Eurozone offen thematisieren, die aus der Angst der Menschen politisches Kapital zu schlagen versuchen: Sie wollen den Euro abschaffen, statt Lösungen für seine Defizite zu finden. Sie haben kein Interesse daran und keine Vorstellung davon, wie man die Lage fundamental verbessern könnte. Hinzu kommen selbst ernannte Krisenpropheten, die als medial inszenierte Experten Pseudolösungen präsentieren – und mit gut gemeinten Ratschlägen bis hin zu unseriöser Panikmache die Unsicherheit noch vergrößern.

In einem Punkt haben die Endzeitpropheten aber durchaus Recht: In der aktuellen Schieflage wird eine schrittweise Korrektur des Euro nicht mehr möglich sein. Die nötigen Reformen für einen langfristigen Fortbestand der Eurozone sind so tief greifend und unbequem, dass die Politik sie immer weiter hinausschiebt. Doch irgendwann ist der Punkt erreicht, an dem die Kosten einer weiteren Verzögerung des Wandels unerträglich werden und das Ende des Euro wie das kleinere Übel erscheint. Dann kommt eine Eigendynamik aus Politikversagen, Finanzmarktpanik und nationalen Egoismen in Gang, die kaum zu stoppen ist. Einmal war es schon fast so weit. Im Sommer 2012 wetten die Finanzmärkte auf den Zerfall der Eurozone. Die Kurse für Staatsanleihen fallen deutlich. Die Politik sieht geschockt zu und ergeht sich in gegenseitigen Schuldzuweisungen. Also springt EZB-Präsident Mario Draghi ein und verspricht,»alles zu tun, um den Euro zu retten«. Mit seinen Worten kann er die Märkte zunächst beruhigen.

Doch ein zweites Mal wird Europa nicht so leicht davonkommen. Die Kräfte der EZB sind nämlich begrenzt – und werden inzwischen Monat für Monat auf die Probe gestellt. Europa hangelt sich von Krise zu Krise. Mittlerweile ist die Erleichterung bereits dann groß, wenn bei Wahlen wie in den Niederlanden und Frankreich die Rechtsextremen nur zweitstärkste Kraft werden oder eine Anschlussfinanzierung für Griechenland noch in letzter Sekunde gelingt. Dies kann jedoch nicht darüber hinwegtäuschen, dass Europa dabei stets nur knapp an einer Katastrophe vorbeischlittert. Solange sich solche Ereignisse regelmäßig wiederholen, ohne dass sich die Dinge fundamental verbessern, ist es nur eine Frage der Zeit, bis es zu einer Zäsur kommt. Es ist gut möglich, dass es der EZB auch in den kommenden Monaten und Jahren gelingt, mit immer mehr Geld die fundamentalen Schwächen des Währungsraums zu kaschieren. Doch sie kann die Probleme nicht auf Dauer lösen, sondern das Leiden nur verlängern. Früher oder später wird sie die Grenzen ihrer Möglichkeiten erreichen. Die Zeit spielt gegen sie. Ohne drastische Reformen nähert sich die Eurozone mit mathematischer Gewissheit ihrem Ende. Es ist müßig, darüber zu spekulieren, wann es passiert. Doch eines ist sicher: Der Tag wird kommen, an dem Europa sich entscheiden muss, ob es eine Rückkehr zu nationalen Währungen will. Oder einen *systemischen Neustart*, der es ermöglicht, noch einmal von vorn zu beginnen.

Die Gefahr ist groß, dass in einer solchen Krisenlage, zumal unter dem dann herrschenden Zeitdruck, die Wahl auf eine Rückkehr zu nationalen Währungen fällt. Wir halten eine solche Wahl für falsch. Die wirtschaftlichen und politischen Kosten wären viel zu groß. Es geht nicht nur um die kurzfristigen finanziellen Folgen für Banken, die Altersvorsorge von Millionen Menschen oder die Exportindustrie, die unter einer stark aufwertenden neuen Währung leiden würde. Noch schwerer wiegt der langfristige politische Schaden. Die Europäische Union, die nach dem Zweiten Weltkrieg den Kontinent geeint hat, würde gesprengt. Und durch Europa gingen wieder tiefe Risse.

Der Euro in seiner heutigen Verfassung ist nicht alternativlos. In diesem Buch fordern wir gerade keinen Zusammenbruch unseres Währungssystems, auch wenn wir davon ausgehen, dass sich zumindest eine tiefe Zäsur nicht mehr vermeiden lässt. Wir halten es für eine elementare Aufgabe Europas, es im zweiten Anlauf besser zu machen: noch einmal neu zu beginnen. *Alles auf Anfang* zu stellen. Alles andere wäre in unserer globalisierten Welt ein Rückschritt. Europa sollte die aktuelle Lage zum Anlass nehmen, Maßnahmen für den Tag der Entscheidung zu entwickeln, damit in der Stunde null die Weichen richtig gestellt werden.

Einfach wird das nicht. Denn sobald der Euro scheitert, müssen wichtige Entscheidungen binnen kürzester Zeit getroffen werden, die Europa auf Jahre prägen. Nur unter dem Eindruck des Zusammenbruchs dürften die 19 Regierungen der Euroländer zu umfassenden Reformen bereit sein, die sich vom heutigen Stückwerk unterscheiden. Die richtigen Entscheidungen zu fällen wird dann umso schwerer fallen, da die ganze Debatte hochemotional ist. Schon jetzt erschweren Verlustängste und nationale Egoismen eine rationale Abwägung der Argumente. Wir sind deshalb überzeugt, dass wir dringend eine offene Debatte brauchen, wie der Euro zukunftsfest wird. Für den Moment des Neuanfangs, den *Tag der Entscheidung*, sollten wir uns schon heute die richtigen

Schritte überlegen – und nichts dem Zufall überlassen. Dieses Buch ist ein Gedankenspiel für den Fall, dass der Euro scheitert. Wir skizzieren einen währungspolitischen Neuanfang, der mit stabileren Institutionen und besseren Anreizen einen krisenfesten Währungsraum schafft und das Vertrauen in die gemeinsame Währung sichert.

Der Neubeginn wäre alle Mühe wert. Die gemeinsame Währung wurde in guten Zeiten gegründet – und darum auf schlechte Zeiten nicht vorbereitet. Ein Neustart würde es erlauben, *aus der Krise heraus* eine neue Währungsordnung für Europa zu definieren, die auch in schlechten Zeiten stark ist und standhält. Ein Scheitern des Euro, wie wir ihn kennen, böte deshalb wenigstens die Chance, aus den Fehlern der Vergangenheit zu lernen und einen Euro zu schaffen, der die Vorteile der gemeinsamen Währung erhält, aber die bisherigen Konstruktionsfehler überwindet.

Alle unsere Vorschläge zielen darauf ab, die EZB zu entlasten. Kapitel 1 und 2 zeichnen nach, wie der Euro in die Krise und die EZB in die Rolle seines Retters geraten ist. Kapitel 3 und 4 legen dar, warum das Scheitern des Euro nur noch eine Frage der Zeit ist und weshalb es sich trotzdem lohnt, einen neuen Anlauf für eine gemeinsame Währungsunion zu wagen. Die Folgekapitel skizzieren eine Nachkrisenwährungsunion, die aus drei Bausteinen bestehen soll: einer transparenteren EZB mit professionelleren Strukturen, einer Rückkehr zur Haftung jedes Eurolands für seine eigenen Schulden und einer wirksameren Risikokontrolle im Finanzsystem.

1
DER EURO: EIN DRAMA IN FÜNF AKTEN

Wer der Eurokrise etwas Positives abgcwinnen möchte, der kann sich zumindest darüber freuen, dass sich die Deutschen für griechische Innenpolitik interessieren – und umgekehrt. Zumindest in dieser Hinsicht hat der Euro ein echtes Stück Integrationsarbeit geleistet. Die Vorzeichen dieser Leistung sind allerdings keine guten: Die Eurostory bestimmt nicht als Erfolgsgeschichte, sondern als Angst- und Sorgenthema die Wirtschaftsteile und Titelseiten vieler Gazetten. Die Bedeutung der Eurokrise geht jedoch weit über die teils reißerische Berichterstattung über die wirtschaftlichen und politischen Probleme im Euroraum hinaus. Jenseits aller tagesaktuellen Entwicklungen ist die Eurokrise mittlerweile ein Stück Zeitgeschichte geworden. In den Geschichtsbüchern von morgen wird sie in einer Reihe mit Kriegen, politischen Epochen und Friedensperioden erwähnt und eingeordnet werden.

Wie wird das Urteil der Historiker über diese turbulenten Jahre lauten? Die langen Linien der Eurokrise in den vergangenen Jahren haben die Züge eines klassischen Dramas in fünf Akten angenommen. Wer die aktuelle Lage der Eurozone verstehen möchte, kommt um eine Betrachtung dieser Geschichte nicht herum. Auf einen *hoffnungsvollen Anfang* folgte eine überschwängliche *Steigerung,* die in eine dramatische *Schicksalswende* mündete, deren *Verzögerung* die EZB mit ihrer unkonventionellen Geldpolitik bewirkt hat. Doch viel spricht dafür, dass die Entwicklungen in den nächsten Jahren im fünften Akt, der *Katastrophe,* enden werden.

ERSTER AKT: HOFFNUNG. EIN JAHRHUNDERTPROJEKT
FÜR EUROPA

Aufbruch, Optimismus, Neuanfang. Diese Begriffe kennzeichnen die politische und gesellschaftliche Stimmung in Europa nach dem Fall des Eisernen Vorhangs und der deutschen Wiedervereinigung Anfang der neunziger Jahre am besten. Das Ende der Planwirtschaften Osteuropas hat die Überlegenheit des marktwirtschaftlichen Wirtschaftssystems bewiesen – und Europa fühlt sich stark für neue Ziele. Nach der politischen Einigung wollen die damals zwölf Mitgliedstaaten der Europäischen Gemeinschaft den Kontinent nun auch wirtschaftlich eng zusammenschmieden. Die vier Grundfreiheiten des Binnenmarkts – der freie Verkehr von Waren, Dienstleistungen, Personen und Kapital über Ländergrenzen hinweg – sollen um eine gemeinsame Währung ergänzt werden: den Euro.

Neu ist die Idee einer gemeinsamen Währung für Europa damals freilich nicht. Schon Anfang des 20. Jahrhunderts hatte es Versuche internationaler Währungsintegration in Europa gegeben. Doch sowohl die Lateinische Münzunion im Süden Europas als auch die Skandinavische Münzunion im Norden waren als historische Eurovorläufer nach jeweils kurzen Blütezeiten gescheitert. Den Mitgliedstaaten mangelte es an Haushaltsdisziplin und am Willen zur Zusammenarbeit in Krisenzeiten. Auch das Europäische Währungssystem (EWS) ist als Versuch, die Wechselkurse europäischer Staaten nach dem Ende des Bretton-Woods-Systems in den siebziger Jahren eng aneinander zu binden, nicht sonderlich erfolgreich. Ende 1992 spekulieren der Großinvestor George Soros und andere gegen das britische Pfund, das sie für überbewertet halten. Trotz massiver Interventionen gelingt es der Bank of England nicht, den Wechselkurs des britischen Pfunds zu stabilisieren. Großbritannien muss seine Währung abwerten und das EWS verlassen. Die massiven Turbulenzen an den Devisenmärkten zeigen schon damals, wie schwierig es ist, in einem so heterogenen Wirtschaftsraum wie Europa eine einheitliche Geldpolitik durchzuführen und die Wechselkurse zu koordinieren.

Diese Erfahrungen will man nun beim Projekt Euro nutzen und ähnliche Fehler vermeiden. Viele Ökonomen warnen damals, dass das nicht einfach sein wird: Denn eine Währungsunion sorgt faktisch für feste Wechselkurse zwischen den teilnehmenden Staaten. Wenn ein Land seinen Wechselkurs fixiert und nicht mehr frei schwanken lässt, verliert es damit ein wichtiges Ausgleichsventil, um das Auf und Ab der Konjunktur abzufedern. Und auch Unterschiede in der Wettbewerbsfähigkeit zwischen Ländern und Wirtschaftsräumen können ohne flexible Wechselkurse nur noch schwer ausgeglichen werden. Der Wechselkurs ergibt sich in der Regel aus Angebot und Nachfrage der jeweiligen Währung auf freien Devisenmärkten. Ist ein Land beispielsweise nicht besonders wettbewerbsfähig – etwa, weil seine Produkte in der Herstellung zu teuer oder nicht innovativ genug sind –, dann lässt die Nachfrage nach diesen Produkten auf den Weltmärkten nach. Deshalb sinkt normalerweise die Nachfrage nach der Landeswährung – und damit auch ihr Wechselkurs. Das Land kann seine Güter und Dienstleistungen billiger absetzen und die Wirtschaft kommt wieder in Gang. Zudem kann die jeweilige Zentralbank mit ihrer Geldpolitik nachhelfen und über Zinsen und Devisenmarktinterventionen den Wechselkurs stützen oder künstlich abwerten. Italien ist dafür ein gutes Beispiel: So wertete die italienische Zentralbank in den siebziger und achtziger Jahren die Lira systematisch ab, um italienischen Produkten auf den Exportmärkten einen Preisvorteil zu verschaffen.

In einer Währungsunion gibt es jedoch keine nationalen Währungen und somit auch keine schwankenden Wechselkurse, die die Wirtschaft bei Flaute automatisch stabilisieren und Unterschiede in der Wettbewerbsfähigkeit zwischen den Ländern ausgleichen können. Eine Währungsunion ist daher eigentlich nur für Länder mit ähnlichen Wirtschaftsstrukturen geeignet.[1] Denn mit einer gemeinsamen Währung trifft die Geldpolitik der Zentralbank alle beteiligten Länder gleichermaßen.

Die Staats- und Regierungschefs der damaligen Europäischen Gemeinschaft beherzigen diese Warnungen, als sie Ende 1992 den Vertrag von Maastricht unterzeichnen. Dieser legt einen verbindlichen Fahrplan fest, der die Einführung der gemeinsamen Währung im Jahr 1999 vorsieht. Der Vertrag bestimmt zudem fünf Zugangsvoraussetzungen zur Währungsunion. Diese sogenannten Maastricht-Kriterien sollen sicherstellen, dass nur Länder mit ähnlichen Wirtschaftsstrukturen an der Währungsunion teilnehmen. Die Kriterien schreiben den zukünftigen Euroländern einheitliche Bandbreiten für das langfristige Zinsniveau, die Wechselkursstabilität und die Inflationsraten vor. Zudem gelten Mindestanforderungen an die gemeinsame Haushaltspolitik der Länder, die eine jährliche Neuverschuldung von über 3 Prozent und einen Schuldenstand von mehr als 60 Prozent der Wirtschaftsleistung untersagen.

ZWEITER AKT: STEIGERUNG. EUROLAND AUF ERFOLGSKURS

Die Gründungsphase der Europäischen Währungsunion verläuft größtenteils nach Plan. Doch auf der Zielgeraden im Sommer 1998 macht sich Ernüchterung breit – nur vier kleine Länder halten die Zugangskriterien für den neuen Währungsraum strikt ein: Finnland, Irland, Luxemburg und die Niederlande. Weil der Euro als politisches Projekt aber unbedingt gelingen soll, legt man die Zugangskriterien äußerst tolerant aus. Die Gründerväter der Währungsunion – allen voran die Schwergewichte Deutschland und Frankreich – drücken beide Augen zu. Sie sehen darüber hinweg, dass einige Länder die Zugangsvoraussetzungen nur dank kreativer Buchführung erfüllen. Weil die Zielwerte nur zwischen März 1996 und Februar 1998 gemessen werden, verzögern manche Länder Ausgaben und drücken damit gezielt ihre

Neuverschuldung. Mitunter werden die Kriterien auch schlicht ignoriert. So liegt der Schuldenstand Belgiens und Italiens deutlich über der vereinbarten Marke – und dennoch dürfen beide Länder dem Euro von Beginn an beitreten. Zwei Jahre nach dem Start wird auch Griechenland in die Währungsunion aufgenommen – mit einem Schuldenstand, der weit über der zulässigen Höchstgrenze liegt. Die Politik spielt auf Zeit und hofft, dass sich die Dinge von selbst einrenken. Sie vertraut auf die Einschätzung namhafter Ökonomen, die fest damit rechnen, dass sich die Unterschiede zwischen den Euroländern im Laufe der Jahre ausgleichen, da sie unter einer gemeinsamen Geldpolitik auch eine gemeinsame Wirtschaftspolitik betreiben müssen – so zumindest die Annahme.[2] Und so schließt sich 1999 eine bunte Truppe aus elf Ländern mit teils völlig unterschiedlichen Wirtschaftsstrukturen und wirtschaftspolitischen Traditionen zu einem gemeinsamen Währungsraum zusammen.

Spätestens nach der Bargeldeinführung Anfang 2002 gilt das Währungsprojekt als geglückt. Zwischen den Euroländern entfallen die Wechselkursrisiken. Die Transaktionskosten sinken, der Handel floriert. Investoren wie Konsumenten haben in den ersten zehn Jahren des Euro wahrlich keinen Grund zur Klage. Besonders in den südlichen Euroländern steigt der Lebensstandard rasant. Heute wissen wir: Diese erfreuliche Entwicklung war letztlich nur ein Beleg dafür, dass sich die Länder der Eurozone insgesamt auseinanderentwickelt haben.

Den großen strukturellen Unterschieden kann die 1998 gegründete Europäische Zentralbank (EZB) in Frankfurt keine Rechnung tragen. Sie muss sich mit ihrer Geldpolitik an der gesamten Eurozone ausrichten und nicht an einzelnen Ländern. Die EZB setzt für alle Euroländer den gleichen Leitzins fest. Die nationalen Zentralbanken der einzelnen Euroländer bestehen zwar weiter – doch sie sind an die Weisungen der EZB gebunden und können keine eigenständige Geldpolitik betreiben, auch wenn sich die Konjunktur völlig unterschiedlich entwickelt.

Die Inflationsraten der einzelnen Euroländer unterscheiden sich deswegen trotz gemeinsamer Währung massiv. In einigen Staaten steigen die Realzinsen – also der nominale Zins abzüglich der Inflation – deutlich, während sie in anderen Ländern sinken. Auch die Umtauschkurse der nationalen Währungen, die von der Politik für den Tag des Beitritts zur Währungsunion festgelegt worden waren, erweisen sich nicht immer als angemessen, gehen sie doch auf eine Momentaufnahme aus dem Vorjahr der Gründung der Eurozone zurück. Rückblickend betrachtet war der Kurs für manche Länder zu hoch angesetzt, für andere wiederum zu niedrig. Auch deshalb bilden sich in den ersten zehn Jahren der Währungsunion drei unterschiedliche Wachstumsmodelle immer stärker heraus:[3]

- EXPORTORIENTIERTES WACHSTUMSMODELL: Eine Gruppe von Ländern im Eurozentrum – Deutschland, Österreich, die Niederlande und Luxemburg – kämpft zunächst mit hohen Realzinsen, denn dank der EZB-Geldpolitik steigen die Zinsen, während die Inflationsrate vergleichsweise niedrig ist. Die hohen Realzinsen machen Unternehmen die Finanzierung neuer Investitionen schwer. Kaum jemand erinnert sich heute noch daran, dass Deutschland in den ersten Jahren nach dem Beitritt zur Währungsunion als »kranker Mann Europas« galt. Doch das ändert sich rasch. Firmen reagieren mit Innovationen und Kostenkürzungen, die Tarifparteien mit Lohnzurückhaltung und die Politik mit Reformen. So trägt etwa die *Agenda 2010* der damaligen rot-grünen Bundesregierung maßgeblich dazu bei, die Arbeitsmärkte zu flexibilisieren und damit den Standort Deutschland wettbewerbsfähiger zu machen. Dies sorgt in den folgenden Jahren für große Exportzuwächse.

- KONSUMORIENTIERTES WACHSTUMSMODELL: Belgien, Frankreich und Italien erleben eine andere Entwicklung. Vor ihrem Beitritt zur Währungsunion hatten die dortigen Zentralbanken in der Regel eng mit der Politik kooperiert. Die Notenbanker hatten die Wirtschaft dieser Länder wettbewerbsfähig gemacht, indem sie die Währung gezielt abwerteten. Dies war nötig, weil die Gewerkschaften in den Tarifrunden hohe Lohnabschlüsse und für sie günstige Arbeitsmarktregelungen durchgesetzt hatten, die die Kostenflexibilität der Industrie beschränkten. Nach dem Eurobeitritt können diese Länder ihre Wettbewerbsfähigkeit aber nicht mehr mit Weichwährungspolitik fördern. Folglich steigen Kaufkraft und Binnenkonsum, während die Produktivität lahmt. Der starke Euro beschleunigt die Entwicklung noch einmal mehr. In der Folge steigen gegenüber den exportorientierten Vergleichsländern die *Lohnstückkosten* – ein Indikator, mit dem Volkswirte die Lohnproduktivität messen. So büßen Frankreich und Italien zwischen 1999 und 2017 etwa ein Drittel ihrer Anteile auf den Weltexportmärkten ein.

• KREDITFINANZIERTES WACHSTUMSMODELL: Eine dritte Gruppe, zu der vor allem die Länder am geografischen Rand Europas gehören (die sogenannte Europeripherie), erliegt den Verlockungen des billigen Geldes. Gemessen an ihren gewohnten Maßstäben liegt das neue Einheitszinsniveau des Euroraums zu niedrig. Für die Regierungen der Peripherieländer ist das ein Segen: Sie kämpfen mit der wachsenden Konkurrenz osteuropäischer EU-Mitgliedstaaten, die nach der Ostererweiterung der Gemeinschaft durch geringe Lohnkosten als Standort an Attraktivität gewinnen. Doch sie investieren das billige Geld nicht unbedingt in produktive Zwecke, denn wegen der niedrigen Zinsen sind die Investoren bei ihren Anlagen nicht besonders wählerisch. In Spanien bildet sich eine Immobilienblase. Und in Griechenland und Portugal steigt die Neuverschuldung der öffentlichen Haushalte immer höher.

Ohnehin wird es den Regierungen der Euroländer besonders einfach gemacht, neue Schulden aufzunehmen. Vor allem institutionelle Investoren – Banken, Versicherungen, Pensionsfonds – blenden mit Beginn der Währungsunion das Risiko eines Zahlungsausfalls einzelner Euroländer einfach aus. Obwohl der Vertrag von Maastricht eine gegenseitige Haftung der Europartner auf dem Papier ausschließt, halten die Investoren es in der Realität für nahezu unvorstellbar, dass sich die Euroländer bei Pleitegefahr gegenseitig im Stich lassen: Ein Zahlungsausfall erscheint ihnen äußerst unwahrscheinlich. Die Märkte nehmen also einen impliziten Haftungsverbund zwischen den Euroländern an. Sie vertrauen blind in die Solidität der Währungsunion und in die Solidarität der Euroländer im Krisenfall. Das Ausfallrisiko einer griechischen Anleihe wird daher dem einer deutschen Bundesanleihe gleichgesetzt – und die Staatspapiere Griechenlands, Italiens, Portugals und Spaniens werden zu gefragten Investments.

Zudem machen es die Regierungen den Banken besonders einfach, Kredite an die öffentliche Hand zu vergeben: Europäische Banken müssen Staatsanleihen in ihren Büchern nämlich nicht mit Eigenkapital unterlegen.[4] Europäische Staatsanleihen gelten somit de facto als risikofreie Vermögensklasse. Vor allem für Banken ist die Finanzierung von Eurostaaten damit fortan ein sicheres und zugleich hochprofitables Geschäft. Sie geben den Regierungen gerne Kredit und nutzen die Staatsanleihen als Sicherheiten, wenn sie sich bei der Europäischen Zentralbank refinanzieren. Die hohe Nachfrage der Banken nach Staatsanleihen lässt die Zinsen sinken. So wird die Schuldenfinanzierung zum wechselseitigen Geben und Nehmen zwischen öffentlicher Hand und Finanzsektor.

Zugleich missachten die Euroländer die Vorgaben des Stabilitäts- und Wachstumspakts, der die Neuverschuldung begrenzen soll. Dieses Regelwerk, das zu Beginn der Währungsunion auf Druck der haushaltspolitisch soliden Länder aufgestellt worden war, soll eigentlich sicherstellen, dass die fiskalischen Maastricht-Beitrittskriterien (Neuverschuldung bei höchstens 3 Prozent, Schuldenstand bei maximal 60 Prozent der Wirtschaftsleistung) auch weiterhin eingehalten werden. Doch als das wirtschaftlich größte Euroland Deutschland 2005 selbst gegen die Regeln zu verstoßen droht, weicht die Bundesregierung diese Regeln mit Hilfe Frankreichs auf. Bis auf einige Ökonomen und Wirtschaftskolumnisten stört das aber niemanden – das Projekt Währungsunion gilt weiterhin als gelungen.

DRITTER AKT: SCHICKSALSWENDE. FINANZKRISE, WIRTSCHAFTSKRISE, EUROKRISE

Doch spätestens im Sommer 2007 trübt sich das Bild ein. In den USA platzt die Immobilienblase. Einige europäische Banken geraten in den Sog der Krise.[5] Noch erscheinen die aufkommenden Turbulenzen im Finanzsystem aber als beherrschbar – die Krise gilt als rein US-amerikanisches Problem. Das ändert sich schlagartig im September 2008, als die US-Investmentbank Lehman Brothers in Schieflage gerät und die US-Regierung nach mehreren vorangegangenen Rettungsaktionen beschließt, diese Bank nicht mehr zu stützen.

Diese Entscheidung lässt die Krise dramatisch eskalieren. An den Finanzmärkten bricht Panik aus. Das Nichteingreifen der US-Regierung bei Lehman führt daher binnen Wochen zum glatten Gegenteil, nämlich einer weltweiten konzertierten Rettung von Banken und Finanzdienstleistern. Um zu verhindern, dass die Krise auf die Realwirtschaft durchschlägt, legen die Regierungen darüber hinaus weltweit gigantische Konjunkturprogramme auf: Allein in der EU belaufen sie sich auf über 200 Milliarden Euro. In Deutschland finanziert die Bundesregierung großzügig Kurzarbeit, zahlt hohe Abwrackprämien für Altautos und saniert die öffentliche Infrastruktur. Außerdem zimmern die Regierungen der Euroländer Abwicklungsanstalten für notleidende Banken und Kredit- und Bürgschaftsprogramme für Unternehmen der Realwirtschaft zurecht – ebenfalls finanziert aus Steuermitteln.

Das verhindert zwar vorerst eine Kernschmelze im Finanzsystem. Doch manche Euroländer kommen dadurch an den Rand ihrer finanziellen Belastbarkeit. Ihre Staatsverschuldung steigt rasant an. Doch in der Tat gelingt es vorerst, die Lage zu stabilisieren.

Im Oktober 2009 versetzt dann Griechenland der Eurozone einen weiteren Schock: Die neu gewählte Regierung in Athen gibt bekannt, dass das Land jahrelang seine Haushaltszahlen systematisch gefälscht hat und der wirkliche Schuldenstand viel höher liegt als angegeben. Griechenlands Schuldenstand ist so hoch und das Wachstum des Landes zugleich so niedrig, dass die Zahlungsfähigkeit am seidenen Faden hängt. Auf einmal ist auch in Europa denkbar, was man eigentlich nur aus Berichten über Entwicklungsländer kennt: ein *Staatsbankrott*.

An den Finanzmärkten bricht Panik aus. Plötzlich erkennen viele Anleger, dass nicht nur Griechenland, sondern auch andere Euroländer sich höher verschuldet haben, als sie es sich angesichts ihres niedrigen Wachstums langfristig leisten können: Italien und Portugal etwa, aber auch Spanien und Irland, wo die Staatsverschuldung wegen dramatischer Immobilienkrisen und anschließender Bankenrettungen enorm gestiegen ist. Immer mehr Investoren flüchten aus den Staatsanleihen dieser Länder. Ausdruck des Vertrauensverlustes sind die stark schwankenden Kurse an den europäischen Staatsanleihemärkten. Wenn Investoren fürchten, dass die Staatsanleihen eines Landes mit größeren Risiken behaftet sind, verlangen sie als Ausgleich höhere Zinsen.[6] Solche Ansteckungseffekte können vor allem dann verfangen, wenn die Informationslage intransparent ist und wenn Investoren Risiken scheuen, also Negativnachrichten höher gewichten. Dies macht es für die betroffenen Länder immer teurer, sich zu refinanzieren oder neue Kredite aufzunehmen. In der Krise 2009/2010 steigen die Renditeabstände von spanischen, griechischen und italienischen Staatspapieren gegenüber deutschen Bundesanleihen dramatisch an. Anleger sehen in diesen Renditeabständen eine Art Fieberthermometer der Eurokrise.

Auch die Rating-Agenturen werden gegenüber der Europeripherie immer skeptischer. Als Wissensdienstleister helfen sie Investoren, Ausfallrisiken von Investments zu bewerten. Nachdem die Agenturen die Risiken im US-Immobiliensektor vor der Finanzkrise massiv unterschätzt hatten, werfen sie nun einen kritischeren Blick auf die Euroländer: Reihenweise stufen sie die Ratings südeuropäischer Länder herab. Dies bringt die Stabilität des Finanzsystems dieser Länder zusätzlich ins Wanken, da ihre Banken in erster Linie Staatsanleihen ihres eigenen Landes halten.

Nach dem griechischen Offenbarungseid wird die Unruhe an den Kapitalmärkten immer größer. Ende April 2010 nehmen die Staats- und Regierungschefs der Eurozone deshalb eine der wichtigsten Weichenstellungen der Eurokrise vor: Sie schnüren ein gemeinsames Rettungspaket für Griechenland. Nach der Bankenrettung im Zuge der Finanzkrise fangen sie nun einen ganzen Staat mit Steuergeld auf. Griechenland bekommt bilaterale Kredite der Euroländer im Wert von 80 Milliarden Euro, die die Europäische Kommission gebündelt vergibt. Auch der Internationale Währungsfonds (IWF) beteiligt sich an dem Paket und steuert 30 Milliarden Euro bei. Die Gläubiger wollen sie in Tranchen an Griechenland auszahlen, sofern das Land einschneidende wirtschaftspolitische Bedingungen erfüllt.

Griechenland ist damit vorerst gerettet. Doch die Lage im Rest Europas bleibt instabil. Investoren sehen nämlich im Rettungsschirm für Griechenland keinen Vertrauensbeweis, sondern das explizite Eingeständnis, dass die Zahlungsfähigkeit weiterer Staaten auf dem Spiel steht. Die Anlegerpanik mündet in einen Käuferstreik für Staatsanleihen mehrerer Euroländer.

Die Regierungen der damals 16 Euroländer gehen darum noch einen Schritt weiter. Am Wochenende des 8. und 9. Mai 2010 errichten die Finanzminister der Eurozone einen umfassenden Rettungsschirm, der weitere Länder vor einer Staatsinsolvenz retten soll – die sogenannte Europäische Finanzstabilisierungsfazilität (EFSF). Die EFSF soll im Falle weiterer Notlagen Gelder an den Kapitalmärkten aufnehmen und an notleidende Staaten ausleihen. Gemeinsame Bürgschaften der Euroländer in Höhe von 440 Milliarden Euro sichern den Rettungsschirm ab. Die Haftungssummen werden gemäß dem Anteil am Kapital der EZB auf die Euroländer verteilt (zum Beispiel Deutschland mit rund 26 Prozent, Frankreich mit 20 Prozent und Österreich mit 3 Prozent). Gleichzeitig richtet die Europäische Kommission einen kleineren Rettungsschirm ein, der ergänzend tätig werden kann – den Europäischen Finanzstabilisierungsmechanismus EFSM. Der EFSM ist mit Garantien in Höhe von 60 Milliarden Euro aus dem EU-Haushalt ausgestattet. Somit bürgen indirekt auch Nicht-Euroländer, um den Krisenstaaten zu helfen. Zusätzliche Kreditlinien in Höhe von 250 Milliarden Euro steuert der IWF bei.

Tatsächlich können die Eurorettungsschirme zunächst die Finanzmärkte beruhigen: Mit ihrer Feuerkraft lassen sich nicht nur vorübergehende Liquiditätsprobleme, sondern auch grundsätzliche Solvenzprobleme der meisten Eurostaaten zeitweilig überbrücken. Das Vertrauen in ihre Finanzierungskraft bleibt jedoch beschädigt. Nach Griechenland geraten weitere Länder in Finanzierungsengpässe und müssen sich unter den Rettungsschirm flüchten: Irland im November 2010, Portugal im April 2011 und Zypern im März 2013. Griechenland erhält zudem im März 2012 ein zweites Hilfspaket, als absehbar wird, dass das erste Paket nicht ausreicht. Private Gläubiger – Banken, Versicherer, Pensionsfonds – erleiden durch einen Schuldenschnitt hohe Verluste. Im Juli 2012 stützt der Eurorettungsschirm auch Spanien, um zahlreiche marode Sparkassen des Landes zu rekapitalisieren.

Weil sich immer mehr Länder unter den Eurorettungsschirm begeben, fordern einige Geberländer, die Haftung zu begrenzen. Sie wollen die finanziellen Risiken ihrer Haushalte begrenzen. Das beruhigt zwar die nationalen Parlamente und verhindert eine Blockade von Rettungspaketen. Doch die fixen Grenzen sind auch Messlatten, an denen die Märkte die Wirkungskraft des Rettungsschirms messen können. Die Investoren bleiben deshalb weiterhin skeptisch. Mehrfach müssen die Euroländer die finanzielle Schlagkraft des Rettungsschirms erhöhen und seine Fähigkeiten erweitern. Im Herbst 2011 erlauben sie dem Rettungsschirm, vorbeugende Stützungskäufe am Anleihemarkt zu tätigen und Kredite zur Bankenrettung zu vergeben. Außerdem ermöglichen sie es dem Rettungsschirm, die verfügbaren Mittel über Kredite auszuweiten. Doch die Zeit arbeitet gegen den Rettungsschirm – im Juni 2013 läuft er aus. Eine schnelle Lösung der Probleme der Eurozone ist jedoch nicht absehbar. Darum einigen sich die Staats- und Regierungschefs schon 2011, die Europäischen Verträge zu ändern und einen dauerhaften Rettungsschirm zu etablieren – den Europäischen Stabilisierungsmechanismus ESM. Der ESM-Vertrag tritt im September 2012 in Kraft und löst die EFSF ab. Der ESM verfügt über eine Interventionskraft in Höhe von 500 Milliarden Euro.

Die Rettungsinitiativen beheben jedoch nicht die strukturellen Ursachen der Eurokrise. Die Politiker der Eurozone schaffen zwar immer größere Rettungsschirme und können so die Märkte vorübergehend beruhigen. Doch zu keinem Zeitpunkt können sie die Zweifel ausräumen, ob diese Instrumente ausreichen, um größere Krisenländer wie Italien oder Spanien zu stützen. Längst sorgen die Hilfsprogramme für immer stärkere politische Kontroversen in ganz Europa: auf der einen Seite Garantiegeber wie etwa Deutschland, die Reformen einfordern – auf der anderen Seite Hilfsempfänger wie Griechenland, die sich von den Hilfen und den Reformauflagen ihrer Geldgeber bevormundet, gedemütigt und überfordert fühlen. Im Sommer 2012 setzt sich die Erkenntnis an den Märkten durch, dass die Sparprogramme und Wirtschaftsreformen in den Krisenländern nicht ausreichen, um die Schuldenberge abzutragen und das Vertrauen der Investoren nachhaltig zu reparieren. Ein neuerlicher Käuferstreik an den

Anleihemärkten droht, der selbst Euroschwergewichte wie Frankreich oder Italien in eine ernst zu nehmende finanzielle Notlage stürzen könnte. Doch für sie reicht die finanzielle Schlagkraft der Eurorettungsschirme offenkundig nicht aus. Staatsinsolvenzen erscheinen auf einmal wieder gefährlich nah. Bei den Investoren steigt die Furcht vor umfangreichen Schuldenschnitten, einer handfesten Finanzkrise und dem Auseinanderbrechen der Eurozone.

VIERTER AKT: VERZÖGERUNG. DIE EZB WIRD ZUM EURORETTER

Die Politik ist nicht mehr Herr der Lage. Um die Finanzmärkte zu beruhigen, springt die EZB ein – und übernimmt schrittweise eine immer größere politische Rolle. Je stärker sich die Eurokrise zuspitzt, desto mehr setzen die Zentralbanker ihre geldpolitischen Werkzeuge zur Krisenbekämpfung ein. So wird die EZB zum Spielmacher der Eurokrise.

Zunächst schöpft die EZB die konventionellen Mittel der Geldpolitik immer weiter aus. Im Zuge der Krise hatte sie ab Sommer 2007 den Leitzins, zu dem sich Geschäftsbanken bei der Notenbank Geld leihen können, von damals 4 Prozent immer weiter gesenkt. Seit Mitte 2014 liegt er bei 0 Prozent. Damit will die EZB die Geldhäuser animieren, mehr Kredite zu vergeben, denn anders als in den USA läuft die Kreditvergabe im Euroraum größtenteils über die Banken. Doch der Erfolg ist begrenzt. Zum einen fehlen in vielen Krisenstaaten nicht Kapital und Kredit für neue unternehmerische Ideen, sondern schlichtweg die hierfür notwendigen politischen, ökonomischen und gesellschaftlichen Voraussetzungen wie etwa technologisches Wissen, eine effiziente Verwaltung und flexible Arbeitsmärkte. Zum anderen sind viele Banken noch immer damit beschäftigt, ihre Bilanzen von faulen Krediten zu bereinigen, und halten sich deshalb mit der

Vergabe neuer Kredite stark zurück. Ein Liquiditätsschub für die Realwirtschaft stellt sich darum zunächst nicht ein. Im Gegenteil: Statt das billige Geld der EZB an Firmen und Privathaushalte zu verleihen, bunkern die Banken ihre überschüssige Liquidität gleich wieder dort. Im Mai 2012 parken Banken über 770 Milliarden Euro bei der EZB.

Die EZB versucht deshalb auf verschiedenen Wegen, die Banken zu stützen. Viele Geldhäuser erhalten zunächst einen leichteren Zugang zu Liquidität.[7] Außerdem akzeptiert die EZB immer unsicherere Papiere als Sicherheiten, die Banken als Pfand für Kredite bei der Notenbank hinterlegen müssen. Im Dezember 2011 und im Februar 2012 flutet die EZB die Märkte noch einmal mit zusätzlicher Liquidität. Sie legt zwei sogenannte längerfristige Refinanzierungsgeschäfte auf (Long-Term Refinancing Operations, kurz LTROs), die Geschäftsbanken über drei Jahre zu enorm niedrigen Zinsen mit Geld versorgen. In der ersten Runde leihen sich rund 500 Banken 489 Milliarden Euro. Beim zweiten Anlauf saugen rund 800 Institute im Euroraum zusammen noch einmal rund 530 Milliarden Euro auf. Besonders für Banken aus Krisenländern wie Italien sind die Geldspritzen der EZB ein lohnendes Geschäft. Sie nehmen die günstigen Kredite der EZB massiv in Anspruch. Statt das Geld aber für neue Kredite an die Realwirtschaft zu verwenden, stecken sie es vor allem in heimische Staatsanleihen, die wegen der anhaltenden Eurokrise hohe Zinsen abwerfen. Einmal mehr erhöht sich dadurch die Abhängigkeit der Banken von der Finanzstabilität ihrer Heimatländer. 2014 wird die EZB noch einmal Refinanzierungsoperationen mit einer noch längeren Laufzeit von vier Jahren auflegen (Targeted Longer-Term Refinancing Operations, TLTROs).

Die EZB greift nicht nur den Banken, sondern auch den Staaten im Euroraum unter die Arme. Schon auf dem ersten Höhepunkt der Griechenlandkrise beginnt sie im Mai 2010, Staatsanleihen von Krisenländern auf den sogenannten Sekundärmärkten aufzukaufen. Das bedeutet: Statt den Regierungen der Krisenländer ihre Papiere direkt abzunehmen, erwirbt die EZB sie von Investoren auf dem Kapitalmarkt aus zweiter Hand. Die Investoren erhalten damit die Sicherheit, die Anleihen bei Bedarf sofort abstoßen zu können. Das soll die Papiere attraktiver machen und dazu führen, dass Anleger geringere Risikoaufschläge verlangen. Die EZB will so den dramatischen Zinsanstieg für Krisenländer der Eurozone bremsen. Spätestens ab diesem Zeitpunkt kann von indirekter monetärer Staatsfinanzierung gesprochen werden,[8] die laut Satzung der EZB eigentlich verboten ist. Insgesamt kaufen die EZB und die Notenbanken des Eurosystems Staatsanleihen im Volumen von mehr als 230 Milliarden Euro im Rahmen des sogenannten *Securities Markets Programme* (SMP) auf.[9] Trotz dieser gewaltigen Summe verpuffen die Käufe weitgehend – die Zinsen der Krisenländer steigen immer weiter an, da die Anleger daran zweifeln, ob die EZB diese Ankäufe auch unbegrenzt durchführen kann.

Das Risiko, dass die Eurozone im Zuge von Staatsinsolvenzen auseinanderbricht, ist nicht gebannt. Im Gegenteil: Je höher die Zinsen der Peripherieländer steigen, desto größer werden die Zweifel am Fortbestand des Euro. In dieser Situation setzt EZB-Präsident Mario Draghi im Sommer 2012 zum Befreiungsschlag an – und zwar dort, wo er die maximale Wirkung erzielen kann: auf einer Investorenkonferenz in London, auf der sich Firmenlenker, Politiker und Großanleger die Klinke in die Hand geben. Sechseinhalb Minuten plaudert Draghi unverbindlich über den Zustand der Eurozone und erklärt, was der Euro mit einer Hummel gemeinsam habe. Die Hummel sei ein Mysterium der Natur. Eigentlich sei sie gar nicht fähig zu fliegen, aber sie tue es dennoch. Dann wird er ernst: Die EZB werde alles Notwendige tun, um den Euro zu erhalten – »whatever it takes«. Draghi macht eine Kunstpause, bevor er nachlegt: »Und glauben Sie mir – es wird ausreichen.«[10] Was er meint: Wer Portugal oder Italien sein Geld anvertraut, braucht keinen Verlust zu fürchten. Denn notfalls kann die EZB die Anleihen über ein später OMT getauftes

Programm (*Outright Monetary Transactions*) unbegrenzt ankaufen – und damit den Euro erhalten. *Whatever it takes.* Mit diesen drei Wörtern schafft Draghi, was Europas Politiker in zwei Jahren voller Krisengipfel nicht erreicht haben: Er nimmt den Märkten die Angst vor einem Auseinanderbrechen des Euro. Als ehemaliger Investmentbanker weiß der EZB-Präsident, was die Märkte wollen. Schon sein Versprechen, den Euro notfalls mit aller Macht zu verteidigen, genügt. Bis heute musste die EZB ihr unbegrenztes Anleihekaufprogramm OMT nicht aktivieren. Und vermutlich haben diejenigen Recht, die behaupten, dass es ohne die legendären Worte von Mario Draghi im Sommer 2012 den Euro heute nicht mehr gäbe.

Mit der Kombination aus Anleihekäufen, Niedrigzinsen und Draghis Bestandsgarantie für die Eurozone gelingt es der EZB, die Lage erfolgreich zu stabilisieren. Die eigentlichen Probleme löst sie damit freilich nicht. Trotz der neuen Stabilität und der Niedrigzinsen wächst die Wirtschaft in der Eurozone nicht und die Preise in vielen Ländern des Währungsraums stagnieren. Zwischen 2013 und 2016 lag die Inflation deutlich unter einem Prozentpunkt – und damit weit entfernt vom EZB-Ziel von knapp 2 Prozent.

Was Verbraucher freut, bereitet den Notenbankern jedoch Kopfschmerzen. Denn wenn die Kaufkraft wegen des niedrigen Wachstums nachlässt und zugleich die Preise sinken, könnten Konsumenten Ausgaben aufschieben, weil sie in Zukunft noch niedrigere Preise erwarten. Dieser Nachfragerückgang würde die Wirtschaft noch mehr abwürgen und die Preise noch weiter drücken – schlimmstenfalls käme eine Deflationsspirale in Gang. Die reale Schuldenlast von Haushalten und Firmen würde in einem solchen Fall steigen, Unternehmensinsolvenzen wären die Folge. Jobs würden abgebaut und Löhne sinken – und die Kaufkraft der Privathaushalte einmal mehr sinken. Die Kreditvergabe würde erneut stocken und die Risiken für das Finanzsystem steigen.

So entscheidet sich die EZB Anfang 2015 zu einer erneuten geldpolitischen Volte: der sogenannten quantitativen Lockerung (*Quantitative Easing*, QE). Dahinter verbirgt sich ein weiteres gigantisches Anleihekaufprogramm. Seit März 2015 erwerben die EZB und die Notenbanken des Eurosystems in großem Stil Anleihen von Euroländern und europäischen Institutionen. Nach offizieller Lesart geht es der EZB dabei ausschließlich darum, eine Deflation in der Eurozone zu verhindern, also den drohenden Teufelskreis aus sinkenden Preisen, Löhnen und wirtschaftlichem Niedergang abzuwenden. Indem sie Banken und anderen Investoren Anleihen abkauft, hofft sie, dass diese die frei werdenden Mittel in zusätzliche Kredite stecken. Da das zusätzliche Geld auch im Ausland investiert werden kann, gerät zudem der Euro unter Abwertungsdruck – und das ist für den Export vorteilhaft. All dies soll letztlich dafür sorgen, dass das Preisniveau wieder anzieht. Auch bei diesem Programm kauft die EZB Anleihen nur aus zweiter Hand, etwa von Banken auf dem Sekundärmarkt.

Das Volumen der quantitativen Lockerung beläuft sich zunächst – zusammen mit den Käufen von Pfandbriefen und verbrieften Forderungen von Unternehmen – auf etwa 60 Milliarden Euro pro Monat über eineinhalb Jahre. Im Gegensatz zu früheren Programmen kauft die EZB dabei nicht nur Anleihen aus den Krisenstaaten. Die Stützungskäufe werden gemäß dem Kapitalschlüssel der EZB in der gesamten Eurozone verteilt: Bundesanleihen werden am häufigsten gekauft, gefolgt von den Anleihen Frankreichs und Italiens.

Weil die Preise immer noch nicht anziehen, verlängert die EZB im März 2016 das QE-Programm um sechs Monate und weitet das monatliche Kaufvolumen auf 80 Milliarden Euro aus. Im Dezember des gleichen Jahres verlängert sie das Programm erneut um neun Monate. Das Gesamtvolumen der Käufe einschließlich aller Hypothekenpapiere, Pfandbriefe, Regional- und Unternehmensanleihen wird am Ende wohl 2,3 Billionen Euro ausmachen. Die

EZB pumpt damit einen Betrag, der der Jahreswirtschaftsleistung Frankreichs entspricht, in die Kapitalmärkte – in der Hoffnung, dass sich die Eurozone wirtschaftlich erholt.

Kurzfristig könnte dies tatsächlich gelingen: Seit Jahresbeginn 2017 wächst die Wirtschaft in der Eurozone wieder stärker und die Inflation erreichte kurzzeitig die 2-Prozent-Marke. Auch wenn das zunächst vor allem am gestiegenen Ölpreis lag, zeichnet sich ab, dass die Preise wieder etwas stärker steigen. Viele Experten rechnen daher damit, dass die EZB 2018 ihre Anleihekäufe langsam reduziert. Bereits im April 2017 hat sie ihre Käufe von 80 auf 60 Milliarden Euro monatlich abgesenkt. Sollte die Konjunktur langfristig stabil bleiben, ist eine weitere Absenkung möglich. Doch selbst dann ist sicher: Die EZB wird noch auf Jahre mit enormen geldpolitischen Eingriffen den Euroraum zusammenhalten – auch wenn sie vorübergehend ihre Aktivitäten verringert. Formal bewegt sich die EZB ihrer eigenen Auffassung nach auch mit *QE* noch innerhalb ihres vertraglichen Mandats, Preisstabilität im Euroraum zu gewährleisten. Diese definiert sie mit einer Inflation von knapp unter 2 Prozent in der mittleren Frist. Doch mit dem geldpolitischen Ausnahmezustand sind Risiken und Nebenwirkungen verbunden. Ein erwünschter Nebeneffekt von *QE* für die Euroländer ist, dass die EZB dadurch wie bei früheren Programmen die Nachfrage nach Staatsanleihen systematisch stützt. Offiziell kaufen die Notenbanker die Papiere, um Wirtschaft und Inflation anzuheizen, und nicht, um Pleitestaaten zu retten. Doch die Motive können den Regierungen der Krisenstaaten herzlich egal sein. Die Käufe der EZB senken die Zinsen der hoch verschuldeten Euroländer. Sie können sich dadurch billiger verschulden. Viele Ökonomen sehen daher auch in der quantitativen Lockerung eine verdeckte Form der Staatsfinanzierung, die der EZB eigentlich verboten ist. Gleichzeitig verhindert das Programm jedoch den Absturz vieler Krisenländer und bewahrt damit die Eurozone vor dem Zerfall.

FÜNFTER AKT: KATASTROPHE? DIE UHR TICKT

Mit all ihren Maßnahmen hat die EZB lediglich Zeit gekauft. Doch die läuft irgendwann ab. Je länger nämlich ihre Maßnahmen laufen, desto weniger bewirken sie. Im Sommer 2012 konnte EZB-Chef Mario Draghi die Märkte noch mit bloßen Worten beeindrucken. Inzwischen läuft er Gefahr, selbst mit billionenschweren Ankäufen niemandem mehr zu imponieren – die Märkte reagieren selbst bei ambitionierten Ankündigungen kaum noch. Sie gewöhnen sich immer mehr an die permanente Geldzufuhr.

Hinzu kommt noch eines: Anders als im Fall der in den Krisenländern ungeliebten Hilfsprogramme der Rettungsschirme EFSF, EFSM und ESM kann die EZB ihre Interventionen nicht mit Reformauflagen verknüpfen. Ganz im Gegenteil, die Früchte der lockeren Geldpolitik fallen den Krisenstaaten anstrengungslos in den Schoß. So verwundert es nicht, dass seit Draghis Ankündigung auch die vorher durchaus vorhandenen – wenn auch nicht ausreichenden – Reformanstrengungen zum Erliegen gekommen sind. Die Ursachen der Misere bleiben unangetastet.

Wer der Logik des klassischen Dramas an dieser Stelle weiter folgt, erkennt schnell, dass nach der Verzögerung im vierten Akt nun, im letzten Akt, die Katastrophe droht.

2
EUROLAND AM SEIDENEN FADEN

Mit milliardenschweren Anleihekäufen versucht die EZB, das Wachstum und die Preisentwicklung im Euroraum zu stützen. Seit Anfang 2015 kauft sie Monat für Monat vor allem Staatspapiere der Euroländer. Bis Ende 2017 soll sich diese sogenannte quantitative Lockerung auf insgesamt 2,3 Billionen Euro belaufen. Mit ihren gigantischen Anleihekäufen hat die EZB sich auf ein großes geldpolitisches Experiment eingelassen, bei dem sie nicht unbegrenzt liefern kann. Noch gelingt der EZB dieser Balanceakt. Doch ob dies langfristig so bleibt, ist alles andere als sicher. Deshalb hängt das Schicksal der Eurozone am seidenen Faden.

RISKANTER BALANCEAKT

Bereits heute lassen sich drei konkrete Risiken erkennen: Die EZB verzerrt die Märkte für Staatsanleihen, heizt Spekulationsblasen an und gerät zunehmend in Abhängigkeiten.

Die EZB verzerrt die Märkte

Mit ihrer ultralockeren Geldpolitik greift die EZB massiv in die Preisbildung auf den Märkten für Staatsanleihen ein. Ihre Stützungskäufe haben die Zinsunterschiede zwischen den Euroländern künstlich nivelliert. Die Kurse haben somit keine Signalfunktion mehr. Die Risiken haben aber nicht abgenommen. Sie werden bloß nicht mehr von den Märkten abgebildet und eingepreist. Zwischen den Regierungen findet daher kaum noch ein Wettbewerb um die Gunst von Investoren statt. Und diese wiederum setzen der Neuverschuldung der Euroländer bei der Kreditvergabe kaum Grenzen. Die EZB ist sich dieses Problems durchaus bewusst. Sie kaufte zunächst bewusst Staatsanleihen, weil dies der größte und liquideste Markt ist und damit die Verzerrungen durch ihre Eingriffe immerhin noch geringer sind als zum Beispiel bei Käufen von Unternehmensanleihen. Je länger die EZB die Käufe allerdings fortsetzt, desto größer wird ihr Gewicht – und desto mehr damit der Wettbewerb am Markt außer Kraft gesetzt.

Seit Juni 2016 spielen die anfänglichen Bedenken der EZB keine Rolle mehr. Sie kauft nun auch Unternehmensanleihen in großem Stil.[1] Zur Auswahl stehen alle Anleihen mit guter Bonität, also einem Mindestrating von BBB-[2] und einer Laufzeit von mindestens sechs Monaten. Es gibt nur wenige Ausnahmen. So kauft die EZB keine Anleihen von Banken, weil sie sonst in ihrer Rolle als Bankenaufseher[3] zwangsläufig in Interessenkonflikte geraten würde. Zwar machen die Unternehmensanleihen nur einen vergleichsweise geringen Anteil der gesamten Käufe aus. Weil der Markt für Unternehmensanleihen aber wesentlich kleiner ist, sind die Verzerrungen viel größer als auf den Märkten für Staatsanleihen. Insbesondere Großunternehmen, die sich in der Regel über Anleihen finanzieren, profitieren von den EZB-Käufen. Kleinere Unternehmen des Mittelstands finanzieren sich hingegen hauptsächlich über Bankkredite – für sie sind die Aufkäufe von Unternehmensanleihen unbedeutend. Hinzu kommt, dass das Geld vor allem an die bonitätsstarken Unternehmen mit gutem Rating geht, die es eigentlich nicht benötigen, weil sie auch ohne Hilfe auf den Kapitalmärkten an Geld kommen können.

Die EZB argumentiert hingegen mit dem sogenannten Portfolioeffekt. Sie kauft die Papiere Investoren und Banken ab und hofft, dass diese das frische Geld in andere Unternehmensanleihen stecken oder mehr Kredite vergeben. Dadurch sinkt zwar das allgemeine Zinsniveau, jedoch profitieren Unternehmen in unterschiedlichem Ausmaß. Wahrscheinlich ist zudem, dass zumindest ein Teil des Geldes, das die Investoren von der EZB für ihre Unternehmensanleihen erhalten, nicht erneut im Euroraum investiert wird, sondern in Regionen abwandert, in denen sich im Geschäft mit Unternehmensanleihen höhere Margen erwirtschaften lassen. Ferner ist zu erwarten, dass die Investoren das von der EZB erhaltene Geld nicht in vollem Umfang erneut in Unternehmensanleihen investieren, sondern auch innerhalb Europas in renditeträchtigere Investitionsziele wie Immobilien, Aktien oder zumindest bonitätsschwächere Unternehmensanleihen ausweichen. Der künstlich niedrige Kurs von Staats- und Unternehmensanleihen ist daher nur um den Preis zu haben, dass auch die Preise auf diversen anderen Märkten verzerrt werden und Kapital ins Ausland abwandert.

Die EZB heizt Spekulationsblasen an

Mit ihrer Politik des billigen Geldes und ihren Anleihekäufen will die EZB Investoren bewusst dazu animieren, größere Risiken einzugehen. Sie kauft vor allem Staatsanleihen. Diese gelten als Papiere mit geringem Risiko, weshalb etwa Lebensversicherer dazu verpflichtet sind, einen größeren Teil ihres Vermögens darin anzulegen. Die EZB kauft die Staatsanleihen Banken und anderen Investoren ab – und drückt die Zinsen und damit aus Sicht der Investoren die Margen für diese Papiere. Damit will die EZB die Investoren in andere Anlageformen drängen und die Banken dazu bringen, mehr Kredite zu vergeben. Dies ist zwangsläufig mit höheren Risiken verbunden.

Außerdem führen die Anleihekäufe der EZB dazu, dass insbesondere große Unternehmen nun bewusst Anleihen begeben –

allein weil das Geld so günstig ist. Das Verschuldungsniveau des Privatsektors dürfte nicht zuletzt auch steigen, weil die EZB parallel zu ihren massiven Anleihekäufen noch vier weitere langfristige Kreditlinien auflegte – die zweite Generation der sogenannten *Targeted Longer-Term Refinancing Operations* (TLTRO II). Banken können die Gelder in nahezu unbegrenzter Höhe zum aktuellen Leitzins abrufen – derzeit also 0 Prozent. Wenn die Banken über den Zeitraum von zwei Jahren damit mehr Kredite vergeben, erhalten sie eine Prämie maximal in der Höhe des dann geltenden Einlagezinssatzes.[4] Damit subventioniert die EZB die Kreditvergabe besonders großzügig.

Die Folgen dieser Geldpolitik sind deutlich sichtbar: Großunternehmen haben die durchschnittlichen Zinssätze ihrer Finanzierung seit 2008 fast halbiert. Bei BASF etwa sanken sie von 4,1 auf 2,6 Prozent. Henkel konnte sich im September 2016 sogar 500 Millionen Euro zu Minuszinsen leihen. Investoren zahlten dem Waschmittelriesen also jährlich sogar noch 0,05 % des Ausleihwertes, nur um ihr Geld bei ihm parken zu dürfen. Solche Finanzierungsbedingungen können Unternehmen wie Staaten zu unsolider Finanzierungspolitik verleiten. Auch an den Börsen nutzen viele Unternehmen das Billiggeld der EZB, um ihre Kurse mit Aktienrückkäufen zu pushen. Produktive Investments sehen anders aus. So hat sich die Gesamtverschuldung der DAX-Konzerne von 2008 bis Ende 2016 um knapp die Hälfte auf 613 Milliarden Euro erhöht.[5] All dies mag zwar kurzfristig die Verschuldungsstruktur verbessern und lässt auch die Anleihemärkte liquider werden. Am Ende stehen jedoch hohe Summen, die nicht unbedingt in produktive Zwecke investiert werden – und neue Schulden.

Die Folgen für die Finanzstabilität sollten nicht unterschätzt werden. Niedrigzinsen verleiten Menschen, Unternehmen und Staaten dazu, sich zu überschätzen und zu überschulden. Das Geld wird zwar billiger und das mögliche Kreditvolumen steigt. Doch ein niedriges Zinsniveau ist auch mit zahlreichen Risiken behaftet. Zinsen sind der Preis für die Verfügbarkeit von Liquidität im Hier und Jetzt. Sie lenken das Kapital. Normalerweise gilt: Je rentabler eine Investition ist, desto höher ist ihr Preis. Wer Investitionen auf Kredit finanzieren möchte, wird sich daher genau überlegen, wofür der Kredit eingesetzt werden soll. Sind Zinsen niedrig, herrscht ein Überangebot an Kapital vor. Und da dieses nur noch eine geringe Rendite erwirtschaften muss, um die Zinslast als Preis des Kapitals zu stemmen, wird es auch in unproduktive und bisweilen sinnlose Projekte investiert – wie etwa überdimensionierte Immobilien oder Luxusgüter, die keinerlei Rendite abwerfen. In einer lang anhaltenden Niedrigzinsphase kann der Kapitalmarkt keine vernünftige Qualitätsauslese mehr betreiben. Die Wirtschaft wächst allein auf Pump. Die Risiken im Finanzsystem steigen, falls die Zinsen wieder anziehen, Kreditausfälle zunehmen und die Blase platzt. Spätestens die Subprime-Krise in den USA hat vorgeführt, was dauerhafte Niedrigzinsen anrichten können. Und auch in Deutschland hat die ultralockere Geldpolitik zum aktuellen Immobilienboom beigetragen. Vor allem in Großstädten sind die Preise mittlerweile beträchtlich angestiegen, allein in Ballungszentren um fast 7 Prozent im Jahr 2016. Dies ist vor allem deshalb äußerst bedenklich, weil historisch fast alle Finanzkrisen vom Immobilienmarkt ausgegangen sind.

Die EZB macht sich abhängig – Zinsänderungsrisiken steigen

Je länger die Niedrigzinsphase anhält, desto schwerer wird es für die EZB, aus ihrer Krisenpolitik wieder auszusteigen. Sie steckt in der Sackgasse. Denn sowohl Staaten als auch Banken und Unternehmen gewöhnen sich an die niedrigen Zinsen. Die Regierungen nutzen den plötzlichen Finanzspielraum in der Regel nicht für Investitionen, denn deren Wachstumserfolge zeigen sich meist erst lange nach der nächsten Wahl. Einfacher erscheint es da, den zusätzlichen fiskalischen Spielraum für kurzfristige Wahlgeschenke zu verfrühstücken. Grundlagen für langfristiges Wachstum schafft die Politik so aber nicht – und der Schuldenstand steigt weiter. Dadurch steigt der Druck auf die EZB, die Zinsen weiter niedrig zu halten, selbst wenn die geldpolitische Wende angesichts einer anziehenden Inflation längst überfällig wäre. Die EZB würde dann ihr Ziel der Preisstabilität aufgeben. Das hätte fatale Folgen für den sozialen Zusammenhalt und ihre Glaubwürdigkeit. Natürlich würde eine höhere Inflation hoch verschuldeten Ländern zunächst helfen, denn ihre Steuereinnahmen würden sich überproportional erhöhen – während der Schuldendienst zunächst konstant bleibt. Spätestens bei der Anschlussfinanzierung lang laufender Anleihen würden Länder mit hoher Verschuldung aber auch bei hohen Inflationsraten besonders unter Druck geraten, weil Investoren die erwartete Inflation auf ihre Zinsforderungen aufschlagen. Hebt die EZB die Zinsen dennoch an, würde für die Staaten die Finanzierung langfristig erheblich teurer. Sie müssten mehr Mittel für Schuldendienst aufwenden, statt in Bildung und Infrastruktur investieren zu können. Oder es würden für den Schuldendienst die Steuern erhöht, obwohl das wirtschaftlich schädlich wäre. Das Problem würde vor allem dann akut, wenn sich die Inflation im Euroraum sehr unterschiedlich entwickelt. Denn wenn die Preise nur in Deutschland und anderen Eurokernländern steigen, würde Italien fiskalisch nicht von ihr profitieren – aber unter höheren Zinsen leiden. Deshalb ist es so gefährlich, wenn sich die Regierungen an Niedrigzinsen gewöhnen.

Diese Überlegungen gelten nicht nur für den öffentlichen Sektor. Auch private Haushalte und Investoren verschulden sich wie die öffentlichen Kassen aufgrund der Niedrigzinsen unverhältnismäßig und könnten in Schwierigkeiten geraten, sollten die Zinsen wieder steigen. Das gesamtwirtschaftliche Zinsänderungsrisiko für Staaten und Unternehmen zwingt die EZB, die

Zinsen weiterhin niedrig zu halten, auch wenn es geldpolitisch längst nicht mehr geboten ist.

Zudem destabilisieren dauerhafte Niedrigzinsen die Banken: Diese vergeben immer mehr niedrig verzinste Kredite mit langen Laufzeiten. Laut Bundesbank reichen sie zumindest in Deutschland nun beispielsweise deutlich mehr Wohnungsbaukredite mit einer sehr langen Zinsbindungsdauer von über zehn Jahren aus.[6] Doch was Bauherren freut, ist gesamtwirtschaftlich riskant. Zwar sichern sich die Kreditnehmer so gegen das Risiko steigender Zinsen ab. Es verschwindet damit aber nicht aus dem System, sondern verlagert sich nur auf die Banken. Weil sie hauptsächlich kurzfristig Geld zu niedrigen Zinsen leihen und es zu höheren Zinsen für einen längeren Zeitraum verleihen (eine sogenannte Fristentransformation), sind sie besonders anfällig für abrupte Zinsänderungen. Auch hier gilt: Je länger die EZB an den niedrigen Zinsen festhält, desto höher werden die langfristigen potenziellen Risiken im Finanzsystem. Dies wiederum versperrt den Weg zu substanziellen Zinserhöhungen. Es verwundert daher nicht, dass die EZB im Juli 2013 angekündigt hat, das Zinsniveau für einen längeren Zeitraum niedrig zu halten. Widerrufen hat sie diese sogenannte Forward Guidance bislang nicht.

Aus all diesen Gründen sind die massiven Anleihekäufe der EZB mit enormen Risiken verbunden. Die Käufe sind aber zumindest an klare Kriterien gebunden. Die EZB und die Notenbanken des Eurosystems dürfen beispielsweise keine Staatsanleihen mit schlechtem Rating kaufen, es sei denn, das betroffene Land befindet sich in einem Sanierungsprogramm des ESM und erfüllt alle Sparauflagen. Zudem informiert die EZB wöchentlich darüber, wie viele Papiere sie und die nationalen Notenbanken im Rahmen des Kaufprogramms erworben haben. Im Gegensatz dazu stehen jedoch weitere geldpolitische Instrumente, bei denen die Grenze zur Staatsfinanzierung fließend verläuft. Sie sind an keine klaren Kriterien gebunden, und die EZB und die nationalen Notenbanken informieren über sie kaum.

DIE EZB INTERPRETIERT BESTEHENDE INSTRUMENTE NEU

Besonders deutlich wird das bei der Notliquidität der nationalen Zentralbanken (*Emergency Liquidity Assistance*, ELA). Um Schieflagen im Finanzsystem zu verhindern, dürfen nationale Notenbanken in ihrem Wirkungsbereich Geschäftsbanken eigenverantwortlich Notliquidität gewähren. Das Mittel der Notliquidität dient eigentlich dazu, solvente Banken zu stützen, die durch eine Marktpanik in kurzfristige Zahlungsschwierigkeiten geraten. So schüttete die Deutsche Bundesbank während der Finanzkrise im Herbst 2008 unmittelbar nach der Lehman-Pleite Nothilfen von knapp 40 Milliarden Euro aus – 20 Milliarden allein an die notleidende Hypo Real Estate. Schon dieser Fall illustriert die Schwierigkeit, Liquiditätsprobleme von einer Insolvenz abzugrenzen.

Einige Notenbanken im Euroraum haben diese Notliquidität mit etwas Kreativität zu einem Instrument der indirekten Staatsfinanzierung weiterentwickelt. Am deutlichsten wurde das 2015 in Griechenland während der ersten Monate der Regierung Tsipras, als offen war, ob das Land sich von den Vorgaben zur Haushaltssanierung verabschiedet, in die Insolvenz schlittert und den Euroraum verlässt. Über mehrere Monate hinweg legte die griechische Regierung in dieser Zeit kurz laufende Anleihen auf, die von griechischen Banken gekauft wurden. So konnte sich der griechische Staat finanziell gerade noch über Wasser halten. Das Geld zum Erwerb dieser Anleihen bekamen die Banken von der griechischen Zentralbank in Form von Notliquidität. EZB-Präsident Mario Draghi bezifferte das Volumen im Sommer 2015 auf über 80 Milliarden Euro.[7] Im Ergebnis wurden also Kredite der Notenbank von den griechischen Geschäftsbanken quasi an den griechischen Staat durchgereicht.[8] Auch in Irland wurde der Staat zeitweilig mithilfe von Notkrediten finanziert.[9]

Die Gewährung von Notliquidität an griechische Banken war nur möglich, weil die EZB dies der griechischen Notenbank zuvor erlaubt hatte. Für eine solche Gestattung ist eine Zweidrittelmehrheit im EZB-Rat erforderlich. Im Falle Griechenlands soll der EZB-

Rat in regelmäßigen Abständen separate ELA-Obergrenzen für die vier größten Banken des Landes festgelegt haben. Diese wurden vor allem im Jahr 2015 stets erhöht, um Griechenland liquide zu halten.[10] Dass die EZB im Falle Griechenlands der Gewährung von Notliquidität in bis dato kaum vorstellbarer Höhe zugestimmt hat, obwohl dieses Geld von den Banken gezielt zur Finanzierung des Staates eingesetzt wurde und das Ausfallrisiko sowohl für den griechischen Staat als auch für die griechischen Banken erheblich war, zeigt, wie weit die EZB bereits gegangen ist, um der Politik Zeit zur Lösung der Probleme zu verschaffen. Das hat auch zur Folge, dass es der EZB in Zukunft sehr schwer fallen dürfte, einen restriktiveren Ansatz bei der Bewilligung von Notliquidität zu verfolgen – zu sehr dürfte der Präzedenzfall Griechenlands die Erwartung geweckt haben, dass Notliquidität für Banken auch zur kurzfristigen Finanzierung von Staaten eingesetzt werden darf.

NATIONALE ALLEINGÄNGE UNTERGRABEN DIE GELDPOLITISCHE AUTORITÄT DER EZB

In der Geldpolitik kommt es außerdem zu nationalen Alleingängen. Mehrere Notenbanken haben sich in den vergangenen Jahren verselbstständigt und in großem Umfang Anleihen und Wertpapiere auf eigene Rechnung gekauft. Langfristig könnten diese Alleingänge das Vertrauen in die Geldordnung massiv untergraben.

Möglich war dies im Rahmen des sogenannten ANFA Abkommens (*Agreement on Net Financial Assets*). Es erlaubt den einzelnen Zentralbanken den Aufkauf von Papieren auf eigene Rechnung. Einzige Einschränkung: Die Interventionen dürfen den Zielen der gemeinsamen Geldpolitik nicht entgegenstehen. Das bietet großen Interpretationsspielraum und veranlasste zahlreiche Zentralbanken zu Wertpapierkäufen. Die nationalen Währungshüter legten dabei in den meisten Fällen noch nicht einmal offen, welche Art von Papieren sie gekauft hatten.

Ohne die Öffentlichkeit zu informieren und ihre Entscheidungen zu begründen, kauften zuletzt die Banca d'Italia, die Banque de France und die Central Bank of Ireland für Hunderte Milliarden Euro Wertpapiere. Der von den Notenbanken des Eurosystems gehaltene Bestand stieg so von Anfang 2006 bis 2011 von 300 auf zwischenzeitlich knapp 600 Milliarden Euro. Anders als andere Euro-Notenbanken kaufte die Bundesbank vergleichsweise wenige Papiere.[11] Das ANFA-Abkommen wurde anfangs streng geheim gehalten. Erst nach zunehmender Kritik an den umstrittenen Käufen einzelner Euronotenbanken legte der EZB-Rat das Dokument im Februar 2016 offen. In der Folge drängte sich der Eindruck auf, dass die nationalen Zentralbanken mit ihren Einkaufstouren versuchten, in Eigenregie nationale Konjunkturpakete zu schnüren und die Staatskassen zu sanieren. Die EZB bestritt das vehement. Die nationalen Wertpapierkäufe würden bei der Steuerung der gemeinsamen Geldpolitik berücksichtigt und folgten genauen Regeln, hieß es bei den Eurohütern in Frankfurt.

Diese Alleingänge zeigen, wie schnell nationale Egoismen überhandnehmen können, wenn sich die Geldpolitik systemischen Zwängen unterwirft und nur noch einem politischen Zweck dient: den Zusammenbruch der Eurozone zu verhindern. Doch je mehr Zeit vergeht, desto schneller gerät diese Politik an die Grenzen ihrer Möglichkeiten.

DIE FOLGE: RISSE IM WIRTSCHAFTLICHEN FUNDAMENT EUROPAS

Die aktuelle Geldpolitik der EZB hat einen hohen Preis. Fest steht aber, dass die EZB mit ihren Eingriffen die Probleme des Währungsraums nicht löst. Obwohl angesichts der Schuldenberge die Zeichen eigentlich auf Sparkurs stehen sollten, verschulden sich öffentliche und private Haushalte angesichts der

Niedrigzinsen, als gäbe es kein Morgen. Im Ergebnis stehen immer höhere Schulden – und das langfristige Insolvenzrisiko von Staaten, Unternehmen und Privathaushalten wächst unaufhörlich. Für die Politik mindern niedrige Zinsen den Anreiz zu Reformen, denn zusätzliche Ausgaben lassen sich leichter finanzieren. In der Regel hat es wirtschaftliche Reformen deshalb immer dann gegeben, wenn der Handlungsdruck groß war, wie beispielsweise in Großbritannien unter Premierministerin Margaret Thatcher oder zur Zeit der Agenda-2010-Reformen von Bundeskanzler Gerhard Schröder. Mit ihrer Geldpolitik mindert die EZB offensichtlich den langfristigen Reformdruck.

Ein Ausweg aus der aktuellen Lage ist kaum in Sicht. So begründet die EZB ihre quantitative Lockerung allein mit der niedrigen Inflation. Gegen zu geringe Preissteigerungen ist Wachstum das wirksamste Gegenmittel. Das hängt langfristig aber entscheidend vom Investitionsniveau ab, das in der Eurozone zu niedrig liegt. In Zeiten rekordtiefer Zinsen liegen die Ursachen der geringen Investitionstätigkeit der Unternehmen weniger in der mangelnden Finanzierungsbereitschaft von Banken als vielmehr in den gesamtwirtschaftlichen Rahmenbedingungen. Ist das Umfeld reformpolitisch schwach, kann der Appetit des Privatsektors auf Investitionen nicht steigen, da die Renditeerwartungen niedrig bleiben. Einzelne Strukturreformen sind in den Krisenstaaten Südeuropas und in Frankreich zwar ersichtlich, doch der Wille zu Reformen hat in den vergangenen Jahren stark nachgelassen.

Damit Unternehmen mehr investieren, reichen niedrige Zinsen nicht aus. Entscheidend ist vielmehr, dass die Rahmenbedingungen stimmen. Freiere Arbeitsmärkte, eine geringere Steuerlast für Arbeit und Kapital von Unternehmen und weniger Bürokratie würden die Wirtschaft der Eurozone ankurbeln – ebenso wie offenere Märkte für Dienstleistungen. Bessere Rahmenbedingungen für die grenzüberschreitende Unternehmensfinanzierung auf den Kapitalmärkten würden es Unternehmen erleichtern, sich Wagniskapital für Innovationen, Übernahmen und Neugründungen zu beschaffen. So könnten sie mehr investieren und damit die Grundlage für ein langfristig höheres Wachstum legen. Gleichzeitig wäre die Gefahr einer schädlichen Deflationsspirale gebannt. Bleiben solche Reformen jedoch aus, besteht die Gefahr, dass die Mittel für Investitionen zurückgehalten oder direkt verkonsumiert werden. Langfristiges Wachstum kann so nicht entstehen – allenfalls wird die Konjunktur kurzfristig angeheizt. Und die öffentliche Hand bleibt mit umso höheren Schulden zurück.

Nicht nur die Staaten am Rande der Eurozone erstarren derzeit in Reformträgheit. Gerade Deutschland und seine Partner im Eurozentrum lassen sich von ihren wirtschaftlichen Erfolgen blenden und verharren in einer gefährlichen Sicherheitsblase. Der gesetzliche Mindestlohn oder die Rente mit 63 illustrieren, wie gering der gefühlte Druck auf die Wettbewerbsfähigkeit des eigenen Landes ist. Und sie zeigen, wie sehr auch das Eurozentrum von seiner Substanz lebt. Dies belegen nicht zuletzt auch Untersuchungen der OECD. In ihrem jährlichen Reformranking sind die Euroländer zurückgefallen, seit Mario Draghi im Jahr 2012 mit seiner Bestandsgarantie für den Euro den Druck der Kapitalmärke ausgeschaltet hat.[12]

Die Politik, aber auch Gewerkschaften, Arbeitgeberverbände und Kammern lassen sich von der trügerischen Sicherheit der EZB-Maßnahmen dazu verführen, wichtige Reformen zu verschleppen. Es fehlt der Antrieb für große Schritte – nicht zuletzt auch aus Angst vor politischen Fehlentscheidungen in einem unsicheren Umfeld. Der Eurorettungsschirm und die EZB-Geldpolitik kaufen Zeit und nicht Zukunft: Sie sollen den Zusammenbruch verhindern und den Status quo bewahren. Die Profiteure dieser Politik müssen sie jedoch nicht bezahlen: Nutznießer sind in erster Linie jene Verantwortlichen und organisierten Interessenvertreter, die sich erfolgreich gegen Anpassungsprozesse zur

Wehr zu setzen wissen. Dies gilt für reformunwillige Gewerkschaften in Griechenland ebenso wie für Politiker im Eurozentrum, die mit langfristig unhaltbaren Wahlversprechen auf Stimmenfang gehen.

Die niedrigen Zinsen behindern nicht nur den Wandel in der Wirtschaftspolitik, sondern auch in der Wirtschaft selbst. Sie sind eine Subvention für unproduktive Unternehmen, die sich dadurch länger am Markt halten können. Als Platzhirsche blockieren sie notwendige Anpassungsprozesse im Markt und machen es für kleine, innovative Neugründungen umso schwerer, an Risikokapital zu kommen. Vor allem überschuldete Unternehmen bekommen eine Gnadenfrist, während Newcomer und Innovatoren aus Verunsicherung nicht investieren. Damit droht eine Zombifizierung der Unternehmenswelt.

TOTGESAGTE LEBEN LÄNGER – DIE PLANWIRTSCHAFT KEHRT ZURÜCK

Eine Korrektur dieser Fehlentwicklungen ist nicht in Sicht. Die EZB hat mit ihren massiven Eingriffen in die Anleihemärkte den Marktmechanismus außer Kraft gesetzt. Da die Lenkungswirkung des Zinses als Preis des Kapitals ausgeschaltet ist, sehen sich stattdessen Politiker schnell berufen, über Verteilung zu entscheiden. An vielen Stellen sind daher Eingriffe der Politik in den Markt zu beobachten, die vor Jahren noch undenkbar waren. Weil die Immobilienmärkte in Ballungsgebieten wegen der niedrigen Zinsen heiß laufen, hat die Politik in Deutschland eine Mietpreisbremse eingezogen. Das bedeutet letztlich wiederum, dass sie das Marktsignal höherer Mieten unterdrückt, statt die Ursache anzugehen, die darin besteht, dass es zu wenig Mietwohnungen gibt. Dadurch könnte die Lücke zwischen Angebot und Nachfrage sogar noch weiter steigen.[13] Andere Initiativen wollen den Markt für Lebensversicherungen stärker regulieren oder Lebensversicherer mit staatlichen Zuschüssen stützen, die in Zeiten der Niedrigzinspolitik keine einträgliche Rendite mehr erwirtschaften können.

Auf europäischer Ebene werden Bestrafungen für wettbewerbsstarke Länder diskutiert, die dank des schwachen Euro überproportionale Exporterfolge und hohe Leistungsbilanzüberschüsse erzielen. So müssen die Euroländer mittlerweile mehr als hundert verschiedene Wirtschaftsindikatoren dokumentieren, zu Reformempfehlungen der Europäischen Kommission Stellung beziehen und eigene Reformvorschläge skizzieren. Auf diese Weise entsteht ein umfassendes Berichtswesen, das sicherlich administrative Akkuratesse, nicht jedoch wettbewerbliche Kreativität im Ringen um die besten Lösungen fördert. Und auch dabei bleibt es nicht. Regelmäßig präsentiert Brüssel neue Ideen, um Wirtschaftspolitik auch ohne den Druck der Märkte zu koordinieren. Vermehrt fällt dabei auf den Fluren des Ministerrats oder der Europäischen Kommission der Begriff der *Europäischen Wirtschaftsregierung*. Dabei ist völlig unklar, was genau darunter zu verstehen ist. Während einige Länder wie Frankreich unter der Europäischen Wirtschaftsregierung eine straffe Abstimmung verstehen, die die langfristigen Prioritäten der Wirtschaftspolitik festlegt, sehen andere Staaten wie Deutschland darin lediglich eine breite Überwachung, die bei Fehlverhalten Sanktionen auslöst. Die Auffassungen über die Marschrichtung sind also höchst unterschiedlich. Weil aber einheitliche Definitionen und ein gemeinsames Verständnis fehlen, entstehen gefährliche Interpretationsspielräume, die in Konflikte münden können.

Die EU agiert dabei immer zentralistischer und planwirtschaftlicher. Staatliches Handeln wird über hierarchische Vorgaben und Verhandlungslösungen koordiniert. An die Stelle von wettbewerblicher Vielfalt und Schöpfungskraft, aus denen Europa über Jahrhunderte seine Energie gezogen hat, tritt die Abstimmung in trägen politischen Gremien. Doch zwischen Ländern mit sehr unterschiedlichen wirtschaftspolitischen Auffassungen kann das nicht funktionieren: Die einen fühlen sich übervorteilt und hintergangen, die anderen dominiert und unterworfen. Da die EZB mit ihrer ultralockeren Geldpolitik allen beteiligten Akteuren ermöglicht, auf Zeit zu spielen, wird die Koordinierung zur blutleeren Übung.

In das Bild des planwirtschaftlich agierenden Staates gehört auch der nach dem EU-Kommissionspräsidenten Jean-Claude Junckcr benannte Plan vom November 2014, der über eine Kofinanzierung mit öffentlichen Mitteln zusätzliche Investitionen der Privatwirtschaft in Höhe von 315 Milliarden Euro mobilisieren soll. Ohne Zweifel klingen die Beträge beeindruckend. Naheliegend ist jedoch, dass es sich bei einem Großteil dieser Summen einfach nur um Investitionsprojekte handelt, die ohnehin getätigt worden wären. Weshalb sollte schließlich bei historisch niedrigen Zinsen ein ökonomisch sinnvolles Projekt unverwirklicht bleiben? Weltweit suchen Investoren verzweifelt nach Investitionsgelegenheiten. Insofern liegt der Verdacht nahe, dass es bei diesem Programm wie bei fast allen Subventionen riesige Mitnahmeeffekte gibt, die die Allgemeinheit finanzieren muss. Selbst wenn durch das EU-Programm tatsächlich mehr investiert würde, wäre dies bedenklich. Wenn sich ein Projekt selbst unter dem vorherrschenden Niedrigzinsniveau nicht privat finanzieren lässt, spricht einiges dafür, dass der Staat ebenfalls die Finger davon lassen sollte.

Weitere Probleme kommen hinzu: Wenn es darum geht, Geld aus dem Investitionsprogramm zu erhalten, ist derjenige im Vorteil, der über die besten politischen Kontakte und die stärksten politischen Fürsprecher verfügt. Und egal, wie gut die Idee ist, in die investiert werden soll: Der politische Druck, Mittel aus dem Programm zu bewilligen, ist hoch. Der Kommissionspräsident und diejenigen, die das Programm beschlossen haben, können es sich politisch gar nicht erlauben, dass die versprochenen Investitionen von 315 Milliarden Euro nicht zustande kommen. Daher wird die Politik um buchstäblich jeden Preis dafür sorgen, dass die Mittel auch abgerufen werden. Die Kosten dafür sind hoch: Die Steuerzahler haften unnötig für private Investitionsprojekte. Chancen und Risiken, die der Privatsektor ohne Weiteres tragen könnte, werden verstaatlicht. Lobbyismus und politischer Einflussnahme werden Tür und Tor geöffnet; faire Chancen aller am Markt sind damit immer weniger gegeben. Damit wird sukzessive die Grundlage unserer Marktwirtschaft untergraben.

Die Eurokrise hat in Europa große Widersprüche aufgezeigt. Auf der einen Seite wendet sich die europäische Wirtschaftspolitik mit Rettungspaketen und zahlreichen Versuchen, die europäische Wirtschaftspolitik stärker zu koordinieren, zunehmend einem dirigistischen Ansatz zu. Gleichzeitig versagt dieser Dirigismus, wenn sich die Euroländer in Verteilungskämpfen und Strategiediskussionen aufreiben. Die Eurozone hat es dabei durchaus geschafft, in eine stabile Seitenlage zu kommen. Doch ohne eine wirtschaftspolitische Neuausrichtung wird sie sich daraus kaum befreien können.

LANGFRISTIGE FOLGEN

Auf lange Sicht werden sich die Auswirkungen in Wirtschaft, Gesellschaft und Politik bemerkbar machen.

Europas Stern sinkt wirtschaftlich

Eine erste Konsequenz daraus wird ein langfristiger Bedeutungsverlust der europäischen Volkswirtschaften im globalen Wettbewerb sein. Weil Reformstau und Niedrigzinsen den gesellschaftlichen Wohlstand mindern, wird unser Lebensstandard sinken. Dabei müsste sich eine alternde Gesellschaft wie die europäische eigentlich besonders anstrengen, wenn sie in den kommenden Jahrzehnten von mehr als nur ihrer Substanz leben möchte.

Eine Änderung der Lage ist nicht in Sicht, denn in einem Umfeld schwacher Reformpolitik entwickeln die Investoren keinen Appetit auf weitere Investitionen. Zu gering sind die Renditeerwartungen für Unternehmen. Sie halten sich daher zurück und warten auf bessere Zeiten. Globale Unternehmen weichen mit ihren Investitionen hingegen in Staaten jenseits der Grenzen aus, wo das wirtschaftspolitische Umfeld und die Wachstumsdynamik vielversprechender sind. Die bittere Ironie dabei ist, dass sie ihre Expansion außerhalb Europas dank der Anleihekäufe und Niedrigzinspolitik der EZB besonders günstig finanzieren können. Ausländische Direktinvestitionen landen dagegen immer seltener in den Euroländern und schon gar nicht in der Europeripherie, die die Beachtung internationaler Investoren am nötigsten hätte.

Die Staatsverschuldung schränkt die Wachstumsperspektiven zusätzlich ein – selbst wenn das Zinsniveau vorerst niedrig bleibt, dürfte allein der langfristige Tilgungsaufwand die Steuer- und Abgabenlast für private Haushalte und Unternehmen empfindlich steigen lassen und den Spielraum für Investitionen und Konsum einengen. Mutige Projekte, die sich erst nach längerer Zeit auszahlen, geraten dann schnell unter Rechtfertigungsdruck. Politische Gremien schonen im Interesse des kurzfristigen Wahlerfolgs lieber den Bestand und setzen den Rotstift bei vorwärtsgewandten Vorhaben an. Schuldenwachstum bremst deshalb regelmäßig das Wirtschaftswachstum.

Der gesellschaftliche Frustrationspegel steigt

Für die Bevölkerung bedeuten Reformstau und Wachstumsschwäche dauerhafte Frustration. Millionen Menschen haben auf den Arbeitsmärkten kaum mehr eine Chance und sind von der wirtschaftlichen Teilhabe abgeschnitten. Mehr als 20 Millionen hatten in der EU Mitte 2016 keinen Job. Einer der Gründe dafür ist, dass in einigen Ländern die Arbeitsmärkte dank enger Regulierung und einer Tarifpolitik zulasten der Arbeitslosen noch immer zu unflexibel sind. Arbeitsrecht und Tarifverträge orientieren sich oft zu einseitig am Sicherheitsbedürfnis der in geregelten Verhältnissen Beschäftigten – während Arbeitsuchende keine Lobby und damit nur geringe Chancen auf eine Festanstellung haben.

Außerordentlich ausweglos ist die Lage insbesondere für junge Menschen in Südeuropa: Während in Deutschland unter 6 Prozent zwischen 15 und 24 Jahren arbeitslos sind, liegt die Jugendarbeitslosigkeit in Griechenland oder Spanien noch immer bei rund 40 Prozent.[14] Überdies wird besonders die Langzeitarbeitslosigkeit zum Problem: Mehr als ein Drittel aller jugendlichen Arbeitslosen in Europa ist länger als ein Jahr ohne Job. In Südeuropa ist es jeder Zweite. Millionen Jugendliche finden aus der Arbeitslosigkeit kaum noch heraus. Sie können entgangene Erfahrungen, fehlende Weiterqualifizierung und Lohnlücken nur in den seltensten Fällen nachholen.

Die ungenutzten Potenziale auf dem Arbeitsmarkt lassen auch die Unternehmen hinter ihren Wachstumsmöglichkeiten zurückbleiben. Das rigide regulatorische Umfeld ist ein Grund für die mangelnde Standortwettbewerbsfähigkeit vieler EU-Länder. In der Folge entgehen vielen Unternehmen nicht nur Absatzpotenziale in Europa, es fällt ihnen auch zunehmend schwerer, am Wachstum der Weltmärkte teilzuhaben. Viele Unternehmen, auch in den Krisenländern, haben hoch qualifizierte Mitarbeiter, frische Ideen und wettbewerbsfähige Produkte. Sie sind jedoch im engen Korsett ihrer nationalen Regelwerke und der starren wirtschaftspolitischen Rahmenbedingungen gefangen, sodass sie ihre Vorteile nicht entfalten können.

Populisten profitieren von Perspektivlosigkeit

Die hoffnungslose wirtschaftliche Lage ist ein idealer Nährboden für populistische Parteien und Bewegungen. Mit ihren Kampagnen schüren sie die Ängste, Unsicherheiten und Begehrlichkeiten der Menschen. Sie polemisieren und ideologisieren und finden damit verstärkt das Gehör der Wähler. In Zeiten niedrigen Wachstums und hoher Arbeitslosigkeit zweifeln sie die handfesten politischen und wirtschaftlichen Vorteile der europäischen Integration zunehmend an und stellen die demokratische Legitimation der europäischen Institutionen infrage. Besonders deutlich wurde dies, als die Briten im Juni 2016 für den Austritt aus der EU stimmten. Der Brexit zeigt, wie sehr Populisten die politische Debatte dominieren können. Dies gilt vor allem dann, wenn etablierte Parteien – in Großbritannien sogar erhebliche Teile der regierenden Tories – sich ihre Fragestellungen zu eigen machen und ihre Agenda ebenfalls auf Populismus umpolen, um beim Wähler zu punkten.

Auch wenn populistische Kräfte am rechten und linken Rand des politischen Spektrums in den meisten Ländern Europas die Oppositionsbank drücken, beeinflussen sie die politische Großwetterlage bereits nachhaltig. Denn zunächst sind auch etablierte Parteien gehalten, zu den Themen und Fragestellungen populistischer Kräfte eine inhaltliche Position zu beziehen. Da deren Rhetorik deutlich offensiver ist als die der etablierten Parteien, geraten letztere zunehmend in eine Verteidigungshaltung. Zudem müssen auch etablierte Parteien in Regierungsverantwortung mit ihren Partnern in Europa Kompromisse schließen. Dies wird immer schwieriger werden, wenn Regierungen einzelner Länder wegen hohen innenpolitischen Drucks vermehrt nationale Interessen vertreten und Ausnahmen fordern.

Der größte Schaden an der Demokratie, den Populisten anrichten, ist jedoch, dass sie zu einer zunehmenden Radikalisierung der Debatte beitragen. Jeder, der in diesen Tagen Zweifel an der

Krisenpolitik äußert, läuft Gefahr, dem populistischen Lager zugerechnet zu werden. Gemäßigte und kritisch-besonnene Stimmen verstummen. Es gibt keine Zwischentöne mehr. Das verstärkt Fehlentwicklungen noch zusätzlich. Populisten drängen die etablierten Parteien zunehmend in Zweckbündnisse und Koalitionskonstellationen, in denen die Kompromissfindung noch schwieriger wird und das eigene Profil der beteiligten Parteien noch schwerer erkennbar wird – was populistische Kräfte ebenfalls für ihre Kampagnen werden auszunutzen wissen.

All dies wirkt sich wiederum auf die Reformpolitik der Staaten Europas aus. Die Reformerfolge stellen sich nämlich immer erst mit zeitlicher Wirkungsverzögerung ein – zunächst ist eine Anpassungsphase zu bewältigen. Das kurzfristige politische Überleben der Regierungsparteien steht meist im Vordergrund. Deshalb bleibt die Atempause für Reformen, die den Krisenstaaten mit der aktuellen Geldpolitik der EZB eingeräumt wird, ungenutzt. Werden unliebsame Reformen angesichts ihrer immanenten Notwendigkeit schließlich doch umgesetzt, verweisen die Regierungen zu ihrer Begründung nicht auf ökonomische Tatsachen, sondern vor allem auf Brüssel oder Deutschland als Sündenbock. Das verleiht den Kampagnen populistischer Kräfte weiteren Schwung. Ihr Einfluss und ihre Stimme dürften auf längere Zeit stark bleiben.

3
VERTRAUENSKRISE UND ZÄSUR

Einige Ökonomen sagten dem Euro bereits bei seiner Einführung ein kurzes Leben voraus. »Euroland bricht in fünf bis 15 Jahren auseinander«, prophezeite der US-Nobelpreisträger Milton Friedman schon 2002.[1] Europa bestehe aus unterschiedlichen Staaten mit verschiedenen Sprachen, Bräuchen, Regulierungen und Gesetzen. Unter diesen Umständen sei eine Währungsunion mit vielen Nachteilen verbunden. »Früher oder später, wenn die Weltwirtschaft einen wirklichen Dämpfer bekommt, werden die inneren Probleme den Euro zerreißen«, urteilte Friedman.[2] Der Ökonomie-Nobelpreisträger ahnte schon damals, dass der Euro auf wackeligem Fundament steht. Die Währungsunion leidet seit ihrer Gründung unter so schweren Konstruktionsfehlern, dass sie auf Dauer nicht überlebensfähig ist. Da weitreichende Reformen nicht absehbar sind, ist das Scheitern des Euro nur eine Frage der Zeit.

Bislang konnte allein die EZB mit ihrer ultralockeren Geldpolitik den Währungsraum stabilisieren. Das Versprechen von EZB-Präsident Draghi aus dem Sommer 2012, alles Nötige zu tun, um den Euro zu retten, ist der Kitt, der den Währungsraum bis heute zusammenhält. Die Finanzmärkte glauben diesem Versprechen – noch. Doch die EZB kann die inneren Probleme des Währungsraums nicht lösen, sondern nur Zeit kaufen. Und diese Zeit wird knapp, denn die EZB hat ihre Mittel weitgehend ausgeschöpft. Zudem ist sie zunehmend mit ihrer politischen Rolle als Retterin des Währungsraums überfordert und droht deshalb das Vertrauen von Menschen und Märkten zu verlieren.

DIE LÜCKE IM SYSTEM

Weitere Krisen im Euroraum sind schon heute programmiert,
weil die Währungsunion unter einer Lücke im System leidet, die
Investoren und Politiker im Falle einer drohenden Staatsinsolvenz oft verzweifeln lässt.

Zunächst gibt es keine Institution, die im Notfall als letzter
Geldgeber die Schulden der Euroländer garantieren könnte (als
sogenannter *Lender of last Resort*). Das macht unkontrollierte
Staatsinsolvenzen auch in Industrieländern wieder möglich.
Natürlich wäre auch in der Eurozone ein möglicher Staatsbank-
rott ohne einen *Lender of last Resort* verkraftbar, wenn es von
Anfang an entsprechende Vorkehrungen für diesen Fall gäbe –
etwa in Form eines Insolvenzmechanismus für Staaten, der die
Prozesssicherheit erhöhen würde. Doch dies ist bislang nicht der
Fall.

Ohne eine Garantie staatlicher Kreditwürdigkeit und ohne Prozesssicherheit im Krisenfall besteht die Gefahr, dass Gläubiger in
einer Krise einem Land nicht mehr trauen und ihr Kapital abziehen. Es kommt dann schnell ein sich selbst verstärkender Prozess
aus Kapitalflucht, einem Preisverfall bei Vermögenswerten, stei-
genden Zinsen und Vertrauensverlust in Gang, der sich ab einem
bestimmten Punkt nur noch schwer stoppen lässt.[3] Griechenland
stand deshalb schon mehrfach am Rande des Staatsbankrotts.
Mit eigener Währung, die sich notfalls abwerten lässt, und einer
autonomen Zentralbank wäre das vermutlich nicht passiert. In
anderen Industrieländern wie Japan, den USA oder Großbritannien gibt es das Risiko einer Staatsinsolvenz nicht: Sie haben eine
eigene Notenbank, die im Notfall immer genug Geld drucken
könnte, um die Schulden des Staates zu begleichen – auch wenn
dies natürlich nur das letzte Mittel wäre.

Die Unsicherheit darüber, was im Falle der Staatsinsolvenz
geschieht, hat im Euroraum besonders gravierende Folgen: In
Europa sind die Banken in der Regel die wichtigsten Gläubiger

ihrer Heimatländer. Dieser sogenannte *Home Bias* der Banken kann gleich auf dreifache Weise für Turbulenzen sorgen.

- SCHWIERIGER ZUGANG ZU ZENTRALBANKFINANZIERUNG: Falls die Ratings unter eine gewisse Schwelle hinabgestuft werden, können die Staatsanleihen den Banken nicht mehr als Sicherheit für Refinanzierungsgeschäfte mit der EZB dienen. Damit sind Banken nur noch eingeschränkt fähig, Investitionen der Realwirtschaft zu finanzieren und den Zahlungsverkehr abzuwickeln. Folglich erleben auch die Aktienmärkte der südlichen Europeriphere und vor allem die Aktien der Banken und Versicherer dieser Länder einen Absturz.

- ABSCHREIBUNGEN IM FINANZSYSTEM: Steigt das Ausfallrisiko eines Landes, sinkt der Wert der Staatsanleihen im Portfolio der Banken – sie müssen Wertberichtigungen und Abschreibungen vornehmen. Im Extremfall kann dies einzelne Institute enorm schwächen. Geht von ihrer Schieflage ein Risiko für die Stabilität des Finanzsystems aus, könnte die Regierung eines Landes sich gezwungen sehen, die Bank zu stützen. Doch dies würde wiederum die Staatsverschuldung des jeweiligen Landes in die Höhe treiben.

- HÖHERE ZINSBELASTUNG – NIEDRIGERE KREDITVERGABE: Wenn Banken Verluste mit Staatsanleihen verbuchen, kann das auch dazu führen, dass sie ihre Kreditvergabe einschränken und höhere Zinsen von Unternehmen und privaten Haushalten verlangen müssen. Das schwächt die Wirtschaft – wodurch wiederum die Steuereinnahmen des Staates sinken und die Staatspapiere noch riskanter werden. Eine schwächelnde Realwirtschaft schwächt daneben unausweichlich auch den Finanzsektor immer weiter, der dann auf einem immer größeren Berg fauler Kredite (sogenannter *Non-Performing Loans*) sitzen bleibt. Ein Teufelskreis.[4]

Daraus folgt, dass bei einer Staatsinsolvenz auch der gesamte Finanzsektor des betroffenen Landes vor dem Bankrott steht und damit ebenfalls die Realwirtschaft gefährdet ist, die von lückenloser Liquiditätsversorgung und reibungslosem Zahlungsverkehr abhängt. In den USA etwa gibt es das Problem auf der Ebene der Bundesstaaten so nicht. Wenn New York pleiteginge, wären die Banken des Bundesstaats nicht durchweg gefährdet. Wie unheilvoll die Verflechtung von Banken und Staaten in der Krise ist, hat das Beispiel Griechenlands gezeigt. Als der neue griechische Premierminister Alexis Tsipras von der linken Syriza-Partei Anfang 2015 die Sparpolitik für beendet erklärte, weigerten sich die internationalen Gläubiger, weitere Finanzhilfen zu gewähren. Der drohende Staatsbankrott brachte auch die Banken des Landes in Gefahr, denn sie waren die wichtigsten Gläubiger des Staates. Als die EZB beschloss, griechische Staatspapiere nicht mehr als Sicherheiten für ihre Kreditgeschäfte zu akzeptieren, standen die Institute am Abgrund. Sie konnten sich nicht mehr auf normalem Wege bei der Notenbank finanzieren. Stattdessen mussten sie auf Notliquidität der griechischen Notenbank (*Emergency Liquidity Assistance*, ELA) zurückgreifen. Immer mehr Kunden zogen ihre Ersparnisse ab. Als die Verhandlungen Griechenlands mit seinen internationalen Gläubigern über weitere Finanzhilfen scheiterten, fror die EZB auch die Nothilfen vorübergehend ein – und die Banken des Landes mussten schließen. Griechenland war dem Euroaustritt sehr nahe, letztlich wurde der Druck aber so groß, dass sich Athen mit den anderen Euroländern doch noch auf weitere Finanzhilfen einigte.

Was die Probleme der Eurozone anbelangt, bewies Milton Friedman also ein gutes Gespür. Mit seiner Prognose des Zusammenbruchs binnen fünf bis fünfzehn Jahren allerdings lag er falsch. Was der US-Nobelpreisträger nicht vorhersah, ist die Entschlossenheit, mit der die EZB den Währungsraum verteidigen würde – auch gegen ihre eigenen Regeln.

DIE FOLGE: DIE EZB IST ZUNEHMEND ÜBERLASTET

Die EZB hat im Rahmen der Schuldenkrise im Euroraum eine
völlig neue Rolle übernommen. Vorher galt ihre Arbeit als lang-
weilig: Je nach Konjunkturlage senkte oder erhöhte sie die Leitzinsen. Mit der Krise jedoch hat die EZB ihr Aufgabenfeld enorm
ausgeweitet und erheblich an Macht gewonnen. Sie hat nicht nur
die Zinsen so tief gesenkt wie nie. Sie ist eingesprungen, weil
die Politik nicht mehr weiterwusste. Nun kauft sie jeden Monat
Anleihen und andere Wertpapiere für einen hohen zweistelli-
gen Milliardenbetrag. Und sie überwacht als Bankenaufsicht
die größten Bankengruppen im Euroraum. Ohne die EZB geht
nichts mehr.

Allerdings mehren sich die Anzeichen, dass die EZB die
hohen Erwartungen als Retter der Eurozone immer weniger
erfüllen kann und mit ihrer neuen Rolle zunehmend überfordert
ist. Investoren haben sich an die massiven Eingriffe der EZB an
den Finanzmärkten schon längst gewöhnt und die entstehen-
den Verzerrungen eingepreist. Sie rechnen fest mit weiteren
Interventionen, sollte sich die Lage im Währungsraum wieder
verschlechtern. Doch ebendiese Hoffnung der Anleger auf ein
»Höher, Schneller, Weiter« der EZB beschränkt die Zentralbank in ihrer tatsächlichen Interventionskraft. Sie hat ihr Pulver
weitgehend verschossen. In einer neuen Krisenlage wird sie die
Finanzmärkte nicht mehr wesentlich überraschen können.

Zudem stößt die EZB bei ihren Anleihekäufen an rechtliche
Grenzen. Sie hat sich selbst Grenzen für ihre Käufe gesetzt. Die
wichtigste Hürde, die sogenannte emittentenbezogene Obergrenze (*Issuer Limit*) von 33 Prozent, besagt, dass die EZB nicht
mehr als ein Drittel der ausstehenden Anleihen eines Landes
kaufen darf. Diese Grenze lässt sich kaum verschieben. 2018
dürfte die EZB dieses Limit für Deutschland und auch Italien
erreichen. Daraus folgt, dass die EZB in absehbarer Zeit in eine
Zwickmühle gerät. Entweder schränkt sie ihre Anleiheaufkäufe

ein – damit würde sie in künftigen Krisensituationen ihre eigenen Versprechen nicht mehr einhalten können. Oder sie verstößt
gegen ihre selbst auferlegte Beschränkung. Das Ergebnis wird
am Ende immer ein Gesichtsverlust sein.

Hinzu kommen handfeste Interessenkonflikte, in die die EZB
durch ihre neuen Aufgaben gerät. Besonders greifbar sind sie bei
der Bankenaufsicht. In ihrer geldpolitischen Rolle bestimmt die
EZB, zu welchen Bedingungen sich Banken bei ihr refinanzieren
können und welche Sicherheiten sie dafür hinterlegen müssen.
Bei geringer Inflation liegt es geldpolitisch in ihrem Interesse,
diesen Spielraum dafür zu nutzen, um die Banken im Euroraum
dazu zu bringen, mehr und letztlich auch riskantere Kredite
zu vergeben. Als Bankenaufseherin dagegen muss sie ebenjene
Banken überwachen und sie dazu veranlassen, Bilanzrisiken zu
minimieren. Auch ihre geldpolitischen Experimente sind mit
ihrer Rolle als oberster Hüterin der Finanzstabilität kaum ver-
einbar: Während sie immer neue Wertpapierkaufprogramme
auflegt, um die Inflation im Euroraum anzuheizen, nimmt sie
offenbar in Kauf, dass sich im Immobiliensektor und bei anderen
Vermögenswerten zunehmend Preisblasen bilden.

AUTORITÄTSVERLUST UND VERTRAUENSKRISE

Die EZB wird die hohen Erwartungen und Begehrlichkeiten, die
sie geweckt hat, auf Dauer kaum erfüllen können. Das gefährdet
das Vertrauen in die Notenbank. So kommt es, dass Demons-
tranten bei der Eröffnung der neuen EZB-Zentrale durch Frankfurt ziehen, um gegen die Rolle der Zentralbank in der Eurokrise, gegen die Reformauflagen für Krisenländer und gegen
den Kapitalismus an sich zu demonstrieren – auch mit Gewalt.
Und so kommt es, dass am 15. April 2015 eine Frau vor EZB-Präsident Mario Draghi auf den Tisch springt, als er gerade während
einer Pressekonferenz über die Kreditkonditionen für Haushalte

und Unternehmen sprechen will. Das Bild geht um die Welt: Der oberste Notenbanker Europas wirkt darauf ratlos und verloren, über ihm thront die Aktivistin Josephine Witt. Sie fordert das »Ende der Diktatur der Europäischen Zentralbank«. Draghi hat die Hände zur Abwehr erhoben. Als er begreift, dass er nur mit Konfetti attackiert wird, weicht die Panik aus seinem Blick. Was bleibt, ist die Verwunderung: Er soll ein Diktator sein?[5]

Man mag von Josephine Witt halten, was man will. Ihre Form des Protestes ist mehr als fragwürdig. Sie trifft jedoch einen wunden Punkt. Was die EZB tue, sei »klar politisch und hat Auswirkungen auf uns alle«, sagt die Aktivistin später in einem Interview.[6] Der ungehobelte Akt zeigt die aktuelle Lage der EZB wie unter einem Brennglas. Der enorme *Machtzuwachs* der Zentralbank besorgt die Menschen im Euroraum. Er verdeutlicht die *Überforderung* der EZB, die mit ihren ausufernden Aktivitäten immer neue Angriffsflächen für politische Begehrlichkeiten bietet. Und er symbolisiert den *Autoritätsverlust*, der damit einhergeht.

Die Überforderung der EZB hat bereits zu einem dramatischen Vertrauensverlust geführt. So misstrauten der EZB im November 2016 laut einer Eurobarometer-Umfrage 55 Prozent der Deutschen.[7] Die Vertrauenswerte sind noch schlechter als für die Europäische Kommission und das Europäische Parlament.

Sollte sich dieser Vertrauensverlust verfestigen, hätte das fatale Folgen, denn Vertrauen ist für Währungsordnungen konstitutiv: So fürchten Ökonomen, dass die tief sitzende Skepsis die Handlungsfähigkeit der Notenbank massiv behindert und ihre Unabhängigkeit gefährdet. Die Wirtschaftsgeschichte zeigt, dass Währungsordnungen besonders schnell zerbrechen, wenn die Menschen das Vertrauen in ihre geldpolitischen Institutionen verlieren. In der aktuellen Krisensituation wäre dies besonders problematisch, denn die EZB hält die Eurozone allein mit ihrer Glaubwürdigkeit zusammen. Insbesondere den Investoren an den Finanzmärkten, die an den Lippen von Mario Draghi hängen, könnte die EZB im erneuten Krisenfall keine Orientierung mehr geben. Die Wahrscheinlichkeit, dass dieser Moment bald kommt, ist groß.

RUHE VOR DEM STURM

Selten war die wirtschaftspolitische Lage Europas so unsicher wie heute. Daran sind weniger Marktturbulenzen schuld als die EU selbst: Das abnehmende Vertrauen in die europäischen Institutionen zeigt, dass immer mehr Bürger, Investoren und Unternehmer die fundamentalen Schwächen der Währungsunion erkennen. Die EZB kann diese Schwächen nur kaschieren: Sie kauft mit den vielen Anleihen vor allem Zeit. Noch können die Dauerniedrigzinsen, die Dehnung des Zentralbankmandats und Mario Draghis Bestandsgarantie für die Eurozone die Situation stabilisieren. Wie ein Schmerzmittel wirkt die Geldpolitik der EZB nur gegen die Symptome der Krise, aber beseitigt nicht ihre Ursachen. Schmerzhafte Reformen und Korrekturen bleiben langfristig dringend erforderlich und unumgänglich.

Mario Draghi selbst weist regelmäßig darauf hin, dass Geldpolitik keine grundlegenden Probleme lösen kann. Der EZB-Präsident fordert von den schwachen Euroländern Reformen ein wie etwa eine Flexibilisierung der Arbeitsmärkte. Außerdem mahnt er, die Fiskalpolitik solle sich stärker auf die Förderung von Wachstum konzentrieren. Er meint damit nicht weitere Schulden, sondern gezieltere Investitionen in wachstumsfördernde Bereiche wie Infrastruktur und Bildung.

Passiert ist jedoch zu wenig. Nur wenige Länder wie beispielsweise Spanien und Irland haben die Zeit, die die EZB gekauft hat, auch genutzt. Andere Länder wie Italien und Griechenland haben sie verstreichen lassen. Die Dauerniedrigzinsen und massiven Anleihekäufe mindern den Reformdruck. Die Euroländer scheinen in diesen Tagen kein ernsthaftes Interesse daran zu haben, die Eurozone nachhaltig zu verbessern. Sie wollen in erster Linie den Status quo erhalten.

Das wäre kein Problem, wenn Euroland ein isolierter Staatenbund fernab vom Weltgeschehen wäre. Doch während man auf dem Kontinent alles daransetzt, notwendige Reformen zu vermeiden, wenn nicht zu verhindern, dreht sich die Welt außerhalb Europas weiter. Die Folgen sind möglicherweise weitreichender, als wir es uns heute vorstellen können. Denn durch den Widerspruch von dynamischer globaler Wirtschaftsentwicklung einerseits und dem mangelnden Reformwillen Europas andererseits entstehen zwangsläufig neue Spannungen. Die EZB ist gezwungen, sie mit immer neuen Maßnahmen auszugleichen. Dies erfolgt nicht aus einer faktischen Notwendigkeit, sondern allein aus ihrer selbst gewählten Verpflichtung, die Eurokrise in Schach zu halten. Sie hat sich damit selbst in Ketten gelegt und muss den Entwicklungen auf der Welt hinterherlaufen. Führen und gestalten kann sie nicht.

Deshalb könnte sich die Lage in Europa bald dramatisch zuspitzen. Je länger die Konstruktionsfehler der Währungsunion nicht korrigiert werden, desto größer wird die Gefahr, dass ein negativer Impuls sie erneut ins Wanken bringt. Je länger die EZB mit ihrer Geldpolitik die Märkte noch ruhigstellt, desto härter und unangenehmer wird die notwendige Korrektur am Ende sein. Alle Beteiligten wissen, dass die gegenwärtige Ruhe an den Finanzmärkten fundamental nicht gerechtfertigt ist, sondern nur mit immer extremeren geldpolitischen Notmaßnahmen erkauft wird. Bemerkbar macht sich die schwebende Unsicherheit etwa daran, dass die Unternehmen trotz extrem günstiger Finanzierungsbedingungen kaum in der Eurozone investieren. Diese Zurückhaltung verstärkt wiederum die wirtschaftlichen Probleme.

ENDSPIEL, KONTROLLVERLUST, ZÄSUR

Wie lange kann das noch gutgehen? Analysten und Investoren spekulieren immer wieder öffentlich darüber, wie viel Zeit den Beteiligten noch bleibt, die Lage in den Griff zu bekommen.

Der US-Großinvestor George Soros beispielsweise gab Deutschland im Juni 2012 noch drei Monate, um die Krise zu lösen – ansonsten drohe dem Kontinent ein verlorenes Jahrzehnt. Eine ganze Branche von Vortragskünstlern, Vermögensberatern und Endzeitpropheten präsentiert dem Publikum immer neue Untergangsszenarien, ein durchaus einträgliches Geschäft. Prognosen über die Restlaufzeit der Währungsunion sind jedoch wenig zielführend, denn dafür ist die Gesamtlage viel zu unübersichtlich: Die Dynamik in einer Krise ist selbst für die handelnden Akteure nur schwer zu durchschauen. Niemand weiß beispielsweise, wie lange die Wähler in Ländern wie Italien weiter Parteien stützen, die für den Euro eintreten. Niemand weiß, welche Entscheidungen die EZB und die Mitgliedstaaten der Eurozone in Zukunft treffen werden. Und keiner kennt die Instrumente, die die EZB noch einsetzen würde, um den Euro in seiner bisherigen Form zu retten. All dies macht Spekulationen darüber, wann genau der Zusammenbruch der europäischen Währungsordnung kommt, müßig. Abrupte Einbrüche treten zudem oft genau dann ein, wenn keiner mit ihnen rechnet. Wenn sich Akteure in Sicherheit wiegen und Risiken auf die leichte Schulter nehmen, ist die Gefahr für eine Überraschung besonders groß. Bislang hat sich die EZB auf ein klares Handlungsmuster eingelassen: Die Politik versagt, die EZB räumt auf. Doch in dem Moment, wo sie nicht mehr in der Lage ist, die Erwartungen zu erfüllen, dürften sich Abgründe auftun. Sicher ist: Die EZB allein kann den Euroraum auf Dauer nicht zusammenhalten.

Was aber führt zu einer solchen Zäsur? Derzeit scheinen vor allem zwei Szenarien denkbar.[8]

Szenario 1: Machtspiele, Blockade, Austritt einzelner Länder

Denkbar wäre, dass sich die politischen Konflikte im Währungsraum derart zuspitzen, dass ein einzelnes Euroland oder sogar

eine ganze Ländergruppe die Währungsunion verlässt. Maß-
geblicher Treiber könnten populistische Bewegungen sein, die
den Euro ablehnen. In Italien hat beispielsweise die Fünf-Sterne-
Bewegung von Beppe Grillo großen Zulauf erhalten. In Frank-
reich hat der Front National um Marine Le Pen sogar offen den
Austritt aus der Eurozone gefordert, ebenso wie der Rechtspopu-
list Geert Wilders in den Niederlanden. Auch die Syriza-Partei in
Griechenland liebäugelt mit dem Euroausstieg. All diese Populisten sprechen die Emotionen der Wähler an und nutzen die
Drohung mit dem Italexit, Frexit, Nexit und Grexit, um nationale
Interessen gegenüber dem Rest der Euroländer durchzusetzen.
Internationale Zusammenarbeit ist für sie ein Nullsummenspiel,
in dem ihre Vorteile auf Kosten anderer Länder gehen. Der Euro
funktioniert aber nicht, wenn sich einzelne Länder abschotten
und die Kooperation infrage stellen.

Optimisten wenden an dieser Stelle gerne ein, dass populistische Politiker ihre Position schnell ändern würden, sobald sie
in der Regierung sind. Als Paradebeispiel dafür gilt der linke
griechische Premier Alexis Tsipras, der im Wahlkampf sämtliche
Reformen zurückdrehen wollte und später komplett einlenkte.
Doch Griechenland ist wirtschaftlich viel unbedeutender als die
anderen Austrittskandidaten unter den Euroländern. Ein Grexit
hätte daher weniger dramatischere Folgen für die Währungsunion gehabt als der Ausstieg von Schwergewichten wie Frankreich oder Italien. Im Falle Griechenlands war der äußere Druck
auf Tsipras zudem enorm und auch die Verhandlungsposition
des Landes aufgrund seiner geringen Wirtschaftskraft schlecht.
Aber spätestens dann, wenn ein wirtschaftlich größeres Land in
ernsthafte Schwierigkeiten gerät, dürfte es problematisch werden. Sollten Länder wie Frankreich oder Italien austreten, wäre
der Schaden nicht nur für sie selbst, sondern auch für den Rest
des Euroraums verheerend – anders als beim Ausstieg eines wirtschaftlichen Leichtgewichts wie Griechenland. Bei einem Italexit
beispielsweise stünden Staatsschulden in Höhe von 2 Billionen

Euro auf dem Spiel. Hohe Abschreibungen auf italienische Staatspapiere wären jedoch für das europäische Finanzsystem nicht verkraftbar – nicht zuletzt deshalb, weil unter einer populistischen
Regierung wohl auch ausländische Gläubiger bluten müssten.

Ein zusätzliches Erpressungspotenzial für Populisten in großen Euro-Wackelkandidaten wie Italien und Frankreich ergibt
sich aus den gigantischen Verbindlichkeiten, die die Zentralbanken dieser Länder im internen Verrechnungssystem der nationalen Zentralbanken haben (dem *Trans-European Automated Real-
time Gross Settlement Express Transfer System,* besser bekannt als
TARGET2). Bis zur Finanzkrise schwankten die Salden um null.
Dann schossen sie in die Höhe. Zum einen, weil weniger wettbewerbsfähige Euroländer mehr Güter aus dem Ausland kauften,
als sie dorthin exportierten – und sich die Ungleichgewichte nicht
mehr durch private Kredite decken ließen. Vor allem aber, weil
ausländische Banken und Investoren ihr Kapital aus Ländern wie
Italien oder Spanien abzogen. Durch die Bestandsgarantie der
EZB für die Eurozone konnte die Kapitalflucht ab Mitte 2012 zwar
vorerst gestoppt werden – und die Salden gingen zurück. Inzwischen sind sie aber vor allem wegen der Anleihekäufe der EZB
wieder deutlich gestiegen. Italien und Spanien hatten Anfang
2017 Verbindlichkeiten von je über 300 Milliarden Euro gegenüber der EZB – und die Deutsche Bundesbank einen positiven
Saldo von Forderungen in Höhe von fast 800 Milliarden Euro.[9]
Diese Verlustrisiken bergen ein großes Erpressungspotenzial.

Viele Auslöser für den Austritt eines oder mehrerer Euroländer
sind vorstellbar. Verteilungskonflikte könnten sich zuspitzen oder
im Zeitverlauf derart eskalieren, dass keine politische Einigung
mehr möglich ist. Bei Entscheidungen von großer Relevanz wie
beispielsweise die Fortsetzung von Finanzhilfen an ein schwa-
ches Euroland ließe sich die Einigung auch nicht unendlich aufschieben. Gut möglich, dass in einer solchen Lage alle Beteiligten
ihr Blatt derart überreizen, dass ein offener Konflikt ausbricht,
der den weiteren Zusammenhalt der Eurozone gefährdet.

Das Exitszenario muss dabei nicht zwingend wohlgeplant und choreografiert ablaufen wie bei einem Referendum oder einem Parlamentsbeschluss.[10] Auch wenn eigentlich kein Land einen Austritt anstrebt, kann es trotzdem dazu kommen. Gerade wenn Entscheidungen und ihre Wechselwirkungen sehr komplex sind, besteht die Gefahr, dass sich ein Land in eine ausweglose Lage manövriert. In Griechenland war es 2015 schon fast so weit: Die meisten Griechen wollten zwar im Euro bleiben. Dennoch stimmten sie in einer Volksabstimmung gegen Reformauflagen der Gläubiger, die aber Voraussetzung für den Verbleib im Euro waren. Die Währungsunion hatte Glück: Letztlich lenkte die griechische Regierung doch noch ein.

Das bedeutet nicht, dass es das nächste Mal genauso glimpflich ausgeht. Ein Blick in die Geschichtsbücher liefert genügend Anschauungsmaterial dafür, wie eine Mischung aus intransparenten Entscheidungsprozessen, nationalem Stolz und Überheblichkeiten in Europa oft genug zu dramatischen Fehlentscheiden geführt hat. So beschreibt der australische Historiker Christopher Clarke in seinem Buch *Die Schlafwandler,* wie Europa im Jahr 1914 in einer ähnlichen Konstellation sehenden Auges in den Ersten Weltkrieg schlitterte. Auch wenn in Europa heute glücklicherweise keine Kriegsgefahr herrscht, gibt es zwischen beiden Situationen gewisse Parallelen. Wie in der Julikrise 1914 die Zeitungen mit nationalistischen Artikeln Emotionen schürten, gibt es auch in der Eurokrise dafür Beispiele. So karikieren griechische Zeitungen Bundesfinanzminister Schäuble regelmäßig in Wehrmachtsuniform, und die *Bild*-Zeitung zeigte eine Fotomontage von Bundeskanzlerin Merkel mit preußischer Pickelhaube. Unvergessen ist auch das Titelblatt des Nachrichtenmagazins *Focus,* das eine griechische Statue mit erhobenem Mittelfinger zeigte. Solche Tabubrüche greifen leicht auch auf die Politik über und ebnen den Weg für weitere Beleidigungen und Eskalationen. Das Risiko eines Euroaustritts einzelner Länder dürfte daher mittelfristig hoch bleiben – selbst wenn kein Mitgliedstaat derzeit aktiv den Austritt betreibt.

Wie auch immer der Weg zum Austritt eines oder mehrerer Euroländer genau verliefe: Eine unmittelbare Folge wären gewaltige Finanzmarktturbulenzen. Die Ansteckungseffekte wären enorm: Ist ein Land erst ausgetreten, würden die Investoren erwarten, dass weitere folgen und der Zerfallsprozess weitergeht. Es ist fraglich, ob die EZB die Lage dann mit größeren Anleihekäufen und Geldspritzen für das Finanzsystem noch in den Griff bekäme. Gegen Marktkräfte kann sie etwas unternehmen. Gegen den mangelnden politischen Willen zum Zusammenhalt der Eurozone aber wäre sie machtlos. Ohne politische Rückendeckung würde die EZB einen fundamentalen und irreparablen Vertrauensverlust erleiden. Die Tage der Eurozone wären dann gezählt.

Szenario 2: Vertrauensverlust und Marktpanik durch globale Schocks

Der Impuls für eine existenzbedrohende Zäsur in der Eurozone muss nicht zwingend aus dem Innern der Währungsunion stammen, sondern kann auch von außerhalb Europas kommen. Die Eurozone ist für weitere neue Finanzkrisen nicht ausreichend gewappnet. Sie ist immer nur so stark wie ihr schwächstes Glied. In einer Finanzpanik werden Investoren aus den schwächsten Euroländern fliehen. Die EZB genießt dann womöglich nicht mehr ausreichend Vertrauen, um mit umfangreichen Interventionen die Lage wieder zu stabilisieren. Deshalb könnten auch globale Schocks das Schicksal des Euro durcheinanderwirbeln.

China steckt beispielsweise in einer massiven Schuldenfalle: Staat und Privatsektor ächzen unter einer Schuldenlast, die mehr als dem Doppelten der Wirtschaftsleistung entspricht – Tendenz steigend. Zudem leidet das Land unter einer enormen Immobilienblase. So stehen in vielen Städten ganze Wohnviertel leer, die am Bedarf vorbeigeplant wurden. Viele Staatsunternehmen sind nicht mehr wettbewerbsfähig, kränkeln unter Überkapazitäten und fallenden Gewinnmargen und werden nur noch von billigen Krediten der Staatsbanken am Leben gehalten. Die Banken wiederum ächzen deshalb unter faulen Krediten. Leidtragende sind private Unternehmen, die schwerer an Kredite kommen und weniger investieren können. Öffentliche Investitionen – etwa in Infrastruktur – verkommen in diesem Umfeld zu reinen öffentlichen Beschäftigungsprogrammen, können jedoch nicht mehr die Produktivität steigern. All dies lässt immer mehr Ökonomen zweifeln, ob die offiziellen Wachstumsprojektionen der chinesischen Regierung langfristig gehalten werden können. Sollte in China eine Finanzkrise ausbrechen, wären die Folgen weltweit zu spüren – auch in Europa.

Ein weiterer potenzieller Krisenherd ist der zunehmende Protektionismus. Weltweit ziehen Regierungen immer entschlossener neue Handelsbarrieren hoch, um heimische Firmen zu schützen. Im Kreuzfeuer der Kritik stehen hierbei nicht nur die Vereinigten Staaten, sondern auch zahlreiche *Emerging Markets* wie Russland, Indien oder Indonesien.[11] Sollten sich die globalen Wachstumsperspektiven wieder eintrüben, wäre es durchaus denkbar, dass der Protektionismus noch weiter zunimmt – und damit auch die Exportmärkte Europas negativ beeinflusst. Das könnte einzelne Euroländer in Bedrängnis bringen.

Ein letztes Problemfeld sind geopolitische Risiken. Territoriale Machtansprüche von Ländern sind kein Relikt aus dem 20. Jahrhundert, sondern bestimmen nach wie vor die außenpolitische Agenda vieler Länder wie Russland oder der Türkei. Militärbündnisse wie die NATO sind wieder in verstärkter Alarmbereitschaft – die Verteidigungshaushalte werden ausgeweitet. Die gegenseitigen Befindlichkeiten könnten sich in den kommenden Jahren noch erhöhen, gerade weil Wachstumsperspektiven vieler Regionen alles andere als rosig sind und einige Länder versucht sein könnten, mit außenpolitischer Aggression von wirtschaftlichen Problemen abzulenken. Die Konflikte, die daraus entstehen, dürften wiederum schwer auf den Wachstumsperspektiven der betroffenen Regionen lasten und durch die weltweite Verflechtung auch die Wachstumsaussichten Europas dämpfen. Die Exportnachfrage ginge zurück und mit ihr auch die Investitionsnachfrage und der Binnenkonsum.

Egal ob der Euroaustritt eines Landes, Protektionismus oder territoriale Konflikte die kommende Krise auslösen: Existenzbedrohend für den Euro wird die Lage immer dann, wenn Investoren ihre Mittel plötzlich abziehen. Sollte die Kapitalflucht große Euroländer betreffen, könnte die EZB nicht mehr ausreichend gegensteuern. Da Anleger in diesem Fall sofort alarmiert wären und ihre Mittel zurückhalten würden, wären auch umfangreiche Anleihekäufe der EZB nur von begrenzter Wirkung. Aus der Erfahrung früherer Finanzkrisen lassen sich holzschnittartig drei Verläufe unterscheiden.

• KRITISCHES EREIGNIS – ÜBERRASCHUNG – SOFORTIGER VERTRAUENSENTZUG: Besonders dramatisch verliefe die Krise, wenn ein äußeres Ereignis eintritt, das Europa zwangsläufig betrifft und bei dem die EZB eindeutig nicht mehr gegensteuern kann – beispielsweise ein massiver Einbruch der Weltkonjunktur.

• KRITISCHES EREIGNIS – VERGEBLICHE GEGENMASSNAHMEN – SPÄTERER VERTRAUENSENTZUG: Etwas langsamer würde der Zusammenbruch vonstattengehen, falls die Zentralbank noch geldpolitische Gegenmaßnahmen einleitet, im weiteren Verlauf der Krise jedoch scheitert – und daher das Vertrauen der Anleger auf halbem Wege verliert.

• LATENTER VERTRAUENSENTZUG – KLEINER IMPULS – GROSSE WELLEN: Besonders unvorhersehbar würde die Krise verlaufen, wenn das Vertrauen in die Zentralbank schon im Vorfeld angeschlagen ist. In diesem Fall reicht ein vergleichsweise kleiner Impuls, um das restliche Vertrauen in die Zentralbank zu zerstören – der sprichwörtliche Tropfen, der das Fass zum Überlaufen bringt. Panik an den Finanzmärkten ist in diesem Fall ebenfalls programmiert – die Entwicklung ist jedoch weniger eindeutig als in den beiden anderen Fällen. Es drohen massive Turbulenzen, die sich über einen längeren Zeitraum zwischen Bangen und Hoffen bewegen.

In allen drei Fällen wären die Folgen für Finanzmärkte und Realwirtschaft verheerend. Gelingt es der EZB nicht, die Krise zu kontrollieren, würden Investoren nicht mehr an die Stützung der Schulden des öffentlichen und privaten Sektors glauben und über Nacht die realen Ausfallrisiken bewerten. Im besten Fall würden nur die Marktzinsen für Staats- und Firmenanleihen Kapriolen schlagen. Eher zu erwarten wäre jedoch ein vollständiger Zusammenbruch der Finanzmärkte. Der Ausgang der Krise würde dann von der Fähigkeit der Länder Europas abhängen, sich zusammenzuraufen und sich in kürzester Zeit zu koordinieren. Die Aussichten darauf sind nicht besonders vielversprechend.

NEUANFANG – ABER WIE?

Beide Szenarien haben eines gemeinsam: Sie nehmen an, dass die EZB so viel Vertrauen verloren hat, dass ihre Geldpolitik kaum noch wirkt und sie eine weitere Krise nicht abwenden kann. Gut möglich, dass die tatsächliche Entwicklung im Euroraum auf eine Kombination der beiden Szenarien hinausläuft. Doch egal ob ein Impuls von innen oder von außen die Existenzkrise der Währungsunion auslöst: Sicher ist, dass der Moment kommen wird, an dem sich die Regierungen Europas entscheiden müssen, ob sie das Fundament der Währungsunion radikal reformieren oder zu nationalen Währungen zurückkehren wollen. Ein »Weiter so« wird dann nicht mehr möglich sein. Und auch das Vertragswerk der Währungsunion wird von der Realität eingeholt und damit obsolet sein.

Die Aussichten für den Euro als gemeinsame Währung unseres Kontinents sind alles andere als positiv. Ein gangbarer Ausweg aus der aktuellen Lage ist nicht in Sicht – es dominieren Risiken, und zwar in der kurzen, mittleren und langen Frist. Während die genauen Entwicklungen nicht absehbar sind, ist eines deutlich: In der desolaten Lage, in der sich Europa derzeit befindet, lässt sich Vertrauen in die EZB und in die Währungsunion nicht mehr über graduelle Veränderungen herstellen, dafür ist es zu spät. Nötig ist ein echter Neuanfang – das bedeutet: neue Regeln, neue Institutionen und Strukturen. *Alles auf Anfang.*

Die Diskussion mag verfrüht erscheinen. Bei solch weitreichenden Entscheidungen ist es aber umso wichtiger, sich rechtzeitig Gedanken zu machen und sich nicht von den Ereignissen treiben zu lassen. Wenn Politiker und Notenbanker in der Krise überstürzt entscheiden müssen, besteht die Gefahr einer Kurzschlusshandlung. Oft werden nicht alle Handlungsoptionen geprüft und Lösungen auch als alternativlos dargestellt. Dies hilft vielleicht kurzfristig, sich klar zu orientieren, potenziert langfristig jedoch mögliche Fehlentwicklungen.

Wir sind deshalb überzeugt, dass jetzt der richtige Moment ist, sich Gedanken darüber zu machen, wie ein Neustart für die Eurozone gelingen kann.

4
DIE ZWEITE CHANCE

Wie könnte ein Neustart für die Eurozone aussehen? Derzeit stehen zahlreiche Ideen für eine mögliche Reform der europäischen Währungsunion im Raum. Sie reichen von einer vollständigen Auflösung des Währungsraums über eine Haftungsgemeinschaft bis hin zu alternativen Währungsordnungen. Die jeweiligen Kosten dieser Optionen wären jedoch immens. Deswegen müssen wir schon heute bessere Konzepte entwickeln, mit denen die Eurozone eine echte zweite Chance bekommt. In seiner bisherigen Form ist der Euro gescheitert. Diese Erkenntnis stellt wahrlich keine Außenseitermeinung mehr dar. Es gilt jedoch, daraus auch die richtigen Schlüsse zu ziehen. Die meisten politisch Verantwortlichen setzen heute auf die Strategie des Aussitzens. Sie stecken den Kopf in den Sand und warten ab – in der Hoffnung, es werde am Ende nicht allzu schlimm kommen.

Folgerichtig befassen sie sich erst gar nicht mit einem Plan B: Die Vertreter des Status quo werten jeden Versuch, über Alternativen nachzudenken, als Angriff auf den Euro und damit auf ihr Denken und Handeln. Diese ignorante Haltung mag sicherlich sehr bequem sein und zahlreiche Beobachter beruhigen. Kurz- und mittelfristig garantiert sie auch oberflächliche Harmonie. Zu einer fundamentalen Verbesserung führt sie jedoch nicht.

Die Strategie des Zauderns führt dazu, dass viele Entscheidungen auf der Basis von falschen Prämissen getroffen werden. Dann besteht keine Chance zur Korrektur mehr und Fehlentwicklungen potenzieren sich. Kommt es schließlich zu einem kritischen Ereignis, schlägt das ignorante Sicherheitsgefühl in Panik um. Spätestens dann wird es gefährlich, denn Panik ist in jeder Schieflage die falsche Reaktion. Sie erhöht das Risiko, dass hastig wieder neue, unüberlegte Fehlentscheidungen getroffen werden. Gerade wenn der Handlungsdruck durch eine akute Krise groß ist, muss der Wandel aktiv und durchdacht gestaltet werden, denn die Entscheidungen, die dann getroffen werden, werden Europa auf Jahrzehnte prägen. Deshalb müssen wir schon heute die europäische Währungsunion nach dem Scheitern des Euro planen – pragmatisch und unaufgeregt.

Im Wesentlichen konkurrieren derzeit drei Denkschulen im wissenschaftlichen und politischen Diskurs über die Zukunft der Eurozone.

NATIONALE WÄHRUNGEN: ZU SCHWACH FÜR DIE GLOBALISIERUNG

Die erste Richtung fordert eine Rückkehr zu nationalen Währungen. Diese Rufe werden immer dann laut, wenn Konstruktionsfehler der Eurozone besonders deutlich zutage treten. Die schwachen Länder des südlichen Euroraums könnten dann, so die Annahme, ihre Währung nach Belieben abwerten und so über den Wechselkurs wieder wettbewerbsfähig auf den Weltmärkten werden. Andere, wie der frühere Präsident des Bundesverbands der Deutschen Industrie Hans-Olaf Henkel, fordern eine Spaltung der Eurozone in einen Nord- und einen Südeuro.

Auf den ersten Blick wirken diese Argumente oft einleuchtend. Doch die konzeptionellen Schwächen sind nicht zu übersehen. Es scheint die nahe liegende Lösung zu sein, eine gemeinsame Währung, die falsch konstruiert wurde, einfach aufzugeben und zum altbewährten Regime nationaler Währungen der neunziger Jahre zurückzukehren. Doch die Befürworter dieser kleinstaatlichen Lösung verkennen, dass sich die Welt seitdem vollständig gewandelt hat.

Die Auflösung der Währungsunion wäre nicht nur mit immensen wirtschaftlichen und politischen Kosten verbunden. In Italien, Griechenland, Frankreich und anderen hoch verschuldeten Ländern könnten Staat, Unternehmen und Haushalte ihre Schulden in Euro nicht mehr zurückzahlen. Banken, Anleger und Gläubiger auch in Deutschland würden davon massiv getroffen. Die Euroländer sind zudem durch den gemeinsamen Handel voneinander abhängig. Schon vor der Einführung des Euro waren deshalb im Europäischen Währungssystem die Wechselkurse innerhalb Europas faktisch fixiert, um Handelspartnern und Investoren Planungssicherheit zu geben. Nach der Rückkehr zu nationalen Währungen müsste ein solches Arrangement erneut getroffen werden, das sich vom Euro kaum unterscheidet.

Hinzu kommt, dass die Weltfinanzmärkte heute um ein Vielfaches stärker verflochten sind. Digitale Handelssysteme sorgen dafür, dass Milliardensummen binnen Nanosekunden über Grenzen und Kontinente verschoben werden – ohne nennenswerte Transaktionskosten. Derivate, mit denen Investoren allein auf Kursveränderungen anderer Finanzwerte wetten können, verstärken diese gigantischen Handelsströme oft noch. Je kleiner ein Währungsraum ist, desto größer wird die Gefahr spekulativer Attacken auf den Wechselkurs. Länder wie Dänemark oder die Schweiz sind kaum in der Lage, eine eigene, unabhängige Geldpolitik zu gestalten. So hat die ultralockere Geldpolitik der EZB für erheblichen Aufwertungsdruck auf den Schweizer Franken gesorgt. Die Schweizerische Nationalbank sah sich deshalb etwa gezwungen, Negativzinsen für Banken einzuführen. Mit Ausnahme Deutschlands wäre wohl kein Land der Eurozone wirtschaftlich stark genug, derartigen Turbulenzen entgegenzutreten. Und selbst die deutsche Wirtschaft mit ihrem hohen Exportanteil träfe es hart, wenn die eigene Währung drastisch aufgewertet würde. Für die Staaten Europas empfiehlt es sich daher, auf den weltweiten Devisenmärkten im Verbund aufzutreten.

Hinzu kommt eine geopolitische Komponente. Aufstrebende Akteure wie China sind Europa in volkswirtschaftlicher Größe nahezu ebenbürtig. Eine junge Bevölkerung, exportorientierte Wirtschaftspolitik und zunehmende Marktöffnung haben den Boom im Reich der Mitte in den vergangenen Jahrzehnten angetrieben. Wenngleich die *Emerging Markets* zuletzt etwas an Wachstumspotenzial eingebüßt haben, bündeln sie neuerdings ihre politischen Kräfte. Außerhalb Europas entstehen neue Institutionen wie die Asiatische Infrastrukturinvestitionsbank oder die Neue Entwicklungsbank der Länder Brasilien, Russland, Indien, China und Südafrika (BRICS). Auch wenn diese Alternativen zu den westlich geprägten internationalen Finanzinstitutionen noch in den Kinderschuhen stecken, manifestieren sie den Machtwillen und Gestaltungsanspruch ihrer Gründer. Eine Vielzahl europäischer Kleinstwährungen wäre die falsche Antwort darauf: Ohne gemeinsame Währung wäre Europa der Politik anderer Länder viel stärker ausgeliefert. Wir wären nicht mehr in der Lage, auf plötzliche strategische wie taktische Kurswechsel unserer Partner zu reagieren. Was könnte ein Land wie die Niederlande oder selbst Deutschland alleine ausrichten, wenn zum Beispiel China den Wechselkurs seiner Währung manipuliert? Auch in dieser geopolitischen Dimension gilt genauso wie an den Finanzmärkten: Gemeinsam sind die Länder Europas stärker.

Ohnehin sind die Länder Europas fundamentalen Veränderungen ausgesetzt, die sich besser im Verbund als im Alleingang lösen lassen. Herausforderungen wie der demografische Wandel, überbordende Bürokratie, ein kompliziertes Steuersystem und ein überregulierter Arbeitsmarkt lassen sich mit einer Weichwährung nicht lösen. Und nur im Euro sind wettbewerbsschwache Länder wie Griechenland oder Portugal zu echten Strukturreformen gezwungen. Es ist eine Illusion, zu glauben, man könne mit nationalen Währungen strukturelle Herausforderungen lösen. Abwertungen können allenfalls vorübergehend die Folgen dieser Probleme mindern.

Verbraucher, Sparer und Firmen in kleinen europäischen Ländern mit neuen Weichwährungen hätten zudem noch weniger Vertrauen in nationales Geld als in den Euro. Sie würden im täglichen Zahlungsverkehr einen Bogen um das Geld ihres Landes machen und Devisen nutzen. Ein Wirtschaftssystem mit Parallelwährungen wie in Kuba, dem Libanon oder der späten DDR wäre die Folge. Womöglich würden sich Menschen sogar in niedrig verzinsten Nordeurokrediten verschulden. Dies wiederum würde die Risiken in den heimischen Finanzsystemen enorm erhöhen – und die nationalen Zentralbanken von weiteren Abwertungen abhalten. Das einzige Gegenmittel wären harte Kapitalverkehrskontrollen, mit denen Europa sich in die Steinzeit der Globalisierung zurückwerfen würde.

Dies zeigt: Nur mit einer starken, gemeinsamen Währung wird Europa auch in Zukunft seine Interessen in der Weltwirtschaft wahren können.

TRANSFERUNION UND ZENTRALSTAAT: TRÜGERISCHE SICHERHEIT DURCH GEMEINSAME HAFTUNG

Eine weitere Denkschule sieht die Lösung für die Existenzkrise des Euroraums in der weiteren Vergemeinschaftung der europäischen Politik. Zu dieser Fraktion zählen vor allem zahlreiche Entscheider europäischer Institutionen und der Denkfabriken, die sie umgeben. Sie sehen die europäische Integration als linearen Prozess, der stets in eine Richtung führt.

Um Staatsinsolvenzen künftig von vornherein auszuschließen, schlagen sie eine sogenannte Transferunion vor. Die zahllosen Vorschläge zur Ausgestaltung der grenzüberschreitenden Fiskaltransfers mögen sich im Detail unterscheiden, haben aber eines gemein: Sie sehen vor, dass Euroländer gemeinsam für ihre Staatsschulden haften. Dies kann je nach Präferenz beispielsweise dadurch erreicht werden, dass die Euroländer gemeinsame

Anleihen (Eurobonds) ausgeben, dass ein gemeinsamer Schuldentilgungsfonds errichtet wird oder dass die nationalen Arbeitslosenversicherungen aufgelöst und durch eine einzige europäische Arbeitslosenversicherung ersetzt werden. Ein milderes, aber zur Stabilisierung des Euroraums weniger wirksames Mittel wären höhere Transferleistungen zugunsten strukturschwacher Länder über den EU-Haushalt.

Die meisten Befürworter dieser Optionen blenden allerdings aus, dass die wichtigsten wirtschafts- und finanzpolitischen Entscheidungen nach wie vor auf nationaler Ebene getroffen werden. Wenn aber die Euromitgliedsländer autonom über ihre Politik entscheiden, wäre es falsch, sie gemeinsam für die Konsequenzen dieser Politik haften zu lassen. Dies würde nämlich zum Missbrauch geradezu einladen: Schuldenländer könnten vollkommen ungehindert auf Kosten der finanziell soliden Länder leben. Infolgedessen würde sich keine vernünftige, an einer Wiederwahl interessierte Regierung mehr bemühen, die Wettbewerbsfähigkeit ihres Landes zu verbessern oder den Haushalt auszugleichen. Der Euroraum geriete so in eine dauerhafte Abwärtsspirale aus weicher Währung, Inflation und Strukturschwäche. Das einst mit der Währungsunion verfolgte politische Ziel, den Euroraum im Konzert der ökonomischen Weltmächte zu positionieren, würde in sein Gegenteil verkehrt.

Eine gemeinsame Haftung für die öffentlichen Schulden könnte ökonomisch allenfalls dann sinnvoll sein, wenn es eine gemeinsame Finanz-, Arbeitsmarkt- und Wirtschaftspolitik der Euroländer gäbe. Das wird von den Befürwortern einer Transferunion auch beständig gefordert. Schon heute versucht die Europäische Kommission zentralistisch Einfluss auf nationale Haushaltsplanungen, Wettbewerbsfähigkeit, Außenhandelsbilanzen und andere Faktoren zu nehmen, allerdings unter ständiger Rücksichtnahme auf die innenpolitische Situation in einigen Ländern – aktuell im Jahr 2017 Frankreich – und mit eher mäßigem Erfolg.

Abgesehen von den massiven Umverteilungswirkungen eines solchen Ansatzes, die seine Verwirklichung für sich genommen bereits nahezu unmöglich machen, würde dieser aber auch nicht weiterhelfen. Wenn man beispielsweise in der gesamten Eurozone das Renteneintrittsalter, die Bedingungen für einen früheren Renteneintritt oder das Recht auf Arbeitslosengeld vereinheitlichen würde, müssten die Bürger dieser Länder mit einer auf ihre jeweiligen – und sehr unterschiedlichen – örtlichen Gegebenheiten (beispielsweise Altersstruktur der Bevölkerung, Chancen für Ältere am Arbeitsmarkt, bestehender Mix aus staatlicher und privater Altersvorsorge, Immobilienbesitz als Alterssicherung) nur unzureichend zugeschnittenen Einheitslösung leben, was die Akzeptanz der Währungsunion sicher nicht erhöhen würde. Zudem würde eine vollkommene Vereinheitlichung all dieser Politikbereiche die Unterschiede in der wirtschaftlichen Leistungskraft der Mitgliedstaaten weiter zementieren, weil die schwächeren Länder kaum noch Spielraum hätten, durch bessere politische Rahmenbedingungen gegenüber den stärkeren Ländern aufzuholen.

Letztlich dürfte daher die Idee einer Transferunion, die von einer umfassenden Zentralisierung von Politikbereichen flankiert wird, auf einen beständigen wirtschaftlichen Abstieg des gesamten Euroraums hinauslaufen, bei dem die wirtschaftlichen Unterschiede eher zementiert werden und der Frust über Zentralismus und Verteilungskämpfe die Akzeptanz der Währungsunion auf Dauer schwächen würde.

ALTERNATIVE GELDORDNUNGEN: LUFTSCHLÖSSER FÜR EUROPA

Die dritte Strömung sucht die Lösung für die Eurozone weder im großen Schritt zurück zu nationalen Währungen noch im großen Sprung nach vorn zu gemeinsamen Schulden, sondern in alternativen Geldordnungen. Bereits seit einigen Jahren fordern

Wissenschaftler beispielsweise eine Alternativwährung für den Euroraum, die mit Gold gedeckt ist.[1] In der öffentlichen Debatte konnten sie sich bislang allerdings nicht durchsetzen. Weitaus mehr Gehör fand hingegen eine Gruppe, die eine sogenannte Vollgeldordnung vorschlägt. In der Schweiz gab es hierzu bereits eine Initiative für eine Volksabstimmung. Die Argumentation der Vollgeldbefürworter setzt an der sogenannten Giralgeldschöpfung im heutigen Bankensystem an, die zwischen Zentralbankgeld und Buchgeld unterscheidet.

1. ZENTRALBANKGELD ODER AUCH BASISGELD entsteht, wenn die EZB den Banken Zentralbankgeld zur Verfügung stellt. Die Finanzinstitute können so Geldreserven aufbauen, die dann unter anderem als Mindestreserve für die Kreditvergabe an andere Banken oder Sparer dienen.

2. BUCHGELD ODER AUCH GIRALGELD wird hingegen geschöpft, wenn beispielsweise Bankkunden einen Kredit bei ihrer Bank aufnehmen. Dabei sind die Dinge etwas komplizierter. Ein Bankkredit wird nämlich nicht – wie gemeinhin angenommen – aus den Bankeinlagen von Sparern gestellt, sondern die Bank schreibt dem Kunden die Kreditsumme auf seinem Konto einfach gut. Somit entsteht für die Kreditbank eine Verbindlichkeit gegenüber dem Kreditnehmer – denn dieser kann das gutgeschriebene Geld jederzeit abrufen. Aus dem Kredit selbst entsteht aber auch zugleich eine Forderung der Kreditbank gegenüber dem Kreditnehmer in gleicher Höhe.[2]

Im Ergebnis wird so Geld geschaffen, und diese dezentrale Geldschöpfung beruht auf wechselseitigen Krediten. Dies ist von den Zentralbanken so gewünscht. Vorgaben für Banken zur Mindestreservehaltung von Zentralbankgeld sollen dafür sorgen, dass Sparer ihre Sichteinlagen jederzeit ausbezahlt bekommen.

Die Kritiker der Giralgeldschöpfung monieren, dass sich die Geldschöpfung seit Ende des Goldstandards immer stärker von der tatsächlichen Wertschöpfung der Realwirtschaft entkoppelt habe. Sie sehen darin die Erbsünde unseres heutigen Finanzsystems und die Hauptursache von Finanzkrisen. Damit liegen sie durchaus richtig: Denn ein Finanzsystem, das auf hohen wechselseitigen Verbindlichkeiten gründet, neigt zur Instabilität – zumindest dann, wenn viele Sparer im Falle einer Panik gleichzeitig ihr Geld bei den Banken einfordern und die Auszahlung wegen zu niedriger Mindestreserven nicht mehr garantiert werden kann. Doch nicht nur ein Ansturm der Sparer auf die Banken macht das System zerbrechlich. Banken sind auch anfällig für Vertrauenskrisen untereinander, weil sie über Geschäfts- und Haftungsrisiken stark miteinander verflochten sind. Wegen dieser großen wechselseitigen Abhängigkeiten leihen sich die Institute gegenseitig kein Geld mehr, sobald untragbare Risiken im Finanzsystem bekannt werden. Der sogenannte Interbankenmarkt friert ein.

Kritiker des heutigen Giralgeldsystems möchten daher den Zahlungsverkehr von der Kreditvergabe trennen und aus den Bankbilanzen entfernen. Bereits vor über 80 Jahren, im Jahr 1936, entwarfen die beiden US-Ökonomen Henry Simons und Irving Fisher ein radikales Gegenkonzept, nach dem Banken nur noch so viel Geld verleihen dürfen, wie sie als Einlagen in den Büchern halten. Die Idee des Vollgeldsystems war geboren. Kernidee ist, dass die jeweilige Zentralbank Geld ausgibt, Geschäftsbanken dieses Geld weiterleiten, aber keine eigene Geldschöpfung mehr betreiben, wenn sie Kredite vergeben. Sie können nur ihr eigenes Geld verleihen (Eigenkapital), Einlagen, die Kunden auf ihren Konten hinterlegen, und Geld, das sie erhalten, wenn Kunden Kredite tilgen. Auch klassische Investmentbankgeschäfte, wie etwa die Vermittlung von Beteiligungen, oder die Abwicklung des Zahlungsverkehrs können dazukommen. Im Gegensatz zum heutigen Geldsystem basiert Vollgeld nicht mehr auf Forderungen der Kunden gegen ihre Banken. Vollgeld läuft vielmehr außerhalb der jeweiligen Bankbilanzen. Daher ist das Geld der Kunden nicht in Gefahr, wenn eine Bank in Schieflage gerät.

Auf einen kurzen Nenner gebracht würde in diesem System das Geld verstaatlicht, während Banken privat bleiben würden. Die Zentralbank allein würde die Geldmenge steuern, und zwar entweder über eine direkte Zuweisung an Haushalte, Unternehmen oder den Staat oder über verzinsliche Darlehen an Geschäftsbanken. Allerdings stünde auch ein Vollgeldsystem vor großen Herausforderungen.

1. PROBLEMATISCHE UMSTELLUNG: Der Übergang vom Giralgeld zum Vollgeld gliche einer Operation am offenen Herzen des Finanzsystems. Eine neue Währungsordnung, die sich allein aus wissenschaftlichen Blaupausen ableitet, würde auf die Skepsis der Investoren an den Finanzmärkten treffen, die in den kühnen Gedankenspielen der Vollgeldtheoretiker selten vorkommen oder gleich mit abgeschafft werden: Hedgefonds, Investmentbanken, Pensionskassen und Versicherungen. Erhebliche Turbulenzen wären die Folge, die wiederum die Zentralbank zu Interventionen zwingen würden.

2. NUR WELTWEIT SINNVOLL: Weiterhin gilt es zu bedenken, dass große Finanzinstitute heute in der Regel global agieren. Die Gegenparteien ihrer Fonds, Derivate und Anlageprodukte sind über den gesamten Erdball verteilt. Sie bahnen der Globalisierung der Realwirtschaft den Weg. Die Umstellung auf ein neues Finanzsystem würde eine globale Koordination von nie da gewesenem Ausmaß verlangen. In der Übergangsphase zwischen beiden Systemen würde es massive Spekulationen geben. Die Erschütterungen des Finanzsystems würden viel mehr Instabilität als im bisherigen konventionellen Geldsystem bringen. Die Kosten der Umstellung würden somit ihren Nutzen übersteigen.

3. VERLAGERUNG INS AUSLAND: Aus der globalen Vernetzung der Spieler auf den Finanzmärkten ergibt sich noch ein wei-

teres Problem: Möglicherweise könnte sich die Geldschöpfung eines prosperierenden Wirtschaftsraums mit Vollgeldsystem einfach ins Ausland verlagern. Dieses Geld könnte dann wiederum als Parallelwährung im Vollgeld-Währungsraum genutzt werden. Nur Kapitalverkehrskontrollen könnten das verhindern, würden die Realwirtschaft aber empfindlich treffen. Die Verlagerung der Geldschöpfung würde Europa als Bankenstandort spürbar schwächen.

Zusätzlich zu diesen drei ökonomischen Argumenten macht ein weiterer Punkt die Grenzen einer Vollgeldordnung klar: die enorme Machtbündelung bei der Zentralbank und die Begehrlichkeiten, die aus ihr entstehen. In einem Giralgeldsystem ist die Macht zur Geldschöpfung dezentral auf die Geschäftsbanken verteilt, die Kredite nach der Maßgabe vergeben, ob sie sich rentieren. In einem Vollgeldsystem liegt die Entscheidung über die Geldmenge dagegen allein bei der Zentralbank. Optimisten hoffen, dass sie als vierte Gewalt (als sogenannte Monetative) stets die richtigen Entscheidungen treffen und mit ihrer neuen Macht sowohl verantwortungsvoll als auch wohldosiert umgehen würde. Sie nehmen an, dass sie *nicht* von organisierten Interessen gekapert würde, die etwa die Geldschöpfung ankurbeln könnten, um damit den Staat zu finanzieren oder aus politischen Motiven Konjunkturstrohfeuer anzufachen.[3] Die Realität dürfte indes anders aussehen. Allein der Wesenswandel der EZB in der Eurokrise zeigt, wie schwierig es für eine Zentralbank ist, sich von politischer Einflussnahme freizumachen.[4]

DIE WÄHRUNGSUNION MUSS KRISENFEST WERDEN

Weder die Rückkehr zu nationalen Währungen noch der Umbau der Eurozone zur Haftungsunion oder die Abschaffung der Geldschöpfung im Finanzsystem sind praktikable oder politisch

durchsetzbare Vorschläge zur Rettung der europäischen Währungsunion. Vor allem aber zeigen sie, wie schnell bei einer Währungskrise falsche Entscheidungen getroffen werden könnten,
die Europa auf Jahrzehnte prägen.

Besser machen kann die Politik es dann, wenn sie sich schon
heute auf den Tag vorbereitet, an dem die Karten neu gemischt
werden. Daher sollten wir schon heute darüber nachdenken, was
am *Tag nach dem Knall* beschlossen werden muss, um Europa
eine bessere Währungsordnung zu geben.

Euroland verdient eine zweite Chance. Doch was ist der richtige
Weg? Die Krise der letzten Jahre bietet eine ideale Lerngrundlage, wie die Institutionen der Eurozone weiterentwickelt werden
müssen, damit sich Fehler in der Zukunft nicht wiederholen. Der
Euro, wie wir ihn heute kennen, ist eine Schönwetterwährung.
Er ist das Produkt einer idealistischen Epoche der europäischen
Integration. Seine Institutionen und Regeln atmen den positiven
Zeitgeist einer Phase, in der Europa ein Erfolgsmodell war. Deshalb ist der Euro in Krisenzeiten auch so schwach: Man hat ihn in
guten Zeiten gegründet – und auf schlechte Zeiten schlicht nicht
vorbereitet. Und gerade weil politische Motive bei seiner Gründung entscheidend waren, wird die Debatte über den Euro noch
heute sehr dogmatisch geführt. Für seine Befürworter ist der Euro
nicht nur ein Währungs-, sondern ein Friedensprojekt. Seine
Gegner halten dagegen, durch die Vermischung wirtschaftlicher
und politischer Ziele würden letztlich Machtinteressen mit der
Moralkeule durchgesetzt. Die Funkstille zwischen beiden Lagern
nährt Misstrauen und zahlreiche Verschwörungstheorien, die
nicht zuletzt die Grundlage für viele populistische Bewegungen
dieser Tage sind. Umso wichtiger ist es, die heutigen Probleme
der Eurozone jenseits aller weltanschaulichen Differenzen nüchtern zu analysieren.

Das Scheitern des Euro ist absehbar. Es bietet aber ein historisches Zeitfenster, in dem der Wille zur Veränderung in allen
Ländern Europas so stark ist, dass sich eine einmalige Chance für

die tief greifende Reform des europäischen Vertragswerks bietet.
Dieser Neubeginn würde es erlauben, eine Währungsordnung
aus der Krise heraus zu schaffen und die gemeinsame europäische
Währung auch für schlechte Zeiten wetterfest zu machen.

WEGE AUS DER VERTRAUENSKRISE

Vertrauen in eine Währung lässt sich weder erfinden noch verordnen. Es entsteht allein über einen längeren Zeitraum durch
Verlässlichkeit und Kontinuität all ihrer Institutionen und
Akteure. Es existiert und wächst – oder eben nicht. Es manifes-
tiert sich auf Märkten, in freier Preisbildung, in Wechselkursen
sowie im Glauben von Investoren und Verbrauchern an den Wert
des Geldes. Der absolute Vertrauensbeweis in eine Währung ist
schließlich, wenn die Zentralbanken anderer Staaten ihre finanziellen Reserven darin anlegen. Jahrelang hat der Euro als Welt-
reservewährung aufgeholt, doch spätestens seit der Eurokrise ist
er wieder zurückgefallen. Weil das Vertrauen in eine Währung
und ihre geldpolitischen Institutionen sich in Preisen, Markt-
erwartungen und realer Nachfrage auf den Devisenmärkten
ausdrückt, kann es nicht politisch manipuliert oder interpretiert
werden. Gerade deshalb ist Vertrauen für die Zentralbanken so
wichtig: Es sichert ihre Unabhängigkeit.

Im Mittelpunkt unserer weiteren Überlegungen steht deshalb
das sogenannte Systemvertrauen in Institutionen. Gemeint ist
damit die Fähigkeit dieser Einrichtungen, mit ihrem Handeln
und mit ihren Regeln die Erwartungen von Investoren, Unternehmen und Bürgern langfristig zu beeinflussen. In der modernen
Informationsgesellschaft ist dieses Systemvertrauen besonders
zerbrechlich. Schier unendlich sind die Möglichkeiten, sich heute
in klassischen oder sozialen Medien wie Facebook und Twitter
über das Versagen von Institutionen zu informieren. Auch die
klassischen Medien stehen in verstärkter Konkurrenz zueinan-

der – und sind bisweilen geneigt, sich in ihren Schlagzeilen zu
überbieten. So ergeben sich immer neue Bruchstellen, die unser
Systemvertrauen tagtäglich herausfordern und an denen Misstrauen wächst.[5] Dies ist an sich jedoch keine schlechte Nachricht.
Denn wo die Möglichkeit zum Misstrauen besteht, gibt es immer
auch die Chance für neues Vertrauen – solange man sich mit den
Ursachen für Misstrauen auseinandersetzt.

Was also kann neues Systemvertrauen in die Institutionen
der Währungsunion schaffen? Die aktuelle wissenschaftliche
Debatte bietet dafür zahlreiche Ansatzpunkte. Sie lassen sich auf
drei Kernfaktoren herunterbrechen, die die Institutionen einer
Währungsunion in die Lage versetzen, neues Vertrauen aufzubauen und zu erhalten.

1. KLARHEIT, TRANSPARENZ UND RECHENSCHAFT: Wenn öffentliche Institutionen wie Zentralbanken Erwartungen wecken,
die sie nicht erfüllen können, schürt das Enttäuschung und
Misstrauen. Sie sollten sich deshalb auf ihre Kernkompetenzen
konzentrieren und klar über die eigenen Ziele und Möglichkeiten informieren. Das allein reicht aber nicht aus. Denn selbst
die verlässlichste Zentralbankkommunikation der Welt wird
niemals in der Lage sein, Misstrauen vollständig zu beseitigen.
Deshalb sind zwei weitere Größen wichtig: Rechenschaft und
Transparenz. Sie gewährleisten Vertrauenswürdigkeit, indem
sie der Zentralbank erlauben, sich permanent öffentlich zu
bewähren, weil ihre Ankündigungen und Handlungen nach-
prüfbar sind. Ohne Transparenz und Rechenschaft entsteht
und wächst hingegen der Raum für Spekulationen. Selbst
wenn diese Spekulationen letztlich nicht eintreffen, bietet die
geringste Abweichung von offiziell verkündeten Zielen Anlass
für neue Gerüchte. Transparenz ist mithin auch eine gute
Rückversicherung für Momente, in denen Vertrauen wieder
brüchig wird. Wenn Menschen wissen, dass geldpolitische
Institutionen nichts zu verbergen haben, werden sie ihnen

auch dann ihr Vertrauen schenken, wenn Fehler passieren.
Dies sorgt dafür, dass die Erwartungen stabil bleiben.

2. HAFTUNG UND VERANTWORTUNG: Das zweite Element von
Systemvertrauen setzt am institutionellen Umfeld der Zentralbank an – und damit an der Fiskalpolitik. Freilich könnte
man versuchen, die Fiskalpolitik über starre Verhaltensregeln
zu steuern. Die Neuverschuldungsregeln für die Euroländer,
die im Maastrichter Vertrag festgelegt wurden, zeigen jedoch
wie im Lehrbuch, dass starre Regeln leicht umgangen werden
können. Dieses Risiko ist besonders hoch, wenn eine über-
staatliche Institution sie vorschreibt. Zudem können Entscheidungsträger ihre Macht in zentralen Strukturen besonders einfach missbrauchen. Stattdessen empfiehlt sich eine dezentrale
Steuerung. Sie gelingt, wenn klare Haftungsregeln in der Eurozone die Schuldverhältnisse und Leistungspflichten zwischen
Investoren und Staaten klar definieren – und für den Fall einer
Staatsinsolvenz klare Abwicklungsregeln festlegen. Voraussetzung hierfür sind funktionierende Marktmechanismen, die
Risiken adäquat abbilden.

3. WIRKSAME KONTROLLE SYSTEMISCHER RISIKEN: Transparenz
und Haftung sind mit Blick auf neues Systemvertrauen keine
Selbstläufer. Schließlich bewegen wir uns in einer Welt voller
Risiken, die wir selten allumfassend und korrekt einschätzen
können. Insbesondere im Finanzsystem sind Einzelrisiken oft
so vernetzt, dass sie sich zu systemischen Risiken bündeln, die
die Stabilität des gesamten Finanzsystems gefährden. Liegen
systemische Risiken vor, reichen auch Transparenz und Haftung
allein nicht aus, um das Vertrauen zu erhalten. Transparenz und
Haftung müssen daher als Bausteine für neues Systemvertrauen
um die aktive Kontrolle systemischer Risiken ergänzt werden.

Zusammen schaffen diese drei Faktoren ein Mindestmaß an
Sicherheit. Es entsteht ein verlässlicher Rahmen, an dem sich

menschliche Erwartungen orientieren können. Unser Blick in die Zukunft wird sicher – Systemvertrauen kann wachsen.

DREI BAUSTEINE FÜR EINE ZWEITE CHANCE

In den folgenden drei Kapiteln wollen wir aufbauend auf diesen Überlegungen drei Bausteine für eine vertrauenswürdigere Eurozone und bessere Geldpolitik skizzieren.

1. EZB ENTPOLITISIEREN UND TRANSPARENTER MACHEN: Europäische Geldpolitik muss in all ihren Strukturen und Maßnahmen transparenter und nachvollziehbarer werden. Nur dann kann sie bei ihren Adressaten – Sparern, Konsumenten, Investoren – die Erwartungen richtig steuern. Für die Europäische Zentralbank, die für die 19 Mitgliedsländer der Währungsunion nur *eine* einheitliche Geldpolitik betreibt, ist dies der zentrale Erfolgsfaktor. Die EZB muss sich auf ihre Kernaufgabe der Geldpolitik konzentrieren und sich an ihr messen lassen. Heute ist sie durch ihre politische Rolle in der Eurokrise überfordert: Sie übernimmt immer mehr Aufgaben wie etwa die Bankenaufsicht, gerät damit in Interessenkonflikte und verliert ihre Glaubwürdigkeit. Wie sie sie wiederherstellen kann, zeigt Kapitel 5. Diese Maßnahmen allein reichen jedoch nicht aus.

2. HAFTUNG, DIE STAATEN VOR ÜBERSCHULDUNG SCHÜTZT UND ZUGLEICH VERANTWORTUNGSVOLLE HAUSHALTSPOLITIK SICHERSTELLT: Die Krise der vergangenen Jahre hat gezeigt, dass Haftungsfragen bei potenziellen Staatsinsolvenzen im Euroraum nicht hinreichend geregelt sind. Deshalb erhielten Krisenländer Hilfskredite, während sie gleichzeitig harten zentralistischen Reformvorgaben unterworfen wurden – und die EZB griff durch Anleihekäufe ebenfalls helfend ein. Sie leidet heute darunter, dass sie mit ihrer Geldpolitik Staaten rettet – und somit erpressbar wird. Reformträgheit und Schulden-

suchl wurden dadurch nicht gebremst, sondern vielmehr noch befeuert. Verliert die EZB jedoch an Glaubwürdigkeit, dürften zahlreiche Euroländer schon bald Schwierigkeiten bekommen, sich an den Finanzmärkten zu finanzieren. Staatsinsolvenzen drohen. Besser ist es daher, Haftungsfragen klar zu bestimmen. Der Schlüssel hierzu liegt im Nichtbeistandsgebot und dem Verbot der Staatsfinanzierung mit der Notenpresse, das die europäischen Verträge eigentlich vorsehen. Eine Stärkung des Haftungsprinzips würde eine verantwortungsvolle Haushaltspolitik sicherstellen und im Krisenfall ermöglichen, Staatsschulden kontrolliert umzustrukturieren, ohne dass Panik an den Finanzmärkten ausbricht. Dies würde insbesondere den heutigen Krisenstaaten die Chance auf einen Neubeginn geben. Kapitel 6 liefert dazu nähere Einzelheiten.

3. ENGERE KONTROLLE SYSTEMISCHER RISIKEN IM FINANZSYSTEM: Wo Transparenz und Haftung für die Steuerung systemischer Risiken nicht ausreichen, empfiehlt sich eine gebündelte Kontrolle auf supranationaler Ebene. Bereits heute gibt es im Rahmen der sogenannten Europäischen Bankenunion erste Versuche einer gemeinsamen Kontrolle systemischer Risiken. Doch die gemeinsame Aufsicht über große Bankengruppen reicht nicht aus. Wesentlich ist vor allem, die verhängnisvolle Verflechtung von Banken und Staaten durch größere Eigenkapitalpuffer der Institute zu beenden. Darüber hinaus ist eine klare organisatorische Trennung der Bankenaufsicht von der Geldpolitik der EZB erforderlich und zugleich ein europäischer Abwicklungsmechanismus für Banken, der direkt auf nationale Geldinstitute durchgreifen und sie notfalls schließen kann. Gute Finanzmarktregulierung wie beispielsweise angemessene Eigenkapitalanforderungen oder eine bessere Kontrolle des öffentlichen Bankensektors sind weitere Bausteine, mit denen systemische Risiken begrenzt werden können. Kapitel 7 wird diesen Themenbereich behandeln.

Alle drei Bausteine könnten im Rahmen einer konzertierten Änderung der Europäischen Verträge durchgesetzt werden. Sie zielen alle darauf ab, die EZB zu entlasten. Das erste Maßnahmenbündel setzt bei der EZB selbst an. Sie soll sich auf ihre Kernkompetenzen beschränken und transparenter handeln und nicht länger die Fehler und Versäumnisse der Politik in der Eurokrise ausbügeln müssen. Damit sich die EZB in Zukunft wieder auf ihre ursprüngliche Rolle zurückziehen kann, sollen Haushaltspolitik und Finanzsysteme durch den zweiten und dritten Baustein wieder solider und stabiler werden. Die Reformen sollen verhindern, dass die EZB in neue Abhängigkeiten gerät – und sicherstellen, dass sie politisch unabhängig bleibt.

Neues Vertrauen in die europäische Währungsunion ist freilich kein Selbstzweck: Alle Länder Europas würden davon profitieren, allen voran die heutigen Krisenstaaten. Die gesteigerte Transparenz und das Haftungsprinzip würden nationale Reformblockaden auflösen – es würde sich nicht mehr lohnen, auf Zeit zu spielen. Ein stabiles Finanzsystem könnte Wachstum zudem besser fördern als die derzeitige Niedrigzinspolitik, die nur kurzfristig wirkt. Mit einer starken, glaubwürdigen Zentralbank würde Europa nicht zuletzt auch als Ziel für ausländische Direktinvestitionen attraktiv und könnte seine Stellung im internationalen Standortwettbewerb behaupten. Eine neue Währungsordnung, die sich an diesen drei Bausteinen orientiert, könnte Europas Antwort auf die Globalisierung sein.

5
EZB ENTPOLITISIEREN UND TRANSPARENTER MACHEN

Die EZB ist der entscheidende Akteur in der Eurokrise. Doch mit dieser Rolle ist sie zunehmend überfordert und verliert ihr wichtigstes Kapital: das Vertrauen von Bürgern, Unternehmen und Investoren im Euroraum. Auch andere Notenbanken wie etwa die Bank of England haben nach der Finanzkrise etwas an Rückhalt in der Bevölkerung eingebüßt. Nirgendwo aber war der Vertrauensverlust so tief und nachhaltig wie bei der EZB.

Ihre Vertrauenswürdigkeit ist aber essenziell für ihre Kernaufgabe, verlässliche Erwartungen bei Bürgern, Unternehmen und Investoren zu schaffen und damit eine wirksame Geldpolitik zu betreiben. Überdies macht die mangelnde Vertrauenswürdigkeit die EZB besonders anfällig für Attacken aus der Politik.

URSACHEN DES VERTRAUENSVERLUSTS

Der Vertrauensverlust hat vier Ursachen: Die EZB ist zu mächtig, sie ist zum Spielball nationaler Interessen geworden, sie ist kaum rechenschaftspflichtig und sie ist zu intransparent.

Die EZB ist zu mächtig

Macht und Misstrauen hängen bei der EZB eng zusammen. Das wichtigste Beispiel ist Mario Draghis »whatever it takes«. Auf dem Höhepunkt der Eurokrise verspricht der EZB-Präsident,

»alles Nötige zu tun, um den Euro zu retten«. Das kurz darauf
aufgelegte Rettungsprogramm ermöglicht der Notenbank, im
Notfall unbegrenzt Anleihen der Krisenländer zu kaufen. Die
EZB tritt damit letztlich als Garant für die Schulden der Euroländer auf (*Lender of last Resort*). Daraufhin schrumpfen die
Zinsabstände zwischen den Euroländern deutlich. Schon das
Versprechen reicht aus, bis heute wurde das Programm nicht
gebraucht. Seine Worte allein sind es, die den Euroraum zusammenhalten. Mario Draghi nimmt so den Märkten die Angst vor
dem Bankrott eines Eurolandes und dem Auseinanderbrechen
der Währungsunion.

Gleichzeitig machen er und die EZB sich damit aber angreif-
bar. Die Kritik ist groß. Schon wenige Tage nach dem Machtwort
Mario Draghis äußert Bundesbankpräsident Jens Weidmann
Bedenken. Das Programm sei »Staatsfinanzierung durch die
Notenpresse«. Und: »In Demokratien sollten über eine so umfassende Vergemeinschaftung von Risiken die Parlamente entscheiden und nicht die Zentralbanken.«[1]

Die stärkere Rolle der EZB nach der Finanzkrise zeigt sich
nicht nur darin, dass sie als Garant für die Eurozone auftritt. Auch
die Aufsicht über die größten und damit gefährlichsten Banken
im Euroraum bekommt sie aufgeladen. Weil den europäischen
Staats- und Regierungschefs erst in der Eurokrise einfällt, dass
ein gemeinsamer Währungsraum auch eine gemeinsame Bankenaufsicht braucht, geraten sie in Schwierigkeiten. Eine selbstständige Aufsichtsbehörde zu gründen würde zu lange dauern.
Außerdem müssten dafür die europäischen Verträge geändert
werden. Also übertragen sie auch diese Aufgabe eilig der EZB.
Eine folgenreiche Entscheidung: Als Bankaufseher soll die EZB
die Bilanzen der Institute kritisch prüfen – und als Notenbank
die Preisstabilität sichern und ein stabiles währungspolitisches
Umfeld schaffen. Was aber, wenn ein ehrlicher Stresstest etwa
der griechischen Banken zur Flucht der Investoren und zur
Staatspleite führen würde? Niedrige oder negative Zinsen können

geldpolitisch wünschenswert sein, weil sie Banken dazu animieren, größere Risiken einzugehen und mehr Kredite zu vergeben. Sie zerstören aber auch das Geschäftsmodell vieler Banken, die davon leben, die kurzfristigen Einlagen der Sparer zu höheren Zinsen langfristig an Kunden zu verleihen. Eigentlich müsste die EZB als Bankenaufsicht von diesen Banken eine geeignete Risikovorsorge verlangen, um unter diesen Bedingungen stabil und profitabel zu wirtschaften. Das würde aber den gewünschten geldpolitischen Impuls konterkarieren. Wie man es daher dreht oder wendet: Die EZB agiert laufend aus einem Interessenkonflikt heraus.

Die Machtkonzentration und die daraus resultierende Überforderung beschädigen die Vertrauenswürdigkeit der EZB, deren Aufgabe ja nicht nur darin besteht, Zinssätze zu bestimmen. Sie muss vor allem auch mit Bürgern, Tarifpartnern und Investoren kommunizieren und deren wirtschaftliche Erwartungen steuern. Je größer die internen Interessenkonflikte durch Aufgabenhäufung werden, desto mehr Menschen misstrauen der EZB. Und je mehr Macht die EZB anhäuft, desto stärker geraten Politiker in Versuchung, sie für ihre Zwecke zu beeinflussen.

Die EZB ist Spielball nationaler Interessen

»Ausgerechnet ein Italiener!«, schäumte die *Bild*-Zeitung, noch bevor Mario Draghi im November 2011 den Franzosen Jean-Claude Trichet als EZB-Präsident ablöste. »Einer aus dem Land der alten Lira, der Währung mit den aberwitzig vielen Nullen.« Diese Anspielung auf die früher hohe Inflation in Italien ist nicht nur unfair, sondern schadet auch dem Vertrauen in die EZB. Nicht minder aggressiv waren die Reaktionen der italienischen Presse, als Bundesbankchef Jens Weidmann im Frühjahr 2016 in einem Vortrag in Rom vor den Folgen einer zu hohen Staatsverschuldung warnte. Von einem »Torpedo aus Deutschland« sprach die Mailänder Tageszeitung *Il Giornale*[2] und von einer »Attacke der Bundesbank« die Turiner Tageszeitung *La Stampa*.[3] Die linksliberale Tageszeitung *Repubblica* schrieb: »Die Bundesbank lässt Italien zu Eis erstarren.«[4]

Die Schlagzeilen zeigen, dass durch die Eurokrise unterschiedliche Positionen innerhalb der EZB inzwischen nicht als konstruktive Differenzen, sondern als harte zwischenstaatliche Konflikte verstanden werden. Das ist kein Wunder. Schließlich pflegen die Euroländer sehr unterschiedliche geldpolitische Traditionen und haben unterschiedliche Interessen. In Italien etwa kaufte die Notenbank noch bis Anfang der 1980er Jahre systematisch Staatsanleihen, um den Staatshaushalt zu entlasten. Wo die Fiskalpolitik aufhörte und die Geldpolitik begann, ließ sich in Rom kaum ausmachen – in Deutschland undenkbar. Auch ist die Staatsverschuldung in Italien viel höher als in Deutschland. All dies führt dazu, dass es bei nahezu jeder Entscheidung der EZB Gewinner und Verlierer gibt. Den Gründungsvätern der Eurozone war dies vollkommen bewusst. Sie wollten sicherstellen, dass der EZB-Rat als oberstes Leitungsgremium der Notenbank bei seinen Entscheidungen stets den gesamten Währungsraum im Blick hat.

Tatsächlich ist aber nicht von der Hand zu weisen, dass die Nationalität bei den Entscheidungen des EZB-Rates heute durchaus eine Rolle spielt. Auch wenn der Rat nur selten abstimmt und die Ergebnisse nicht veröffentlicht werden, sprechen die öffentlichen Aussagen der Ratsmitglieder für sich. Die Vertreter südeuropäischer Länder treten in aller Regel für eine lockere Geldpolitik ein, und die Vertreter der nordeuropäischen Länder wie Bundesbankpräsident Jens Weidmann befürworten einen strafferen Kurs. Auch in den EZB-Abteilungen unterhalb der obersten Führungsebene gibt es Anzeichen für nationale Netzwerke. Diese Nationalisierung ist Gift für die Glaubwürdigkeit der Notenbank.

Die EZB ist kaum rechenschaftspflichtig

Weil die EZB zu den mächtigsten Institutionen Europas zählt und ihre Macht im Zuge der Krise sogar noch zugenommen hat, ist sie den Bürgern des Kontinents Rechenschaft schuldig. Doch sowohl die Europäischen Verträge als auch die EZB-Statuten verpflichten sie kaum dazu. Das ist für ihre Vertrauenswürdigkeit fatal.

Zwar berichtet EZB-Chef Mario Draghi alle drei Monate dem Ausschuss für Wirtschaft und Währung des Europäischen Parlaments über seine Entscheidungen und beantwortet Briefe der Abgeordneten. Doch das reicht nicht im Ansatz. Die passenden Fragen können nämlich nur mit umfassenden Fachwissen gestellt werden. Wie sollen Parlamentarier beispielsweise wichtige Abkommen oder detaillierte Zentralbankbilanzen verstehen, wenn sie keine ausgebildeten Juristen, Volkswirte oder Bilanzprofis sind? Eine wirksame Kontrolle braucht Zeit, Fachwissen, Ressourcen und Zugang zu allen Informationen. Oft werden Forderungen nach stärkeren Rechenschaftspflichten der EZB mit dem Argument vom Tisch gefegt, sie würden ihre Unabhängigkeit einschränken. Doch dieses Argument verdreht die Kausalitäten. Gerade weil die EZB ein hohes Maß an Unabhängigkeit hat, sollte sie darlegen, wie sie zu ihren Entscheidungen kommt. Der direkteste Weg dahin wäre, Unterlagen und Informationen offenzulegen, die ihre Maßnahmen dokumentieren, damit die Bürger, Investoren und Politiker sie besser verstehen können.

Die EZB ist zu intransparent

Traditionell tun sich Notenbanken mit Transparenz sehr schwer. »Wenn Sie glauben, mich verstanden zu haben, habe ich mich nicht unverständlich genug ausgedrückt«, sagte der frühere Chef der US-Notenbank Federal Reserve Alan Greenspan 1988 zu Beginn seiner Amtszeit – und brachte damit das traditionelle Verständnis der Notenbanken zur Transparenz auf den Punkt. Die EZB verabschiedet sich viel zu langsam von diesem veralteten Bewusstsein. In puncto Transparenz hängt sie weit hinter Schwesterinstituten wie etwa der Bank of England zurück.

Die Debatte um das in Kapitel 2 erwähnte ANFA-Abkommen hat das deutlich gezeigt. Ende 2015 kam heraus, dass einzelne Notenbanken des Eurosystems von der Öffentlichkeit weitgehend unbemerkt in hohem Umfang Staatsanleihen und möglicherweise noch andere Wertpapiere gekauft hatten. Die genauen Zahlen hatte erstmals der Berliner Finanzwissenschaftler Daniel Hoffmann in mühevoller Kleinarbeit für seine Dissertation erhoben. Seine Veröffentlichung sorgte vor allem in Deutschland für eine breite öffentliche Diskussion über die Transparenz der EZB.[5] Selbst EZB-Chef Mario Draghi musste in einer Pressekonferenz einräumen, dass »es häufig sehr schwer zu verstehen ist, warum nationale Notenbanken bestimmte Anleihen kaufen«. Mit anderen Worten: Nicht einmal der oberste Notenbanker konnte so richtig erklären, in welche Papiere die nationalen Notenbanken all das Geld investiert hatten. Erst nach massiver Kritik von Politikern, Ökonomen und Medien sah sich die EZB überhaupt veranlasst, auf ihrer Webseite über das ANFA-Abkommen zu informieren und das bis dahin geheime Abkommen schließlich offenzulegen. Ob es weitere ähnliche Vereinbarungen gibt, wissen nur die Notenbanker selbst, denn niemand außerhalb der EZB darf alle ihre Informationen einsehen und prüfen.

AUGENWISCHEREIEN UND SACKGASSEN

In der öffentlichen Debatte mangelt es nicht an Ideen, um die vier angesprochenen Probleme anzugehen, die zum Vertrauensverlust der EZB beitragen: Machtfülle, Nationalisierungstendenzen, mangelnde Rechenschaftspflichten und Intransparenz. Doch einige Vorschläge entpuppen sich bei genauerem Hinsehen als Augenwischerei.

Keine Lösung: Nationale Stimmgewichtung im EZB-Rat

Zu den Vorschlägen gehört zum Beispiel die Überlegung, die Stimmen im EZB-Rat national zu gewichten. Dem Rat gehören die sechs Mitglieder des EZB-Direktoriums und die Chefs aller 19 nationalen Notenbanken der Euroländer an. Die Vertreter des Direktoriums führen die Geschäfte der Notenbank und bereiten die Ratssitzungen vor. Von den 19 nationalen Notenbankchefs haben seit 2015 nach einem Rotationsprinzip zwar nur 15 pro Sitzung Stimmrecht. Doch das allein löst das Größenproblem des Rates nicht: Auch die Ratsmitglieder, die nicht abstimmen dürfen, nehmen an den Sitzungen teil und können sich äußern. Eine Gewichtung der Stimmen der Ratsmitglieder – etwa nach der Wirtschaftsleistung der Länder – würde bedeuten, dass große Länder mehr Macht bekämen als kleine Länder. Bundesbankchef Jens Weidmann oder sein französischer Kollege François Villeroy de Galhau hätten dann mehr zu sagen als ihr Kollege aus Luxemburg. Das Kalkül: Wenn in der EZB ohnehin nationale Interessenpolitik dominiert, müssen auch die Stimmen in den Gremien entsprechend gewichtet werden.

Natürlich ist es nachvollziehbar, wenn große Länder wie Deutschland, die im Zuge der EZB-Anleihekäufe über ihre höheren Anteile am EZB-Kapital auch größere Haftungsrisiken tragen, mehr Einfluss auf die Geldpolitik beanspruchen als kleine Länder wie Luxemburg oder Estland. In der Realität ist das aber längst der Fall: Die Stimme von Bundesbankchef Jens Weidmann hat größeres Gewicht als die der Notenbankchefs kleinerer Länder. Bei der Konzeption ihres Anleihekaufprogramms etwa berücksichtigte die EZB viele Forderungen der Bundesbank. So zog sie zum Beispiel eine Obergrenze ein, die besagt, dass sie nicht mehr als 33 Prozent der ausstehenden Anleihen eines Landes kaufen darf. Wären diese Wünsche aus Lettland gekommen, wären sie wohl ignoriert worden.

Die Kritiker des heutigen Systems übersehen zudem, dass eine nationale Stimmgewichtung – etwa nach Anteil der Euroländer am eingezahlten Kapital der EZB – in der Sache wenig ändern würde. Nach diesem Schlüssel kämen Spanien, Italien und Frankreich zusammen auf knapp 50 Prozent. Die Unterstützer der ultralockeren Geldpolitik hätten also auch dann eine Mehrheit. Eine Geldpolitik nach seinem Gusto bekäme Deutschland durch eine Neugewichtung der Stimmen also mitnichten. Sie wäre sogar kontraproduktiv, denn sie würde die Ratsmitglieder, die eigentlich den gesamten Euroraum im Blick haben sollen, zu nationalen Interessenvertretern degradieren. Sie würden Politik für die vorherrschenden Parteien ihrer Heimatländer machen. Bei jeder Entscheidung stünden sich die Gewinner und Verlierer niedriger Zinsen gegenüber. Statt um Sachfragen ginge es nur noch um Verteilungskonflikte und mögliche Allianzen im Rat.

Kritiker wie der bayrische Finanzminister Markus Söder gehen noch einen Schritt weiter und fordern, der nächste EZB-Präsident müsse ein Deutscher sein. Sie verkennen, dass eine Mehrheit im EZB-Rat die derzeitige Geldpolitik stützt. Außerdem schmälern solche aggressiven Forderungen eher die Chancen eines deutschen Kandidaten.[6] Der frühere EZB-Chefvolkswirt Otmar Issing sagte dazu: »Die Forderungen, der nächste EZB-Präsident müsse ein Deutscher sein, sind provinziell.« Dies sei »der sicherste Weg, um dafür zu sorgen, dass der nächste EZB-Präsident garantiert kein Deutscher wird«.[7]

Schrille Töne bewirken oft das Gegenteil von dem, was sie erreichen wollen. So wäre es auch bei einer noch stärkeren Politisierung des EZB-Rats. Wer politischen Druck auf die Notenbank ausübt, darf sich nicht wundern, wenn italienische oder französische Politiker im Gegenzug einen schwächeren Wechselkurs oder eine höhere Inflation fordern. Am Ende würden sich Konflikte und Uneinigkeit verstärken – und die Unabhängigkeit der EZB würde geschwächt.

Keine Lösung: Inflationsziel aufweichen

Neben der nationalen Spaltung des EZB-Rats wäre auch eine Verwässerung der Inflationsziele aus politischen Gründen ein Rückschritt. Laut ihrem Mandat ist die EZB vorrangig der Preisstabilität verpflichtet. Sie selbst sieht dies bei einer Inflation von »unter, aber nahe 2 Prozent« gewährleistet.[8] In Zeiten großer Verunsicherung wird diese Zielmarke naturgemäß infrage gestellt. Einige Kritiker befürchten, dass das aktuelle Inflationsziel zu hoch gewählt sei und Raum für geldpolitischen Aktionismus wie etwa Anleihekäufe biete. Mindestens ebenso laut sind die Stimmen derjenigen, die das Ziel für zu niedrig halten. Vor allem US-Ökonomen empfehlen ein höheres Inflationsziel,[9] weil sie eine Deflation fürchten und deshalb einen größeren Sicherheitsabstand zur Nullgrenze schaffen wollen. Außerdem könnten Staaten und Firmen so einen Teil ihrer Schulden hinter sich lassen.

Sowohl eine Anhebung als auch eine Senkung der Inflationsmarken wären aber eine Katastrophe für die Glaubwürdigkeit der Notenbank. Niemand nimmt ein Ziel ernst, das ausgerechnet dann geändert wird, wenn man es nicht erreicht. Eine solche Beliebigkeit kann schon gar nicht im Sinne von Verfechtern einer stabilitätsorientierten Geldpolitik sein. Wer nämlich einmal das Inflationsziel zur Disposition stellt, muss damit rechnen, dass es andere bei passender Gelegenheit ebenfalls tun – nur womöglich mit umgekehrtem Vorzeichen. Auch eine Senkung des Inflationsziels wäre nicht zielführend. Denn wenn die Tarifpartner von einer geringeren Preissteigerung ausgehen, dürfte dies mittelfristig auch zu geringeren Lohnerhöhungen führen – und das Deflationsrisiko steigen.

Auch aus politischen Gründen braucht die EZB ihr bisheriges Inflationsziel als klaren Kompass. EZB-Präsident Mario Draghi und seine Ratskollegen haben sehr große Macht, ohne dass die Bevölkerung sie gewählt hat. Damit sie selbst nicht zu Politikern werden, müssen sie sich an ein eindeutiges Ziel binden. Denn je vager und flexibler die Ziele formuliert sind, desto mehr Interpretationsspielraum bekommt die Notenbank und desto politischer wird sie.[10] Im Grunde sind die Debatten um die Inflationsziele deshalb nur verdeckte Versuche, auf Umwegen politischen Einfluss auf die EZB zu nehmen. Manche Kritiker aber sind noch sehr viel direkter.

Keine Lösung: Die Unabhängigkeit der EZB beenden

Eine Folge der Vertrauenskrise der EZB und anderer Notenbanken ist, dass Politiker und Ökonomen von links wie rechts ihre Unabhängigkeit infrage stellen. So hat US-Präsident Donald Trump im Wahlkampf der amerikanischen Federal Reserve vorgeworfen, durch zu niedrige Zinsen einen künstlichen Wirtschaftsaufschwung geschaffen zu haben. Er kündigte an, Fed-Präsidentin Janet Yellen zu entlassen. In Großbritannien kritisierten die Anhänger des EU-Austritts Notenbankchef Mark Carney scharf. Und auch im Euroraum fordern Politiker und Ökonomen ein Eingreifen der Regierungen gegen die Niedrigzinspolitik.

Dass Politiker die Geldpolitik der EZB kritisieren, ist in der Demokratie legitim. Ihre Unabhängigkeit infrage zu stellen ist jedoch brandgefährlich. Nach wie vor gibt es nämlich gewichtige Gründe dafür, die Notenbank aus dem politischen Tagesgeschäft herauszuhalten. Die Geldpolitik ist nicht nur komplex und schwer verständlich, sondern auch anfällig für politischen Missbrauch. Mit den Instrumenten der Notenbank kann die Politik vor Wahlen die Konjunktur ankurbeln – die negativen Folgen wie eine höhere Inflation zeigen sich in der Regel jedoch erst nach dem Wahltermin. Wohin eine enge Verflechtung zwischen Notenbank und Finanzministerium führt, hat sich in den 1970er Jahren in Länder wie Italien gezeigt. Die hohen Inflationsraten setzten eine Lohn-Preis-Spirale in Gang, in der Tarifpartner von hohen Preissteigerungen ausgingen und entsprechend höhere Löhne forderten – was die Inflation noch weiter nach oben trieb. Erst als die meisten Länder ihre Notenbanken in die Unabhängigkeit entließen, wurde der Kreislauf durchbrochen.

Hinter den Attacken auf die Unabhängigkeit der EZB steht meist der Versuch, ungelöste Verteilungsfragen über die Geldpolitik zu lösen. So werfen Kritiker der EZB oft vor, dass sie mit ihrer Niedrigzinspolitik Vermögende begünstigt oder Einkommen von Sparern zu Schuldnern umverteilt. Das liegt in der Natur der Sache: Geldpolitik wirkt sich immer auf die Verteilung aus. Wenn die EZB die Zinsen senkt, leiden Sparer und Gläubiger profitieren. Deshalb erscheint es auf den ersten Blick plausibel, dass die EZB diese Folgen bei ihren Entscheidungen berücksichtigen sollte. Doch diese Verteilungswirkungen sind nicht das eigentliche Ziel von Geldpolitik, sondern die langfristige Stabilisierung der Wirtschaft über Preisstabilität. Über Verteilungsfragen müssen Parlamente direkt entscheiden. Wenn es dort nicht gelingt, wird es durch eine Einmischung in die Geldpolitik erst recht nicht besser. Um nicht in politische Versuchung zu geraten, sollte sich die EZB einzig auf ihr Ziel der Preisstabilität konzentrieren. Führt dies zu größerer Ungleichheit, müssen gewählte Politiker damit umgehen. Die Unabhängigkeit der EZB aber sollten sie deshalb nicht antasten.

DIE EZB ENTLASTEN UND UMBAUEN

Weder mit einer stärkeren Nationalisierung noch mit einer Änderung ihrer Ziele kann die EZB ihr Vertrauensproblem lösen. Sie wird es nur überwinden, indem sie sich selbst als Institution wandelt. Dabei kann sie von den Erfahrungen anderer Notenbanken wie beispielsweise der Bank of England viel lernen.

Mit ihren korinthischen Säulen, Mitarbeitern im Frack, dicken Teppichen und dunklen Möbeln erinnert die über 300 Jahre alte Bank of England zwar an die längst vergangenen Zeiten des Empires. Doch so traditionsbewusst sie auf den ersten Blick auch erscheinen mag: Seit der Finanzkrise hat sie sich radikal reformiert und ist so zu einem internationalen Vorbild geworden. Sie hat bewiesen, dass Zentralbanken in Krisenzeiten dazulernen und sich wandeln können.

Die EZB kann sich viel von ihr abschauen. Um verlorenes Vertrauen zurückzugewinnen, sollte sie ihre Entscheidungsgremien umbauen, größere Rechenschaft ablegen und transparenter arbeiten. Sonst ist ihre Handlungsfähigkeit gefährdet.

ERSTER SCHRITT: ZURÜCK ZU DEN KERNAUFGABEN

Die dringendste Veränderung besteht für die EZB darin, sich auf das zu beschränken, was ihre eigentliche Kernaufgabe ist: Geldpolitik. Momentan ist das nicht der Fall. Seit 2014 kümmert sie sich auch um die Bankenaufsicht. Zwar hat sie beide Aufgaben organisatorisch getrennt: Die Mitarbeiter der Bankenaufsicht dürfen keine geldpolitischen Aufgaben ausführen, und beide Arbeitsbereiche haben eigene Berichtswege. In den Entscheidungsorganen gibt es diese Trennung jedoch nicht.

Für das Tagesgeschäft der Bankenaufsicht gibt es zwar ein eigenes Gremium. Es besteht aus einer hauptamtlichen Vorsitzenden, seit 2014 der Französin Danièle Nouy, vier weiteren Vertretern der EZB und je einem Vertreter jeder nationalen Aufsichtsbehörde. Doch in den großen und wirklich wichtigen Fragen, beispielsweise ob eine Bank abgewickelt werden soll, hat der EZB-Rat das letzte Wort – und dort verschwimmen die Grenzen zwischen Geldpolitik und Bankenaufsicht.

Das ruft nicht nur vielfältige Interessenkonflikte hervor, wie wir später noch zeigen werden. Der Rat ist auch fachlich nicht für die Aufgabe als oberster Bankenkontrolleur geeignet. In dem 25-köpfigen Gremium sitzen nur zwei genuine Bankenaufseher, nämlich derzeit das dafür zuständige Direktoriumsmitglied Sabine Lautenschläger sowie das Direktoriumsmitglied Yves Mersch. Vier weitere derzeit amtierende Mitglieder des EZB-Rates verfügen zumindest über eine gewisse praktische Erfahrung in der Beaufsichtigung von Banken oder Versicherungen. Den anderen Ratsmitgliedern fehlt – bei allen unbestrittenen geldpolitischen und bankwirtschaftlichen Kenntnissen – diese notwendige persönliche Erfahrung. Es ist zudem schwer vorstellbar, wie der EZB-Rat mit 25 Mitgliedern diffizile Einzelfallentscheidungen in möglicherweise sehr kurzer Zeit treffen soll. Die Bankenaufsicht sollte daher aus der EZB herausgelöst und zu einer selbstständigen Behörde weiterentwickelt werden. Wir werden darauf in Kapitel 7 noch einmal genauer eingehen und fassen uns darum an dieser Stelle kurz.

ZWEITER SCHRITT: GELDPOLITIK ENTPOLITISIEREN

Im nächsten Schritt sollten geldpolitische Entscheidungsgremien und -prozesse von politischen Konflikten befreit werden. Dabei sollte die EZB mit ihrem wichtigsten geldpolitischen Entscheidungsgremium beginnen: Der EZB-Rat ist viel zu groß, seine Mitglieder sind anfällig für Gruppendenken und werden nicht nach Kompetenz, sondern hauptsächlich nach Nationalität ausgewählt.

EZB-Rat verkleinern

Mit 25 Mitgliedern ist der Rat größer als zwei Fußballmannschaften – und damit völlig überdimensioniert.[11] Hinzu kommt: Nicht Kompetenz, sondern Nationalität bestimmt, wer über die

wirtschaftlichen Grundlagen von fast 350 Millionen Menschen
in der Eurozone entscheidet, denn die Vertreter werden von den
nationalen Zentralbanken entsandt. Immerhin wird seit 2015
über das Rotationsprinzip versucht, nur jeweils 15 von 19 nationalen Notenbankchefs pro Sitzung ein Stimmrecht zu erteilen,
sodass es mit den sechs Direktoriumsmitgliedern 21 Stimmen
gibt. Das ändert jedoch nichts an der Trägheit des Gremiums.
Zum Vergleich: Die Bank of England und die Bank von Japan
kommen in ihren geldpolitischen Gremien mit je neun Mitgliedern aus. Bei der US-Notenbank Fed sitzen in dem für die Geldpolitik zuständigen Federal Open Market Committee (FOMC) 19
Mitglieder, von denen jeweils 12 pro Sitzung Stimmrecht haben.
Auch das ist noch groß, aber immerhin etwas übersichtlicher als
bei der EZB.

In einem so großen Gremium wie dem EZB-Rat ist es sehr
schwer, fundiert und zielführend zu diskutieren. Entscheidungen ziehen sich hin. Außerdem kann es zu »sozialem Faulen-
zen« kommen. Die sozialpsychologische Forschung zeigt: Wenn
mehrere Personen gemeinsam auf ein Ziel hinarbeiten, aber
ihre Einzelleistung nicht erkennbar ist, gibt es einen Leistungs-
abfall. Das Problem verschärft sich, je größer die Gruppe ist.[12]
In der Organisationsforschung wird deshalb argumentiert, dass
die optimale Größe für geldpolitische Entscheidungsgremien bei
nicht wesentlich mehr als fünf Mitgliedern liegt.[13]

Wegen dieser Größenprobleme werden wichtige Positionen oft
schon im Vorfeld der Sitzungen festgelegt. Eine echte inhaltliche
Debatte findet nicht statt. In Notenbankkreisen heißt es, dass
EZB-Chef Mario Draghi seinen Ratskollegen häufig vorgefertigte
Entscheidungen übermitteln würde. Und manche Ratsmitglie-
der klagen, dass sie in Entscheidungen erst spät eingebunden
werden. Selbst mit seiner berühmten *Whatever-it-takes*-Rede soll
Draghi seine EZB-Ratskollegen zunächst vor vollendete Tatsa-
chen gestellt haben.[14] Solche Alleingänge sind jedoch riskant.
Nicht ohne Grund lassen die meisten Notenbanken keine Einzel-

person, sondern ein Komitee von Experten über die Geldpolitik entscheiden. Sie bündeln Wissen, verwenden unterschiedliche Analysemethoden und sind gezwungen zu diskutieren. Dadurch lassen sich Fehler vermeiden und in der Regel bessere Entscheidungen treffen.

Deshalb muss der EZB-Rat verkleinert werden. Statt fünfundzwanzig reichen neun Mitglieder. Rein von der Größe wären sogar nur fünf Personen ideal, allerdings sollten im Rat, wie wir später noch diskutieren werden, nicht nur Direktoriumsmitglieder sitzen, sondern auch externe Mitglieder. Das Gremium bestünde dann aus fünf Direktoriumsmitgliedern und vier externen Mitgliedern. Mit weniger Ratsmitgliedern würde sich automatisch eine Abkehr vom Prinzip des nationalen Proporzes ergeben. Auch dieser Wandel ist längst überfällig.

EZB-Rat entnationalisieren und professionalisieren

Personalentscheidungen bei der EZB hängen stark von der Nationalität ab. Zum einen, weil jedes Euroland seinen nationalen Notenbankchef in den Rat schickt. Zum anderen, weil die Staats- und Regierungschefs im Europäischen Rat letztlich die Direktoriumsmitglieder mit qualifizierter Mehrheit wählen. Die Direktoriumsposten sind damit politische Verhandlungsmasse zwischen den Mitgliedsländern.

Die Gründerväter des Euro wollten, dass alle nationalen Notenbankchefs der Mitgliedsländer einen Sitz im EZB-Rat haben, damit sie als Sprachrohr der EZB in ihren Heimatländern das Vertrauen in die EZB stärken. Tatsächlich ticken die Euroländer in der Geldpolitik sehr unterschiedlich – auch fast zwanzig Jahre nachdem der Euro eingeführt wurde. Zum Beispiel sind die Deutschen immer noch sehr stark von den Erfahrungen der Weimarer Republik geprägt und hegen eine besondere Phobie gegen Inflation, die Franzosen oder Italienern eher fremd ist. Darum war die Idee auf den ersten Blick nicht schlecht, aus jedem Land einen Vertreter in den EZB-Rat zu setzen, der die Sprache des nationalen Publikums spricht und dessen Befindlichkeiten versteht. Doch das System funktioniert nur so lange, wie nationale Notenbanken und EZB an einem Strang ziehen. Bei Konflikten vertraut die Bevölkerung aber eher der eigenen Notenbank als der EZB. Zum Beispiel kritisierte Bundesbankpräsident Jens Weidmann die Entscheidung der EZB, im Notfall unbegrenzt Anleihen der Krisenländer zu kaufen, scharf. Dieser Konflikt hat dem Vertrauen der Deutschen in die EZB schwer geschadet.

Auch die US-Notenbank Federal Reserve hat eine regionale Struktur. Dort gelingt es aber, dass unterschiedliche Positionen als inhaltliche und nicht als regionale Konflikte wahrgenommen werden. Dort nämlich stimmen die Gebiete der zwölf Notenbankdistrikte nicht mit denen der Bundesstaaten überein. Geldpolitische Konflikte verlaufen daher in den USA nicht entlang von Landesgrenzen. Vor diesem Hintergrund fordern Ökonomen wie Michael Burda ein ähnliches Modell wie in den USA für das Eurosystem. Sie wollen die nationalen Notenbanken komplett abschaffen.[15] Stattdessen sollten Distrikte gebildet werden, die sich nicht an den nationalen Grenzen orientieren. Allerdings ist dieses System in den USA über sehr lange Zeit gewachsen. Deshalb wäre es leichter, das bestehende europäische System durch die hier skizzierten Vorschläge zu reformieren.

Wenn die Nationalität schon an der Spitze der EZB entscheidend ist, wächst die Gefahr, dass sie sich auch auf den unteren Ebenen auswirkt. Da nachgeordnete Führungskräfte selbst andere Mitarbeiter einstellen dürfen, breiten sich Besetzungen nach Staatsangehörigkeit schnell aus – es bilden sich sogenannte Cluster.

Eine Untersuchung der Ökonomen Harald Badinger und Volker Nitsch liefert hierfür empirische Belege.[16] Die beiden Forscher haben untersucht, welchen Einfluss die Nationalität auf die Anstellung von Mitarbeitern und die geldpolitischen Entscheidungen der EZB hat. Sie werteten aus, aus welchen Ländern die neu ernannten Führungskräfte der Notenbank zwischen 1999 und 2010 stammten. Das Ergebnis: Führungskräfte der EZB ernennen bevorzugt Landsleute – und dies auf allen Managementebenen. Das führt dazu, dass sich in Abteilungen nationale Netzwerke bilden: Ein deutscher Abteilungsleiter stellt also mit höherer Wahrscheinlichkeit auch einen deutschen Teamleiter ein.

Auch Personalratsvertreter der EZB berichten davon,[17] dass es in mehreren Abteilungen nationale Netzwerke von Managern und Beratern aus bestimmten Ländern gebe. Mitarbeiter hätten den Eindruck, dass die Volkswirtschaftliche Abteilung von Deutschen dominiert werde, das Risikomanagement von Spaniern und der Zahlungsverkehr von Franzosen. Die EZB bestreitet die Vorwürfe und verweist darauf, dass es vielfältige Gründe gebe, warum die Nationalitäten in gewissen Bereichen nicht gleichmäßig verteilt seien – etwa den Arbeitsmarkt in den verschiedenen EU-Ländern.

Um die Geldpolitik der EZB zu entnationalisieren, sollte eine Reform beim EZB-Rat als oberstem Entscheidungsgremium ansetzen. Dass dies möglich ist, zeigt wiederum die Bank of England: Sie hat in den vergangenen Jahren eine ganze Reihe renommierter internationaler Experten auf Spitzenposten berufen, die keinen britischen Pass haben, wie zum Beispiel den Niederländer Willem Buiter oder die US-Ökonomen Deanne Julius, Adam Posen, Kristin Forbes, Don Kohn, Anil Kashyap und andere. Ihr Präsident Mark Carney kommt aus Kanada.

Für globale Konzerne ist es längst selbstverständlich, weltweit nach Spitzenpersonal zu suchen, um den Talentpool zu erweitern. Auch die EZB sollte ihre Mitarbeiter und Führungskräfte ausschließlich nach geldpolitischer Erfahrung auswählen, und zwar durch eine internationale Ausschreibung. Auch Bewerber aus Nicht-EU-Ländern sollten eine Chance bekommen. So wäre es etwa denkbar, dass für die Posten im EZB-Rat eine *Shortlist* mit Bewerbern entstünde, über deren Besetzung dann zu entscheiden wäre.

Damit die Postenvergabe nicht länger zu Geschacher der Regierungschefs verkommt, sollte statt des Europäischen Rates der Ausschuss für Wirtschaft und Währung (ECON) des Europäischen Parlaments über die Besetzung der Posten im EZB-Rat und Direktorium entscheiden. Er ist ohnehin für die parlamentarische Kontrolle der EZB zuständig.

Die Änderungen an der Spitze der EZB würden sicher auch die nationalen Cluster im mittleren Management etwas auflockern. Welches Interesse hätte ein indisches Direktoriumsmitglied, deutsche oder französische Mitarbeiter zu bevorzugen? Die Geldpolitik und ihre Ergebnisse würden wieder stärker in den Mittelpunkt rücken und die Debatte sich versachlichen. Eine neue Besetzungspolitik würde zudem den Talentpool deutlich erweitern und es der EZB ermöglichen, stärker von den Erfahrungen anderer Notenbanken und Länder zu profitieren.

Weg vom Konsensprinzip: Gruppendenken schadet

Um Konflikte zwischen den Euroländern zu vermeiden, strebt die EZB einvernehmliche Entscheidungen im Rat an. Alle EZB-Präsidenten haben dort das Konsensprinzip betont. Allerdings stimmt das Gremium nur selten ab. Auf Rückfragen von Journalisten heißt es dann meistens, es habe über die jeweilige Entscheidung keine *Abstimmung* gegeben, aber breite *Zustimmung*.

Harmonie allein aus Prinzip hilft jedoch nicht weiter. Gute Entscheidungen werden nur getroffen, wenn über unterschiedliche Positionen diskutiert wird. Erzwungener Konsens vermittelt nur die *Illusion von Einstimmigkeit*. Die EZB steckt in einer Zwickmühle: Einerseits ist sie auf die Zustimmung aller Ratsmitglieder angewiesen, weil diese als ihr Sprachrohr in den Mitgliedsländern die gemeinsame Geldpolitik vertreten sollen. Andererseits birgt das Streben nach harmonischem Konsens die Gefahr von kritiklosem Gruppendenken und systematischen Fehlern,[18] zum Beispiel, weil die Gruppenmitglieder Entscheidungen nicht hinterfragen, kontroverse Themen ausklammern oder Alternativen nicht ansprechen.[19]

Dass Gruppendenken in Notenbanken ein gefährliches Problem ist, hat die Finanzkrise gezeigt. Wohl keine andere große Notenbank hat ihre Rolle in dieser Zeit so systematisch aufgearbeitet wie die Bank of England. Sie war in die Kritik geraten, weil sie selbst unmittelbar vor dem Zusammenbruch der Hypothekenbank Northern Rock nichts von den Problemen im britischen Bankensektor gemerkt hatte. Ihr Aufsichtsgremium (*Court*) ließ 2012 die Rolle der Bank of England in der Finanzkrise von unabhängigen Experten untersuchen. Das Ergebnis: Ihre Strukturen begünstigten übertriebene Unterwürfigkeit und blinden Konsens. Der frühere Vizechef der der Bank of England, Sir John Gieve, sprach von »frappierendem Gruppendenken«. Das frühere Mitglied des Geldpolitischen Ausschusses, David Blanchflower, beklagte damals eine »Tyrannei des Konsenses«, die beendet werden müsse.[20]

Als Reaktion auf die Kritik hat die Bank of England ihren Geldpolitischen Ausschuss (MPC) und den Finanzpolitischen Ausschuss (FPC) radikal reformiert.[21] Sie strebt keinen Konsens mehr an und ermutigt die Mitglieder zu eigenständigen Positionen. Dadurch sollen alle für eine Entscheidung wichtigen Informationen auf den Tisch kommen. Außerdem beruft sie externe Mitglieder in ihre Entscheidungskomitees. Diese müssen Erfahrung im Finanzsektor haben und sollen die vorherrschenden Meinungen im Gremium hinterfragen. Im Geldpolitischen Ausschuss sitzen zum Beispiel fünf Vertreter der Zentralbank und vier externe Vertreter. Durch diese Strukturen sollen mögliche Risiken und Fehler frühzeitig aufgedeckt werden.

Die externen Mitglieder haben zudem eine verkürzte Amtszeit. Der Finanzminister ernennt sie für drei Jahre. Danach

können sie ein weiteres Mal wiederernannt werden. Das soll für
stetige Fluktuation im Komitee sorgen. Je länger nämlich die
gleichen Leute in einer festen Konstellation zusammenarbeiten,
desto größer ist die Gefahr von Gruppendenken.

Die Reformen der Bank of England liefern eine Blaupause für
mögliche institutionelle Veränderungen bei der EZB. Sie sollte
ebenso vier externe Mitglieder in ihren Rat berufen. Diese sollten ebenfalls für eine kürzere Amtszeit von drei Jahren ernannt
werden. Der Rat hätte dann wie bereits beschrieben insgesamt
neun Mitgliedern, davon die fünf Mitglieder des Direktoriums
und die vier externen Mitglieder. Das Direktorium führt die
Geschäfte der Notenbank. Seine Mitglieder brauchen eine längere Amtszeit, die wie bisher bei acht Jahren bleiben könnte.
Für alle Ratsmitglieder sollte die Möglichkeit zur Wiederwahl
ausgeschlossen werden, um ihre Unabhängigkeit zu sichern
und eine freie Diskussion zu ermöglichen. Über die Auswahl
der Kandidaten sollte wie oben erwähnt der Ausschuss für Wirtschaft und Währung des Europäischen Parlaments anhand einer
Shortlist entscheiden.

DRITTER SCHRITT: RECHENSCHAFT VERBESSERN

Mit einem verkleinerten EZB-Rat und -Direktorium, in dem hoch-
rangige internationale Experten sitzen, wäre schon viel erreicht.
Die Entscheider der Notenbank sollten jedoch auch wirksamer
kontrolliert werden und mehr Rechenschaft über ihre Arbeit
ablegen als bisher. Deshalb braucht die EZB ein besseres internes
und externes Monitoring durch das Europäische Parlament und
den Rechnungshof. Sie sollte aber auch die eigenen Mitarbeiter
stärker einbeziehen und ihnen mehr Möglichkeiten geben, auf
Missstände hinzuweisen.

Grundsätzlich gibt es einen Zielkonflikt zwischen der Pflicht
zur Rechenschaft und einer größtmöglichen Unabhängigkeit

der Notenbank. Die Euro-Gründerväter wollten zuallererst einen Missbrauch der Geldpolitik durch die Politik verhindern. Deshalb legten sie diese in die Hand von unabhängigen Technokraten, die sich ganz auf das Ziel der Preisstabilität konzentrieren. Rechenschaft müssen sie daher kaum ablegen. Doch durch die Finanzkrise hat sich das Umfeld, in dem die EZB arbeitet, dramatisch geändert. EZB-Präsident Mario Draghi berichtet lediglich alle drei Monate dem Ausschuss für Wirtschaft und Währung des Europäischen Parlaments im Rahmen des währungspolitischen Dialogs. Stellten Abgeordnete bis zum Ausbruch der Eurokrise eher allgemeine Fragen zur Konjunktur, so fragen sie heute durchaus detaillierter nach, etwa zu den neuen Instrumenten der Geldpolitik, wie eine Untersuchung des internationalen Anti-Korruptionsnetzwerks Transparency International zeigt.[22] Die Sitzungen des Ausschusses werden im Internet übertragen, und auch die schriftlichen Antworten der EZB auf die Anfragen der Abgeordneten sind online einsehbar.

Umfassende Rechenschaftspflichten, die Vertrauen schaffen, sehen allerdings anders aus. Der Ausschuss ist viel zu groß und hat viel zu viele unterschiedliche Kompetenzen, um wirklich effektiv zu arbeiten. Die Parlamentarier allein sind darum mit der Aufsicht der EZB heillos überfordert. Denn oft fehlen ihnen dafür das ökonomische und geldpolitische Fachwissen und die nötigen personellen Ressourcen. Außerdem sind sie auch räumlich zu weit weg von der Notenbank und kennen in der Regel die Arbeitsabläufe dort kaum.

Kontrollgremien verschlanken

Deshalb braucht die EZB wirksamere externe Kontrollen. In einem ersten Schritt muss dafür der Ausschuss für Wirtschaft und Währung des Europäischen Parlaments als parlamentarisches Aufsichtsgremium mehr Rechte bekommen, umstrukturiert und vor allem von einem unabhängigen Evaluierungsbüro unterstützt werden.

In dem Ausschuss sitzen derzeit 61 Mitglieder der verschiedenen Fraktionen des Europäischen Parlaments. Es herrscht ein äußerst vielschichtiges Meinungsbild, denn sie unterscheiden sich auch entlang der Parteien und Herkunftsländer. Die Abgeordneten des Ausschusses sind nicht nur für die Währungspolitik zuständig, sondern beispielsweise auch für den freien Zahlungsverkehr, Steuer- und Wettbewerbsfragen oder die Überwachung der Finanzmärkte. Dies führt dazu, dass der Ausschuss für Wirtschaft und Währung in der Regel unter seinen Möglichkeiten bleibt, wie einige Mitglieder hinter vorgehaltener Hand eingestehen. Eine vertane Chance, denn die Geldpolitik und die Aufsicht über die EZB sind so komplexe Themen, dass sie die volle Aufmerksamkeit der Parlamentarier erfordern.

Empfehlenswerter ist es daher, einen Ausschuss einzurichten, der ausschließlich für die Aufsicht der EZB verantwortlich wäre und nicht zu viele Mitglieder hat. Er könnte sich zusammensetzen aus Parlamentariern und externen Mitgliedern.

Denkbar wäre eine Größe von vierzehn Mitgliedern, von denen sechs externe Vertreter sein könnten. Etwa von den nationalen Notenbanken, von Gewerkschaften und Arbeitgebern oder Vertretern aus dem Finanzsektor, sofern sie über Fachwissen in der Finanz- und Geldpolitik verfügen. Ähnlich ist dies zum Beispiel im Aufsichtsrat der Bank of England. In ihm sitzen die fünf Mitglieder aus dem Vorstand der Notenbank sowie bis zu neun kooptierte externe Mitglieder aus den Regionen, der Industrie, dem Finanzsektor und den Gewerkschaften.

Parlamentarier besser unterstützen

Mit neuen Strukturen allein ist es jedoch nicht getan. Die Parlamentarier müssen auf die Sitzungen mit dem EZB-Präsidenten und anderen Direktoriumsmitgliedern gut vorbereitet sein. Sie benötigen personelle Ressourcen, um ihrem Aufsichtsmandat gerecht zu werden. Nur wer sich auskennt und die Thematik versteht, hakt an den kritischen Punkten nach und kann auf Augenhöhe mit Notenbankern diskutieren. Deshalb brauchen die Parlamentarier Unterstützung durch unabhängige Experten, die die Leistung der Notenbank evaluieren. In anderen Ländern ist das längst Standard. In Schweden lässt das Parlament zum Beispiel alle fünf Jahre die Geldpolitik der Notenbank von externen Experten untersuchen. Und die Bank of England hat seit 2014 ähnlich wie der Internationale Währungsfonds und die Weltbank ein unabhängiges Evaluierungsbüro.

Zwar lädt der Ausschuss für Wirtschaft und Währung des Europäischen Parlaments schon heute Experten zu Fachvorträgen über ausgewählte Themen ein, aber nur in bestimmten Zeitabständen und zu wenigen Fragen. Eine systematische, umfassende Betreuung gibt es jedoch nicht.

In anderen Politikfeldern wie der Haushalts- oder Verteidigungspolitik gibt es schon lange regelmäßige Evaluationen der Leistung. Die Notenbanken sahen die Geldpolitik jedoch lange als Politikbereich, in dem mehr Transparenz eher schadet als nützt. »In der Entwicklungshilfe wurden Evaluationen schon in den 1970er Jahren eingeführt und die Bedeutung der Rechenschaft betont«, schreibt die Direktorin des Evaluierungsbüros der Bank of England, Lea Paterson, zwei Jahre nach dessen Gründung.[23] Im Vergleich dazu würden Notenbanken 20 Jahre hinterherhinken. Bei der Bank of England soll das Evaluierungsbüro den Aufsichtsrat bei der Kontrolle der Leistung der Notenbank unterstützen. Ziel ist es, das öffentliche Vertrauen in die Notenbank zu verbessern und das institutionelle Lernen zu fördern.

Räumlich ist das Evaluierungsbüro in der Bank angesiedelt, damit die Experten dort einen besseren Einblick haben und direkt das institutionelle Lernen unterstützen. Gleichzeitig sind die Berichtswege jedoch von denen der Bank getrennt. Das Evaluierungsbüro berichtet direkt an den Aufsichtsrat der Notenbank. Diese Trennung soll seine Unabhängigkeit sichern. Außerdem darf das Evaluationsbüro den Sachverstand Dritter hinzuziehen, wenn es das für nötig hält. Alle seine Berichte und die Antworten des Managements darauf legt es offen.[24]

Seit seiner Gründung hat es bereits mehrere größere Analysen zur Bankenaufsicht und zur Qualität der Prognosen der Notenbank verfasst. Außerdem hat es die Arbeit am sogenannten Warsh-Bericht unterstützt.[25] Dieser hat die Transparenz und Kommunikation der Bank of England analysiert und zahlreiche Neuerungen angestoßen. Zum Beispiel veröffentlicht die Notenbank als Reaktion auf die Empfehlungen inzwischen ihre Protokolle am gleichen Tag, an dem sie ihre geldpolitischen Entscheidungen bekannt gibt.

Die EZB sollte sich hieran ein Beispiel nehmen: Um die Politiker im Ausschuss für Wirtschaft und Währung bei ihrer Aufsichtsfunktion zu unterstützen, braucht sie ebenfalls ein Evaluierungsbüro. Dieses sollte für die Aufseher Prüfaufträge ausführen und Verbesserungsvorschläge machen. Wichtig ist außerdem, dass die Prüfberichte offengelegt werden. Das EZB-Direktorium sollte im Anschluss schriftlich darauf reagieren. Außerdem sollte der Ausschuss über die Besetzung der Führungspositionen im Evaluierungsbüro entscheiden. Auch hier sollte es keine Beschränkung auf Europäer geben.

Prüfungslücke bei der Bankenaufsicht schließen

Besonders eklatant ist die fehlende Kontrolle derzeit bei der EZB-Bankenaufsicht. Auch hier beruft sich die EZB auf ihre Unabhängigkeit und will sich nicht umfassend prüfen lassen. Als die Bankenaufsicht noch auf nationaler Ebene angesiedelt war, hatten hingegen die Rechnungshöfe in vielen Euroländern wie Deutschland oder den Niederlanden das volle Prüfungsmandat für die Bankenaufsicht.

Die EZB argumentiert, dass der Rechnungshof nur die Effizienz der Verwaltung prüfen dürfe, also etwa die Budgetierung, aber nicht die Ordnungsmäßigkeit der Aufsichtstätigkeit. Der Präsident des Europäischen Rechnungshofs, Klaus-Heiner Lehne, klagte im November 2016:»Die EZB glaubt bei der Bankenaufsicht genauso unabhängig zu sein wie bei der Geldpolitik. Deshalb hat sie sich anfangs gegen unsere Prüfung gewehrt und die Herausgabe von Dokumenten verweigert.«[26] Auch der Bundesrechnungshof kommt 2017 in einem Bericht zu dem Fazit, dass es dem Europäischen Rechnungshof nicht möglich sei,»eine umfassende Prüfung bankenaufsichtlicher Tätigkeiten durchzuführen, wie sie vorher vom Bundesrechnungshof geleistet wurde«. Die EZB hingegen argumentiert, sie arbeite im Rahmen ihrer Satzung uneingeschränkt mit dem Rechnungshof zusammen und habe»eine beträchtliche Zahl an Dokumenten und Erläuterungen zur Verfügung gestellt«.[27]

Der Konflikt zeigt wiederum, wie wichtig es ist, die Bankenaufsicht aus der EZB herauszulösen. Bis dahin ist es sinnvoll, die EZB wie vom Bundesrechnungshof gefordert per Verordnung einer unabhängigen Prüfung ihrer Aufsichtstätigkeit zu unterwerfen.

Interne Kontrolle verbessern

Auch intern braucht die EZB eine bessere Kontrolle. Ein wichtiges Feld ist die Personalpolitik. Dabei sollten auch die Mitarbeiter der Notenbank weiter reichendende Mitbestimmungsrechte bekommen. Die Qualität der Arbeit der Notenbank hängt entscheidend davon ab, ob es ihr gelingt, die besten Mitarbeiter zu befördern und vorhandene Informationen optimal zu nutzen. In einer großen Organisation wie der EZB kann es immer Bereiche geben, wo es zu Ungereimtheiten kommt. Daher ist eine wirksame Kontrolle nicht nur für das Vertrauen der Öffentlichkeit wichtig, sondern auch die Basis, um Fehler zu erkennen und aus ihnen zu lernen.

Momentan gibt es auch hier große Defizite: Die EZB kontrolliert sich in der Personalpolitik weitgehend selbst, ihre Entscheidungen sind intransparent und sie bindet ihre Mitarbeiter zu wenig ein. Als europäische Institution kann die EZB ihr Arbeitsrecht weitgehend selbst setzen. Mitarbeiter, die gegen arbeitsrechtliche Entscheidungen klagen wollen, müssen zunächst ein internes Vorverfahren abwarten. Erst danach können sie vor die Gerichte der Europäischen Union ziehen. Dazu kommt es jedoch nur sehr selten, weil dies sehr lange dauert. Zwar hat auch die EZB einen Personalrat, im Unterschied beispielsweise zur Bundesbank hat dieser jedoch ausschließlich Informationsrechte. Das gibt der EZB in der Personalpolitik einen großen Spielraum und macht sie anfällig für Willkür, Machtspiele und Vetternwirtschaft.

Das zeigt sich deutlich in der Beförderungspolitik. Die Ergebnisse einer Mitarbeiterbefragung der EZB von 2015 zeigen deutlich die große Unzufriedenheit vieler Beschäftigter. Auf die Frage, wie man in der EZB am effektivsten Karriere machen kann, antworteten 65 Prozent der Belegschaft:»Indem man die richtigen Leute kennt.« Nur 19 Prozent der Befragten gaben an, dass die EZB gut darin sei, die kompetentesten Leute zu befördern. An der Befragung nahmen 90 Prozent der EZB-Angestellten teil.[28] Das Problem wird durch die bereits beschriebenen nationalen Seilschaften und Netzwerke verschärft: Wenn der falsche Kandidat befördert wird und in seiner neuen Position selbst Mitarbeiter einstellt, können sich Fehlbesetzungen ausbreiten und in bestimmten Abteilungen besonders häufen. So entstehen Risiko-Cluster. Setzt sich in einer Organisation erst einmal die Erkenntnis durch, dass Karrieren nicht von der persönlichen Leistung, sondern von Kontakten abhängen, verhalten sich die Mitarbeiter entsprechend: Sie strengen sich weniger an und pflegen lieber ihr persönliches Netzwerk. Echte Leistungsträger werden so abgestoßen.

Ein Beispiel für die verfehlte Personalpolitik sind Beförderungen ohne Stellenausschreibung. Im Sommer 2016 beschloss das EZB-Direktorium etwa, den Schlüsselposten des Bürochefs der Notenbank in Brüssel ohne Ausschreibung an einen Berater von EZB-Direktoriumsmitglied Peter Praet zu vergeben. Zwei Wochen vor der Entscheidung hatte das Gremium die Position um eine Gehaltsstufe aufgewertet, wodurch sich die Bezahlung um bis zu 40 Prozent erhöhte. Die Personalie sorgte für heftigen Streit in der Notenbank. Der Personalrat sprach in einem Brief an das Direktorium von einem »eindrucksvollen Beispiel von Vetternwirtschaft«. Die EZB wiederum wies die Vorwürfe zurück. Die Arbeit für ein Direktoriumsmitglied habe keinen Einfluss darauf, ob ein Kandidat für eine Position infrage komme oder nicht. Berufungen basierten auf Leistung. Nach einer teilweise erfolgreichen Anfechtung der Personalentscheidung machte das EZB-Direktorium einen Rückzieher und annullierte die Berufung von Praets Berater. Der Posten wurde schließlich doch ausgeschrieben.[29] Außerdem hob die EZB ausgerechnet in der Personalabteilung vier Ernennungen wegen Verfahrensfehlern wieder auf. Sie argumentiert, dies zeige, dass das interne Beschwerdeverfahren der Notenbank funktioniere. Ob sie sich jedoch ohne den öffentlichen Druck dazu durchgerungen hätte, ist zweifelhaft. Es bleibt ein fader Beigeschmack.

Das Hickhack um die Besetzung des Büroleiterpostens in Brüssel zeigt aber noch ein anderes Problem: Der Bewerber erhielt den Brüsseler Job über eine sogenannte Reserveliste. Er hatte sich zuvor als Leiter des Büros in Washington beworben und dafür ein Einstellungsverfahren durchlaufen. Dabei war er aber nicht zum Zuge gekommen und landete auf der Reserveliste. Diese Listen werden nicht veröffentlicht. Der Personalrat kritisiert, dass sich die Listen zu einem Einfallstor entwickelt hätten, »um hinter der Nebelwand eines früheren Auswahlverfahrens handverlesene Kandidaten auszuwählen«. Die EZB argumentiert hingegen, dass Reservelisten es ihr ermöglichen würden, einen größeren

Nutzen aus den aufwendigen Einstellungsverfahren zu ziehen. Außerdem werde so vermieden, dass Bewerber die gleichen Einstellungsverfahren mehrmals durchlaufen müssen.

Um Fehler wie im Falle des Büroleiterpostens in Brüssel künftig zu vermeiden, braucht der Personalrat der EZB bei Stellenbesetzungen und Beförderungen gewisse Mitbestimmungsrechte. Grundsätzlich sollte er das Recht haben, in jede Berufungskommission für Stellen einen eigenen Vertreter zu schicken. Und er muss auch das Recht haben, alle Dokumente aus dem Bewerbungsprozess einzusehen.

Mitbestimmung ist noch aus einem weiteren Grund wichtig: In einer großen Institution wie der EZB mit Tausenden Mitarbeitern hat das Direktorium in viele Aktivitäten der Notenbank keinen direkten Einblick. Mario Draghi und seine Kollegen treffen ihre Entscheidungen in der Regel auf Grundlage der Informationen, die die unteren Hierarchieebenen nach oben weiterreichen. Dies kann dazu führen, dass unliebsame Nachrichten zurückgehalten werden und Kritik weder geäußert noch weitergeleitet wird. Das Gruppendenken verfestigt sich durch die Hierarchie, Korrektive gibt es nicht. Diese mangelnde Rückmeldungskultur tritt nicht nur in der EZB, sondern in vielen Großkonzernen auf. Dort sind die Folgen jedoch nur auf das Unternehmen begrenzt. Bei Fehlern der Zentralbanken sind alle Menschen ihres Währungsraums betroffen. Das verdeutlicht einmal mehr, wie entscheidend interne Kontrolle und eine offene Diskussionskultur sind.

Deshalb muss die EZB diese transparente und diskursive Kultur gezielt fördern. Ihr Direktorium sollte sich regelmäßig mit dem Personalrat austauschen. Bislang trifft Notenbankchef Draghi den Personalratschef einmal im Jahr für eine Stunde. IWF-Chefin Christine Lagarde dagegen setzt sich alle drei Monate mit den Personalvertretern zusammen. Wenn das Direktorium wichtige Personalthemen diskutiert, spricht es zudem derzeit nicht selbst mit den Personalvertretern. Deren Anliegen soll vielmehr die Personalabteilung dort vortragen. Diese hat jedoch

andere Interessen. Daher sollte es auch hier einen direkten Dialog mit dem Personalrat geben.

Ergänzend dazu braucht die EZB klare Regeln, damit Mitarbeiter anonym auf Missstände hinweisen können. Transparency
International kritisiert, dass die EZB bisher Tippgeber nicht
effektiv schützt und keine einheitliche Vorgehensweise hat, wie
sie Hinweise behandelt. Das zeigt sich auch in den Zahlen: 2016
meldeten sich bei der EZB lediglich zwei Informanten mit Hinweisen auf Fehlverhalten. Transparency fordert unter anderem,
dass Mitarbeiter die Möglichkeit bekommen, über ein Formular
auf der Webseite anonym auf Fehlverhalten hinzuweisen. Außerdem sollten Hinweisgeber eine begründete Antwort bekommen,
ob die EZB ein Verfahren zu dem jeweiligen Fall einleitet. Die
Regeln für Whistleblower sollten sich außerdem nicht nur auf
Fälle von Betrug oder Korruption beschränken, sondern zum Beispiel auch auf Insiderhandel und Interessenkonflikte. All diese
Vorschläge würden ebenfalls die internen Kontrollen verbessern.

VIERTER SCHRITT: TRANSPARENZ ERHÖHEN

Effektivere, unpolitischere Gremien und umfassendere Rechenschaftspflichten reichen jedoch nicht aus. Sie können nur dann
Vertrauen stiften, wenn die EZB Dritten einen umfassenderen
Zugang zu Dokumenten und Informationen ermöglicht. In
einem Report hat Transparency International umfangreiche Vorschläge für eine transparentere EZB gemacht, von denen einige
hier angesprochen werden.[30]

Was die Transparenz anbelangt, gibt es für EU-Institutionen
klare Regeln. In Artikel 15 des Vertrags zur Arbeitsweise der Europäischen Union heißt es, europäische Institutionen sollten »unter
weitestgehender Beachtung des Grundsatzes der Offenheit« handeln. Jeder Unionsbürger habe »das Recht auf Zugang zu Dokumenten der Organe [...] der Union«. Die EZB muss diese Grund-

sätze jedoch nur bei ihren administrativen Aufgaben einhalten. Das EZB-Direktorium hat deshalb zahlreiche Ausnahmen definiert: Diese betreffen Informationen über den Druck von Banknoten, aber auch Fälle, in denen die Veröffentlichung von Dokumenten »die Finanz-, Geld- oder Wirtschaftspolitik in einem Mitgliedsland« schwächen oder die »Finanzstabilität in der Währungsunion oder einem Mitgliedsland« gefährden.[31] Diese weitreichenden Ausnahmen geben der EZB einen sehr großen Spielraum bei der Entscheidung, welche Dokumente sie offenlegt und welche nicht.

Wirkliche Gründe für Geheimhaltung gibt es jedoch nur bei Entscheidungen der Bankenaufsicht. Informationen etwa über die Kapitalausstattung einer Bank oder mögliche Risiken können zu heftigen Reaktionen an den Märkten führen und die betroffene Bank und schlimmstenfalls das Finanzsystem gefährden. Für die Geldpolitik trifft dieses Argument aber nicht zu. Hier gilt: Je offener und transparenter die EZB handelt, desto besser.

Abstimmungsverhalten offenlegen

Immerhin: Ein erster Schritt in Sachen Transparenz ist getan. So veröffentlicht die EZB seit Anfang 2015 die Protokolle ihrer Ratssitzungen, und zwar mit einer Verzögerung von vier Wochen. Darin fasst sie zusammen, wie der Rat über die relevanten Themen diskutiert hat. Die Berichte sind jedoch weit weniger aussagekräftig als bei der Bank of England oder der US-Notenbank Federal Reserve. Denn weder steht darin, wie ein Ratsmitglied abgestimmt, noch wie es sich geäußert hat.

Die EZB argumentiert, dass die Ratsmitglieder bei einer Veröffentlichung in ihren Heimatländern unter Druck geraten könnten, stärker nationale Interessen zu vertreten. Dieses Problem lässt sich jedoch nicht durch Geheimhaltung lösen. Nur wenn die Öffentlichkeit weiß, wie die Mitglieder abgestimmt haben, lässt sich nachvollziehen, ob sie beispielsweise Druck von der nationalen Regierung bekommen haben. Wäre dies dauerhaft der Fall, müssten sie sich möglicherweise für ihr Abstimmungsverhalten rechtfertigen.

Die Bank of England legt hingegen offen, wie die Ausschussmitglieder bei geldpolitischen Entscheidungen votiert haben. Und sie erläutert in Protokollen deren Argumente für die jeweiligen Entscheidungen. Die Berichte veröffentlicht sie direkt nach den Sitzungen ihres Geldpolitischen Ausschusses. Damit kann die Öffentlichkeit unmittelbar sehen, wie die Mitglieder abgestimmt haben und wo Fehler gemacht wurden. Auch die US-Notenbank Federal Reserve veröffentlicht schon seit Jahren das Abstimmungsverhalten der einzelnen Notenbanker bei den Sitzungen ihres Offenmarktausschusses für die Geldpolitik.

Der EZB-Rat sollte ebenfalls über alle diskutierten geldpolitischen Vorschläge formal abstimmen und das Abstimmungsverhalten der Mitglieder offenlegen. Würde der EZB-Rat zudem wie beschrieben geschrumpft, würden Debatten über das Abstimmungsverhalten seiner Mitglieder ohnehin nicht mehr entlang nationaler Interessenlagen geführt. Außerdem sollten im Protokoll die Argumente aufgeführt werden, mit denen das Abstimmungsverhalten begründet wurde. Der öffentlichen Debatte würde dies nur guttun. Die EZB sollte die Protokolle außerdem direkt nach den Sitzungen veröffentlichen. Eine Frist von vier Wochen ist viel zu lang, denn oft dreht sich die geldpolitische Debatte bis dahin längst um andere Themen.

Ebenfalls an der Schnittstelle zwischen internen Entscheidungen und öffentlicher Glaubwürdigkeit liegt ein weiteres heißes Eisen, das die EZB dringend anpacken sollte.

Insiderregeln verbessern und ausweiten

Eine entscheidende Baustelle für die Schaffung neuen Vertrauens in die EZB ist der Umgang mit Insiderinformationen. Die

EZB braucht dringend klarere Regeln, wenn es um Treffen ihrer Führungskräfte mit Banken und Investoren geht. Für sie bedeutet nämlich jede vorzeitige Information über Anleihekäufe, Zinsentscheide und andere geldpolitische Maßnahmen der Notenbank einen Wissensvorsprung vor der Konkurrenz auf dem Markt – und damit bares Geld.

Wie brisant der Umgang mit diesen Insiderinformationen ist, zeigt ein Vorfall im Mai 2015. Der für Marktoperationen zuständige EZB-Direktor Benoît Cœuré hält damals vor Hedgefonds-Managern eine Rede, in der sich eine wichtige Information versteckt. Er erwähnt, dass die EZB einen Teil ihrer Anleihekäufe für den Sommer schon in den Mai und Juni vorziehen werde. Eine kleine Information mit großer Wirkung: Am nächsten Morgen fällt der Eurokurs drastisch und die Anleihe- und Aktienkurse steigen. Wer vorher darauf gewettet hat, kann viel Geld verdienen. Unter den Gästen sind etwa Alan Howard, der Gründer des größten europäischen Hedgefonds, und der Chefinvestor von George Soros. Investoren, die nicht bei dem Dinner waren, erfahren hingegen erst am nächsten Morgen aus der Zeitung von den Plänen der EZB.

Als Reaktion auf den Vorfall legt die EZB seit Ende 2015 immerhin die Terminkalender ihrer Direktoriumsmitglieder offen. Nun kann jeder öffentlich einsehen, wann sich wer mit wem getroffen hat. Kritiker monieren jedoch, dass sensible Gespräche nun nicht mehr im Kalender erscheinen werden. Tatsächlich ist vollständige Transparenz nicht erreichbar, denn Ausweichmöglichkeiten wird es immer geben. Im Zweifel telefoniert man in der *Beletage* der EZB, statt sich persönlich zu treffen. Trotzdem hilft die Veröffentlichung dabei, die Sensibilität für Insiderinformationen zu schärfen.

Allerdings hat die Veröffentlichung der Termine eine andere Schwachstelle ans Licht gebracht: Aus den Terminkalendern geht nämlich hervor, dass sich einzelne Direktoriumsmitglieder noch wenige Tage vor wichtigen Ratsentscheidungen mit Marktteilnehmern trafen. So traf sich Benoît Cœuré am 4. September 2014 mit Vertretern der französischen Großbank BNP Paribas. Wenige Stunden später entschied der EZB-Rat überraschend, den Leitzins zu senken.

Nach den Regeln der EZB ist das möglich. Sie schreiben lediglich vor, dass sich die Führungskräfte der EZB eine Woche vor den Ratssitzungen gegenüber Externen nicht über die Geldpolitik äußern dürfen (die sogenannte Schweigeperiode). Das schließt aber nicht aus, sich trotzdem mit externen Parteien zu treffen. Diese laxen Regeln schüren Misstrauen.

Grundsätzlich ist ein regelmäßiger Austausch der EZB-Spitze mit Marktteilnehmern sinnvoll. Damit ihre Geldpolitik möglichst wirksam ist, muss die EZB ihr Handeln den Finanzmärkten erklären. Und auch die Führungskräfte müssen die Entwicklungen an den Märkten und Investitionsentscheidungen bei den Banken verstehen. Ohne diesen inhaltlichen Austausch geht es nicht.

Doch das sollte nicht bedeuten, dass sie ausgerechnet in der Schweigeperiode vor den Ratssitzungen mit Marktteilnehmern zusammentreffen müssen. Das wirft nämlich vor allem Fragen auf: Weshalb sollten sich Finanzmanager mit den EZB-Oberen treffen, ohne sich davon einen Vorteil zu erhoffen? Warum müssen die Treffen vor Ratssitzungen stattfinden, wenn die Gespräche doch nicht von Geldpolitik handeln dürfen? Um hier gar nicht erst in Bedrängnis zu geraten, sollte die EZB eine klare Linie ziehen und die Anforderungen an die Schweigeperiode verschärfen. Das bedeutet: Sieben Tage vor einer Ratssitzung sollten EZB-Ratsmitglieder und ranghohe Führungskräfte keinerlei dritte Parteien mehr treffen. Dies gilt vor allem für Vertreter der Finanzbranche, die besonders an Insiderinformationen interessiert sind. Eine echte und gelebte Schweigeperiode wäre eine gute und sinnvolle Lösung – und ein Signal, dass man es mit der Transparenz ernst meint.

Im Vergleich zur Europäischen Kommission hinkt die EZB aber immer noch hinterher, wie Transparency International bemängelt. So veröffentlicht sie nur die Kalender der Direktoriumsmitglieder, nicht aber die Termine ihrer Berater und anderer Führungskräfte. Die Europäische Kommission legt hingegen auch die Kalender der einzelnen Kommissare und ihrer Kabinettsmitglieder offen.

Die geldpolitischen Entscheidungen trifft zwar offiziell der EZB-Rat, doch die unteren Ebenen der Notenbank bereiten sie vor. Ähnlich wie bei Ministerien lohnt sich deshalb die Einflussnahme auf rangniedrigere Führungskräfte besonders. Sie sollten deshalb ebenfalls streng dokumentieren, mit wem sie sich außerhalb der EZB treffen, mit wem sie telefonieren und an welchen Konferenzen sie teilnehmen. Hier könnte die EZB durchaus von großen Investmentbanken lernen, die nach leidvollen Erfahrungen mit Informationslöchern und Insiderhandel zu Zeiten der Finanzkrise indiskrete Mitarbeiter heutzutage sofort sanktionieren. Zahlreiche Investmentbanken überwachen mittlerweile die Telefongespräche ihrer Mitarbeiter und kontrollieren Chats und SMS-Verkehr auf mögliche Informationslecks.

Die Europäische Kommission legt die Termine ihrer Führungskräfte außerdem bereits nach zwei Wochen offen, die EZB dagegen erst drei Monate später. Zudem hat die EZB Ausnahmetatbestände definiert, bei denen sie von der Veröffentlichung absehen kann – wie etwa das »öffentliche Interesse«. Hier wäre es sinnvoll, wenn die EZB dem Beispiel der Europäischen Kommission folgt.

Das gilt auch im Hinblick auf das EU-Transparenzregister, dem die EZB beitreten sollte – ganz so wie die Europäische Kommission und das Europäische Parlament. Dies würde bedeuten, dass sich Interessenvertreter nur mit Entscheidungsträgern der EZB treffen oder anderweitig inhaltlich austauschen dürfen, wenn sie sich im Transparenzregister registriert haben. Das Register soll zum Beispiel Auskunft darüber geben, welche Interessen eine

Organisation vertritt, in wessen Namen und welche Finanzen dabei zur Verfügung stehen.

Die EZB ist für Lobbyismus besonders anfällig, solange sie noch ihrer Doppelrolle als Bankenaufseherin nachkommt. Ihre Entscheidungen haben konkrete materielle Konsequenzen, bei denen es klare Gewinner und Verlierer gibt. Ausnahmen könnte es geben, wenn höchste Vertraulichkeit erforderlich ist, wie etwa bei Fragen der Bankenregulierung oder der Finanzmarktstabilität.

Einflussnahme findet freilich nicht nur im direkten Gespräch statt. Ein weiteres Thema sind Wechsel von EZB-Mitarbeitern und -Führungskräften in die Privatwirtschaft. Beispiele hierfür gibt es einige. So ist das frühere italienische EZB-Direktoriumsmitglied Lorenzo Bini Smaghi inzwischen Chairman der französischen Bank Société Générale, und der ehemalige spanische EZB-Direktor José Manuel González Paramo sitzt im Vorstand der Großbank BBVA. Freilich tut ein regelmäßiger Austausch zwischen öffentlicher Verwaltung und Privatwirtschaft beiden Seiten gut. Sind die Regeln dafür jedoch zu weich, öffnet das schädlicher Einflussnahme Tür und Tor. Und genau dies ist heute der Fall.

Für die meisten EZB-Mitarbeiter gilt bei Wechseln in die Privatwirtschaft eine Abkühlungsfrist von sechs Monaten. Bei Direktoriumsmitgliedern verlängert sich die Frist auf ein Jahr. Diese vergleichsweise kurzen Fristen erhöhen die Gefahr, dass diese Personen noch zu ihrer aktiven Dienstzeit in der EZB Entscheidungen im Sinne ihrer späteren Arbeitgeber gestalten, mit denen sie bereits Fühlung aufgenommen haben. Außerdem könnten sie sensible Informationen zu ihrem neuen Arbeitgeber mitnehmen. Diese Gefahr ist besonders hoch in der Bankenaufsicht: Hier sollte ein Wechsel in die Finanzwirtschaft frühestens zwei Jahre nach einer EZB-Tätigkeit erfolgen, ganz so, wie es beispielsweise die Abkühlphasen für die Europäische Kommission verlangen. Gleiches sollte für die Mitglieder des EZB-Direktoriums gelten.

Wirkung ausweiten: Empfängerkreis verbreitern

Ein letzter Maßnahmenpunkt, um das Vertrauen in die EZB zu stärken, ist die Verbesserung ihrer Kommunikation mit der breiten Öffentlichkeit. Diese hat sich lange Zeit für die Geldpolitik kaum interessiert, was auch daran liegt, dass dieses Thema sehr komplex ist. Seit Beginn der Eurokrise fragen sich viele Menschen aber häufiger, was die EZB macht. Gerade bei einem so komplexen Thema muss sich die Notenbank darum bemühen, von allen Seiten verstanden zu werden. Bislang konnte sie jedoch nur unzureichend erklären, wieso sie in der Eurokrise so drastische Maßnahmen ergriffen hat. Das erleichtert Kritikern und Verschwörungstheoretikern das Geschäft.

Es ist paradox: Die Anleihe- oder Devisenhändler scheinen die Worte Mario Draghis zu verstehen, doch auf der Straße können ihm nur wenige folgen. Dieses Unverständnis hat er zum Teil selbst verschuldet: Ein Blick in seinen Terminkalender zeigt, dass sich Draghi vor allem mit Vertretern der Finanzbranche trifft. Wer immer Leuten mit demselben Hintergrund begegnet, sieht die Welt schnell aus ihrem Blickwinkel und passt auch seine Sprache daran an. Das birgt die Gefahr, dass Notenbanker von vielen Menschen nicht verstanden werden.

Warum setzen sich Draghi und seine Kollegen nicht öfter auch mit Mittelständlern, Sparern und Gewerkschaftern zusammen? Warum werden Vertreter dieser Gruppen nicht über permanente Beiräte enger an die EZB gebunden? Sofern sie nicht in Entscheidungen eingebunden werden, sondern diese nur kritisch begleiten, wäre dagegen nichts einzuwenden. Natürlich sind dafür auch die nationalen Notenbanken des Eurosystems zuständig, aber auch die EZB muss sich darum kümmern. Hier kann sie von den nationalen Notenbanken lernen. Die finnische Notenbank etwa verlangt von ihren leitenden Angestellten, dass sie mindestens zweimal im Jahr öffentlich über ihre Arbeit sprechen. Dabei spielt es keine Rolle, ob sie das in Vorstandsrunden, Universitäten oder Kindergärten und Altenheimen tun. Es geht einzig darum, den Dialog mit der Öffentlichkeit zu verbessern. Auch die Bank of England verlangt von ihren Entscheidungsträgern, dass sie mehrmals im Jahr Unternehmen im ganzen Land besuchen.[32]

Die Zeiten, in denen sich nur ein kleiner Kreis von Finanzexperten, Bankmanagern und Anleihehändlern für die EZB-Politik interessierte, sind vorbei. Für die Handlungsfähigkeit der Geldpolitik ist es wichtig, von der breiten Öffentlichkeit verstanden werden. Die EZB hat die einmalige Chance, einen systemischen Neustart dazu zu nutzen, mit effizienteren Strukturen, verbesserter Rechenschaft und einer Transparenzoffensive die Grundlagen für neues Vertrauen zu legen.

Diese Maßnahmen reichen allerdings nicht aus. Eine transparentere und glaubwürdigere EZB braucht einen Schutzwall, der sie vor erneuten systemischen Zwängen schützt – und monetäre Staatsfinanzierung auf Dauer wirksam verhindert.

6
ZURÜCK ZUR HAFTUNG

Das letzte Kapitel hat gezeigt, dass neues Vertrauen in die Eurozone erst entstehen kann, wenn sich die EZB wieder auf ihre eigentlichen Aufgaben beschränkt und transparenter handelt. Das allein ist jedoch nur ein Anfang, um die Währungsunion krisenfest zu machen. Auch die transparenteste Geldpolitik wird nämlich langfristig nur dann das Vertrauen von Menschen und Märkten genießen, wenn ihr Bemühen um die Geldwertstabilität nicht von Kompetenzüberschreitungen und Zielkonflikten untergraben wird. Die Geldwertstabilität ist insbesondere dann gefährdet, wenn die EZB wie aktuell gezwungen ist, Euroländer mit umfangreichen Staatsanleihekäufen vor dem Bankrott zu bewahren. Damit riskiert sie langfristig ihre Vertrauenswürdigkeit und somit auch das Vertrauen von Konsumenten und Investoren in den Euro.

Die EZB ist der monetären Staatsfinanzierung unter dem Druck der über Jahre hinweg unkontrolliert grassierenden Krise verfallen – zunächst mit leichten Interventionen an den Staatsanleihemärkten und später mit immer umfangreicheren Stützungskäufen. Auch wenn die Kritik an der Staatsfinanzierung durch die EZB berechtigt ist, darf doch nicht unterschlagen werden, dass sie damit auf ein eklatantes politisches Versagen reagiert hat. Weder ist es den politisch Verantwortlichen innerhalb der Eurozone im Vorfeld der Krise gelungen, die öffentliche Verschuldung in allen Teilen des Euroraums auf einem tragfähigen Niveau zu halten und die Wettbewerbsfähigkeit aller teilnehmenden Länder zu sichern, noch vermochten sie in der Krise eine so überzeugende Antwort auf deren Ursachen zu geben, dass das Vertrauen der Investoren in den Fortbestand des Euro zurückkehrte.

Erst schleichend, dann immer offensichtlicher haben die Euroländer daher mit ihren Finanzierungsbedürfnissen die Handlungs- und Entscheidungsfreiheit der Zentralbank ausgehöhlt, bis diese sich schließlich ganz in ihren Dienst gestellt hat. So sah sich die EZB, einst als unabhängigste Zentralbank der Welt gestartet, im Jahr 2010 letztlich doch gezwungen, ihre eigenen Regeln zu brechen und der Politik zu Hilfe zu eilen: Ohne sie wären die Märkte für Staatsanleihen und womöglich sogar die gesamte Währungsunion zusammengebrochen. Doch inzwischen kann die EZB nur noch schwer zurückrudern, denn die Märkte haben sich an ihre Interventionen gewöhnt. Damit gerät sie immer stärker in Abhängigkeit, ohne selbst viel dagegen tun zu können. Die Eurokrise hat insofern gezeigt, dass auch die entsprechenden Verbote in den Europäischen Verträgen und in der Zentralbanksatzung nicht verhindern können, dass die EZB in die Rolle des Staatsfinanzierers rutscht, wenn ansonsten der Zusammenbruch der Währungsunion droht.

Damit ein Abgleiten der EZB in die monetäre Staatsfinanzierung nicht wieder vorkommt, benötigt die Eurozone Reformen, die eine erneute Überschuldung ihrer Mitgliedstaaten wirksam verhindern und notfalls helfen, eine solche Situation ohne schwerwiegende Friktionen auf den Märkten unter Kontrolle zu bringen. Dieses Kapitel skizziert Maßnahmen, die eine solide Haushaltspolitik im Währungsraum garantieren, damit ein regelwidriger Eingriff der EZB in die Märkte zukünftig ausgeschlossen ist und die Währungshüter ihre Geldpolitik wieder unabhängig von faktischen Zwängen durchführen können. Nur dann können sie sich auf ihre Kernaufgaben konzentrieren: das Vertrauen von Menschen und Märkten in die Zentralbank, ihre Geldpolitik und die Geldwertstabilität zu sichern.

FALSCHE HOFFNUNGEN

Allerdings streiten Politiker und Ökonomen in Europa heftig darüber, wie sich die Schuldensucht einzelner Euroländer wirksam unter Kontrolle bringen lässt. In der Wissenschaft und in Brüsseler Denkfabriken existieren hierfür zahlreiche konkurrierende Ansätze. Einige Ökonomen glauben sogar, dass sich die Probleme durch dauerhafte Niedrigzinsen von selbst lösen. Doch das ist eine Illusion.

Weitere Regeln und Zentralismus machen die Eurozone nicht solider

Es liegt nahe, bei einer wirksamen Schuldenprävention an schärfere Haushaltsregeln zu denken – und damit an bindende Vorgaben zur Neuverschuldung, die entweder national oder aus Brüssel vorgegeben werden. Haushaltsregeln sollen die jährlichen Defizite so beschränken, dass die Schuldenlast im Verhältnis zur Wirtschaftsleistung und zum Wachstum einer Volkswirtschaft tragfähig bleibt.

Nationale Haushaltsregeln stellen beispielsweise Zielkorridore für die jährliche Neuverschuldung auf, die sich mit den allgemeinen Wachstumsperspektiven vertragen. In den meisten Ländern Europas wurden beispielsweise in den vergangenen Jahren aufgrund des Europäischen Fiskalpakts sogenannte Schuldenbremsen gesetzlich verankert. Eine konkrete Anwendung scheiterte im Einzelfall jedoch sehr oft am politischen Druck von Regierungen und Parlamenten. In Zeiten niedrigen Wachstums und wirtschaftlicher Perspektivlosigkeit liegen kurzfristige Ausgaben für Konjunkturstrohfeuer oder Wählergeschenke oft näher als langfristig verantwortliche Finanzpolitik.

Auch die Erfahrungen mit *zwischenstaatlichen Haushaltsregeln* wie dem Stabilitäts- und Wachstumspakt der Euroländer haben gezeigt, dass derartige Vorgaben oft das Papier nicht wert sind, auf dem sie geschrieben stehen. Schon bei der Formulierung der Obergrenzen für die Neu- und Gesamtverschuldung der Euroländer vor zwei Jahrzehnten wurden umfangreiche Ausnahmen und Ermessensspielräume geschaffen. Die Mitgliedstaaten schöpfen diese Freiräume sehr oft aus, und die Europäische Kommission ist ebenfalls sehr nachsichtig, wenn sie die nationale Haushaltspolitik der Euroländer bewertet. Hinzu kommt, dass Strafen gegen Euroländer, die die Regeln brechen, immer von einer Mehrheit der anderen Euroländer beschlossen werden müssen. Doch ein Schuldensünder hackt dem anderen in der Regel kein Auge aus. Und so wurden die zulässigen Obergrenzen für Neuverschuldung und Schuldenstand seit der Einführung des Euro über 150-mal gebrochen.[1] Bestraft wurde bislang noch kein einziges Land. Das zeigt: Je strenger Haushaltsregeln sind, umso wahrscheinlicher werden sie gebrochen – und desto unglaubwürdiger werden sie im Endeffekt. Daraus jedoch zu schließen, stattdessen weichere Haushaltsregeln zu formulieren, wäre nicht im Sinn der Sache. Noch mehr starre Regeln, die darauf abzielen, die Neuverschuldung zu begrenzen, sind aber – wie die Vergangenheit lehrt – für die Eurozone ebenfalls keine erfolgversprechende Option, und zwar weder auf nationaler noch auf zwischenstaatlicher Ebene.[2]

Doch das wird offenbar nicht überall in gleichem Maße erkannt. So mehren sich die Stimmen derer, die als Antwort auf den bislang mangelhaften Erfolg der regelbasierten Koordinierung eine noch stärkere politische Integration als Patentrezept zur Lösung der Probleme Europas sehen. Ihrem Verständnis nach leidet der Europäische Währungsraum heute unter einer unvollständigen politischen Integration. Sie wollen haushaltspolitische Kompetenzen auf europäischer Ebene zentralisieren und die nationale Wirtschaftspolitik kontrollieren. Im Gegenzug sollen die Euroländer im Einzelfall finanziell unterstützt werden – so etwa mit Ausgleichszahlungen im Falle von unerwarteten konjunkturellen Schwankungen[3] oder mit Sonderzuschüssen für einzelne

Länder, wenn diese umfassende Reformen umsetzen wollen.[4] Noch Ende Mai 2017 präsentierte die Europäische Kommission ein sogenanntes »Reflexionspapier«, in dem sie ein europäisches Budget zur Stabilisierung der nationalen Wirtschaftszyklen, ein europäisches Schatzamt und einen Europäischen Währungsfonds vorschlug.[5]

In einem Punkt haben die Befürworter derartiger Lösungen durchaus Recht: In der Tat haben die Euroländer heute weniger Spielraum, schnell auf wirtschaftliche Schocks zu reagieren, denn ihnen fehlen flexible Wechselkurse als kurzfristiges Ausgleichsventil. Allerdings haben sie die Möglichkeit, eigenverantwortlich fiskalische Reserven aufzubauen – und falls diese nicht reichen sollten, Hilfen des Europäischen Stabilitätsmechanismus (ESM) in Anspruch zu nehmen. Die Mittel und Wege, auch weiterhin eine national eigenverantwortliche Haushaltspolitik zu betreiben, sind also durchaus vorhanden. Und dennoch gibt es zahlreiche Befürworter einer noch weiter gehenden Zentralisierung.

Mit der Wahl von Emmanuel Macron zum französischen Staatspräsidenten dürften diese Initiativen erneut an Fahrt gewinnen – Macron gilt als ein starker Befürworter eines gemeinsamen Budgets für die Eurozone. Manche gehen sogar noch weiter und fordern einen europäischen Finanzminister, der zentral über nationale Haushaltspläne und deren Finanzierung entscheidet – ein Schritt, der für die nationalen Parlamente der Eurozone einen großen Souveränitätsverlust bedeuten würde.[6] Problematisch ist bei allen diesen Initiativen, dass sie letztlich den Weg zu einer Gemeinschaftshaftung aller Euroländer für ihre Anleihen (Eurobonds) bahnen. Einen ersten Vorgeschmack bietet hier bereits das zuvor erwähnte Reflexionspapier, in dem die Kommission eine neue Anlageklasse mit Wertpapieren vorschlägt, die mit europäischen Staatsanleihen nach fixen Quoten besichert werden sollen. Wenngleich diese Lösung auf dem Papier noch eine gesamtschuldnerische Haftung der Euroländer ausschließt, würde eine Bündelung europäischer Staatspapiere in einer großvolumigen neuen Anlageklasse die Nachfrage nach Staatsanleihen hoch verschuldeter Euroländer und damit deren Schuldensucht erneut befeuern. Langfristig würden sich hieraus wiederum systemische Zwänge ergeben, deren logische Konsequenz wiederum eine Gemeinschaftshaftung wäre.

Geht es nach den Befürwortern, sollte die zentrale Steuerung in allen Ländern langfristig gleiche Lebensstandards schaffen und damit den Währungsraum krisenfest machen. Für diese Denkschule ist der Zentralismus nicht etwa gescheitert. Vielmehr glauben ihre Vertreter, dass man es nur noch nicht richtig versucht habe.

Doch die Forderung nach einem *Mehr an Europa* blendet die Fehler und Erfahrungen der Vergangenheit aus. Vor allem übersehen die Befürworter einer zentralen Steuerung der Fiskalpolitik in Europa drei Gründe, weshalb dies nicht funktioniert:

1. ZENTRALISMUS POTENZIERT FEHLENTSCHEIDUNGEN: Die Entscheidungsträger in Brüssel sind räumlich weit entfernt von den Euroländern, denen sie Vorgaben machen, und sie verfolgen Eigeninteressen. Zudem kommt es in zentralistischen Systemen häufig zu gefährlichem Gruppendenken, weil es kaum Ideenwettbewerb gibt. Kreativität ist kaum erforderlich, wenig gefragt und selten erwünscht. Die Widerspruchsarmut lässt Verantwortliche schnell glauben, dass ihr Weg der Richtige sei. Doch ebendies birgt die Gefahr, dass Fehlentscheidungen sich potenzieren. Nicht zuletzt sind zentralisierte Strukturen besonders attraktiv für Lobbyisten, die ihre Interessen mit geringen Kosten durchsetzen können, weil es keine Gegengewichte im System gibt und die Hebelwirkung über Landesgrenzen hinweg besonders groß ist. Das vergrößert das Ausmaß potenzieller Schäden. In dezentralen Strukturen können Länder hingegen unterschiedliche Lösungen ausprobieren und voneinander lernen. Viele der im Zuge der Agenda 2010

erfolgreich umgesetzten Reformideen für den deutschen Arbeitsmarkt kommen zum Beispiel aus Nachbarländern wie Dänemark oder den Niederlanden.

2. ZENTRALISMUS PROVOZIERT WIDERSTAND: Zudem ist fraglich, wie die zentrale Steuerung der Haushaltspolitik zwischen Ländern gelingen soll, die grundlegend verschiedene wirtschaftspolitische Prioritäten und Auffassungen von Regeltreue haben. Die Vorgaben der Eurogruppe vermitteln vielen Menschen das Gefühl, gegängelt zu werden – man denke nur an die unglückliche Kommunikation der Troika der Gläubiger Griechenlands. All dies führt zu Abwehrreaktionen und Umgehungsverhalten. Schattenhaushalte werden aufgelegt oder die Verschuldung über die Sozialversicherungen verschleiert. Lektionen per Frontalunterricht sind daher selten erfolgversprechend – so richtig sie auch sein mögen.

3. ZENTRALISMUS BEFEUERT VERTEILUNGSKÄMPFE. Die Zentralisierung von Entscheidungen in Brüssel fordert nicht nur Rebellionen der untergeordneten Ebenen heraus, sondern heizt auch Verteilungskämpfe zwischen ihnen an. Die Regierungen der Euroländer sind ihren eigenen Wählern rechenschaftspflichtig und versuchen deshalb, in der Eurozone deren Interessen durchzusetzen. Sieben Jahre Eurorettung haben mehr als deutlich gezeigt, dass das Gezerre um konditionierte Finanzhilfen in der Regel zu zwischenstaatlichem Kuhhandel und Blockaden führt. Die ständige Haltung eines »Was habe ich davon« sorgt dafür, dass sich am Ende nichts tut und dringend nötige Reformen vertagt werden.

All dies zeigt: Zentrale Steuerung und ein unreflektiertes Mehr an Europa werden den Währungsraum nicht krisenfester machen. Die derzeitigen politischen Spannungen zwischen den Euroländern dürften den Schritt hin zu mehr Zentralismus noch weiter erschweren. Initiativen zur Zentralisierung lassen sich aber nur mit hohen Erfolgsversprechungen durchsetzen. Falls sie sich nicht erfüllen, wäre die Enttäuschung umso größer und das Vertrauen in die verantwortlichen Institutionen umso stärker zerstört. Das zeigen alle bisherigen Versuche Europas, über zentrale Steuerung und Umverteilung den Wohlstand gleichmäßig zu heben. Auch wenn sie gut gemeint ist, könnte die weitere Zentralisierung von Entscheidungen innerhalb der Eurozone großen Schaden anrichten.

Niedrigzinsen beheben keine Strukturprobleme

Viele Ökonomen weisen regelmäßig auf die Grenzen stärkerer politischer Integration in Europa hin. Einige argumentieren jedoch, dass die enorme Überschuldung der Euroländer sich bald von allein löst.[7] Nach ihrer Lesart entwickelt sich die Welt insgesamt hin zu einem neuen gesamtwirtschaftlichen Gleichgewicht mit niedrigem Wachstum und niedrigen Zinsen, in der auch hohe Schuldenberge in der Eurozone tragfähig sind. Weil Unternehmen und Haushalte in diesem Szenario wenig Kapital nachfragen, müssen Investoren ihr Geld mangels renditeträchtiger Alternativen in Staatsanleihen stecken. Sie fordern kaum noch Risikoprämien. Dadurch nimmt die Zinsbelastung der Staatshaushalte ab. Und die EZB kann ihre Anleihekäufe beenden, weil die Eurozone auch so widerstandsfähiger geworden ist.

In der Tat haben diese Überlegungen einen gewissen Charme. So trägt die Nivellierung der Zinsunterschiede in der Eurozone schon heute dazu bei, dass Zinszahlungen in den Haushaltsplanungen vieler hoch verschuldeter Länder eine weitaus geringere Rolle spielen als zuvor. Viele hoch verschuldete Länder Südeuropas sichern sich die Niedrigzinsen von heute sogar mit äußerst lang laufenden Anleihen für Jahrzehnte. Doch all das erhöht den haushaltspolitischen Spielraum nur kurzfristig. Langfristig werden auch Niedrigzinsen Europas Schuldenproblem kaum lösen, und zwar aus den folgenden drei Gründen:

1. **LANGFRISTIGE NACHTEILE VON NIEDRIGZINSEN ÜBERWIEGEN KURZFRISTIGE VORTEILE:** Je länger die Niedrigzinsphase anhält, desto größer werden ihre fundamentalen Nachteile für Banken und Unternehmen. Die Finanzinstitute werden durch immer niedrigere Zinsmargen an den Rand ihrer Profitabilität getrieben. Lebensversicherungen schlittern irgendwann in eine Existenzkrise, und mit ihnen die private Altersvorsorge. Niedrige oder gar negative Zinsen halten unprofitable Firmen künstlich am Markt. Die andauernde Verlängerung von Krediten ohne Tilgung (sogenanntes *Evergreening*) behindert Investitionen in innovative Firmen und den wirtschaftlichen Strukturwandel.

2. **NIEDRIGZINSEN FÖRDERN WEITERE SCHULDENSUCHT:** Die Vorstellung, dass die Wirtschaft in einer dauerhaften Niedrigzinsphase verharren wird, beruht auf irrigen Annahmen. Ein stabiles Niedrigzinsgleichgewicht kann nur dann funktionieren, wenn die gesamtwirtschaftlichen Wachstumsraten niedrig bleiben. Gleichzeitig wird die Niedrigzinsphase aber als ideale Gelegenheit für staatliche Investitionen angesehen, um langfristig das Trendwachstum anzuheben. Dadurch würde jedoch zwangsläufig auch das Zinsniveau wieder steigen. Zudem ist es alles andere als sicher, dass die Euroländer die Atempause tatsächlich für wachstumsfördernde Reformen nutzen. Vielmehr steht zu befürchten, dass die Regierungen den erneuten finanziellen Spielraum nutzen würden, um konsumtive Ausgaben auszuweiten.[8] Wenn schon hohe Zinsen den Schuldenhunger der Euroländer in der Vergangenheit nicht stillen konnten, werden es niedrige Zinsen erst recht nicht tun.

3. **NIEDRIGZINSEN ERHÖHEN RISIKEN IM FINANZSYSTEM:** Die Niedrigzinsen verlocken Anleger zunehmend, ihren Renditehunger auf Pump zu finanzieren. Sie sind daher das perfekte Treibmittel für spekulative Blasen an den Immobilien- und Kapitalmärkten, die bereits jetzt lokal zu beobachten sind.[9] Hinzu kommt das Zinsänderungsrisiko. Banken schließen

immer mehr Kredite mit langer Zinsbindung ab, finanzieren sich aber über kurzfristigere Einlagen. Falls sich die Zinsen abrupt erhöhen sollten, geraten sie in eine Notlage. Zwangsverkäufe und mit ihnen ein weiterer Verfall der Vermögenswerte sind die Folge. Die Risiken im Finanzsystem würden bei dauerhaften Niedrigzinsen massiv zunehmen.

Diese fundamentalen Nebenwirkungen werden die EZB langfristig wahrscheinlich zu einer Kurskorrektur bewegen. Für sie wäre jeder Versuch, ein dauerhaftes europäisches Niedrigzinsgleichgewicht zu schaffen, ein Schritt in die internationale Isolation. Das Gleichgewicht könnte nur mit harten Kapitalverkehrskontrollen gesichert werden, da der europäische Währungsraum zunehmend in direkter Standortkonkurrenz zu anderen Wirtschaftsräumen steht. Und diese weisen dank ihrer günstigeren Demografie, ihres besseren Investitionsklimas und schließlich ihrer Aufholjagd im Wirtschaftswachstum sicherlich auf längere Sicht höhere Zinssätze auf.

Unabhängig davon, ob und wann die EZB eine Zinswende einleitet, geht bereits von der Debatte über ein europäisches Niedrigzinsgleichgewicht eine Gefahr aus: Sie suggeriert politisch Verantwortlichen, dass die notwendigen Anpassungen endlos verschoben werden können. Doch dem ist nicht so: Eine permanente Niedrigzinsphase würde die fundamentalen Defekte des gemeinsamen Währungsraums allenfalls vorübergehend überdecken, nicht jedoch dauerhaft beheben. Die Anpassungen in der Zukunft wären dann umso schmerzhafter.

KLARE HAFTUNGSREGELN BEGRENZEN ÜBERMÄSSIGE NEUVERSCHULDUNG

Die bisher skizzierten Ansätze werden das Schuldenproblem der Eurozone also nicht lösen. Eine weitere Machtkonzentration in

Brüssel wird die Fliehkräfte im Währungsraum nur verstärken, weil sie Widerstand am Rand der Eurozone herausfordert und die Konflikte unter den Euroländern weiter schürt. Auch die Hoffnung, dass sich das Schuldenproblem durch dauerhafte Niedrigzinsen von alleine löst, dürfte vergebens sein.

Unsere bisherigen Überlegungen haben gezeigt, dass sich die öffentliche *Nachfrage* nach Finanzmitteln mit immer strengeren Haushaltsregeln kaum begrenzen lässt. Staaten lassen sich einfach nicht auf Entzug setzen. Es ist zudem offenkundig, dass auch das blinde Vertrauen auf eine lang anhaltende Niedrigzinsphase, die den Preis der Verschuldung deckeln könnte, vergebens sein wird. Weil Nachfrage und Preis von Neuverschuldung zur Lösung des Schuldenproblems ausscheiden, lohnt es sich vielmehr, Ansätze weiterzuverfolgen, die das *Angebot* neuer Finanzmittel für Staaten zu begrenzen suchen. Die Neuverschuldung öffentlicher Haushalte kann am besten begrenzt werden, wenn diejenigen eingeschränkt werden, die Regierungen eine Finanzierung jenseits des gebotenen Maßes ermöglichen: die Investoren am Kapitalmarkt. Die einzige Erfolg versprechende Reform, die die Schuldenabhängigkeit wirksam begrenzt, besteht darin, die Gläubiger der Euroländer in die Pflicht zu nehmen – und damit zu mehr Haftung für ihre finanziellen Verpflichtungen zu zwingen.

Natürlich wäre es nicht ratsam, Anlegern vorzuschreiben, in welchem Umfang sie in welche Staatsanleihen investieren dürfen: Ausweichbewegungen und Kapitalflucht wären die Folgen. Auch moralische Appelle dürften ungehört verhallen – es dominiert das Renditestreben. Um Investoren davon abzuhalten, Staaten grenzenlos Kredit zu geben, muss man sie deshalb zwingen, bei Verlusten zu haften. Wenn Anleger verstehen, dass sie bei einer Staatsinsolvenz Geld verlieren, werden sie sich die Finanz- und Wirtschaftspolitik der Euroländer genauer anschauen und überlegen, ob sie überschuldete Regierungen weiter finanzieren. Sind sie nicht überzeugt, kaufen sie keine Staatsanleihen – oder verlangen höhere Zinsen, um ihr Risiko abzusichern. Das wäre die beste Vorsorge gegen eine unkontrollierbare Verschuldung der Euroländer. Die Kreditvergabe an Staaten würde sich stärker an deren tatsächlicher Rückzahlungsfähigkeit orientieren – und die aktuelle Verantwortungslosigkeit auf Gläubiger- wie Schuldnerseite hätte ein Ende. In gewisser Hinsicht schützen sie den Staat vor sich selbst und motivieren ihn, seine Mittel effizienter einzusetzen.

Der Hauptnutzen des Haftungsprinzips ergibt sich bereits vor der tatsächlichen Durchsetzung von Ansprüchen. Die verstärkte Risikovorsorge von Investoren würde die Stabilität im Finanzsystem verbessern und das Risiko verringern, dass die EZB als potenzieller *Lender of last Resort* in neue Abhängigkeiten und Zwänge geriete und erneut an den Anleihemärkten interveniert, nur um den Zusammenbruch des Euroraums zu verhindern.

So sinnvoll eine größere Haftung bei Staatsinsolvenzen ist, so schwierig ist sie umzusetzen. Denn im Sinne des Völkerrechts sind Staaten souveräne Rechtspersönlichkeiten. Sie sind nicht insolvenzfähig, weil es kein Insolvenzrecht für sie gibt. Anders als bei der Insolvenz von Unternehmen oder Haushalten können private Gläubiger bei Staatsinsolvenzen nicht einfach öffentliche Vermögenswerte konfiszieren – ganz zu schweigen davon, dass dies auch die öffentliche Ordnung gefährden würde. An eine Liquidation und Auflösung von Staaten ist – anders als bei insolventen Privatunternehmen – von vornherein nicht zu denken.

In Europa kommen noch systemische Risiken hinzu. Wie bereits erwähnt investieren die meisten Banken auf dem Kontinent überproportional in Staatsanleihen ihres Heimatlandes. Diese mangelnde Risikodiversifizierung (*Home Bias*) erhöht das Risiko, dass bei Finanzproblemen auch dessen Bankensystem zusammenbricht und damit eine wirtschaftliche Katastrophe auslöst. Geraten Banken in eine Schieflage, können sich viele Unternehmen nicht mehr refinanzieren – und das birgt die Gefahr von Ansteckungseffekten für andere Länder. Wegen dieser Angst vor dem Systemcrash sind die Eurostaaten – statt auf die Prinzipien der Währungsunion zu pochen – mit den Eurorettungsschirmen beträchtliche finanzielle Risiken eingegangen, und die EZB betreibt aus diesem Grund faktisch monetäre Staatsfinanzierung. Die Folgen sind bekannt.

Eine naheliegende Lösung wäre eine Insolvenzordnung für Staaten, ähnlich wie es sie für Unternehmen und Privatpersonen gibt. Sie könnte festlegen, wann ein Euroland als insolvent gilt, welche Gläubiger in diesem Fall auf wie viel Geld verzichten müssten und welche Verbindlichkeiten und Sektoren des Staates betroffen wären. Auf all diese Fragen[10] könnte eine Insolvenzordnung für Staaten Antworten geben. Diese würde außerdem Regeln beinhalten, auf welchen Anteil ihrer Forderungen oder Zinszahlungen die Gläubiger verzichten müssten oder wie sehr sich die Laufzeiten ihrer Anleihen verlängern würden.[11]

Eine solche Insolvenzordnung würde auch die Prozesssicherheit für Investoren erhöhen. So paradox es klingt: Auch wenn eine staatliche Insolvenzordnung für sie in erster Linie Verlustrisiken enthält, wüssten die Investoren im Insolvenzfall zumindest, welche Lasten auf sie zukämen. Sie würden sich dann auch stärker überlegen, ob sie Staaten Geld leihen sollten. Phasen längerer Unsicherheit für die Investoren wie bei Griechenlands Schuldenschnitt im Jahr 2012 gehörten dann endgültig der Vergangenheit an. Interessenkonflikte zwischen den Geldgebern könnten geordnet ausgetragen werden, wenn die Insolvenzordnung bestimmen würde, dass sich Gläubiger bei drohender Zahlungsunfähigkeit per Mehrheitsentscheid über ihre Verhandlungsposition einigen müssen. Kleine Gläubigergruppen könnten so Entscheidungen nicht länger mutwillig blockieren, um Sonderkonditionen auf Kosten der anderen Investoren auszuhandeln (Hold-out). Und auch für das Verhältnis zwischen den Staaten der Eurozone wäre eine Insolvenzordnung hilfreich, denn einzelne Länder könnten ihre Europartner im Krisenfall nicht länger mit der Drohung des Systemcrashs zu Finanzhilfen zwingen. Das Erpressungspotenzial von Staaten, die kurz vor der Insolvenz stehen, wäre dank vorab definierter Verantwortlichkeiten und Verfahrensweisen erheblich geschwächt. Doch weder weltweit noch in der Eurozone gibt es bisher eine Insolvenzordnung für Staaten. Kein Wunder: Sie würde den Spielraum für neue Schulden endlich wirksam begrenzen. Deshalb verhindern die Staaten sie aus Eigeninteresse.

Die Idee einer Insolvenzordnung für Staaten ist nicht neu. Bereits nach dem verheerenden Staatsbankrott Argentiniens im Jahr 2001 beschäftigten sich IWF und Weltbank näher mit der Idee. Dies erfolgte nicht nur, weil der Crash das Finanzsystem weltweit erschütterte, sondern auch, weil Argentiniens Staatsinsolvenz dramatisch illustrierte, wie nötig verbindliche Regeln für den Insolvenzfall sind. Einige Gläubiger machten mit der Prozessunsicherheit Kasse. Hedgefonds wie Elliot Management von Paul Singer drangsalierten 15 Jahre lang die Staatskasse: Sie kauften Argentiniens notleidende Anleihen billig auf und weigerten sich dann, bei dem Schuldenschnitt mitzuziehen, den die Regierung mit über 90 Prozent ihrer Geldgeber ausgehandelt hatte. Sie saßen die Insolvenzlage aus und pochten vor Gericht erfolgreich darauf, dass Argentinien ihnen einen höheren Anteil seiner Altschulden auszahlt als allen anderen Investoren. »Blutsauger« und »Geierfonds« nannte Argentiniens Präsidentin Cristina Fernandez de Kirchner sie dafür.[12] Weil die Weltwirtschaft nach der Staatsinsolvenz Argentiniens jedoch stark wuchs und die Zinsen fielen, verschwand das Thema Insolvenzordnung für Staaten bald wieder von der politischen Tagesordnung: Welche Regierung gesteht sich gerne ein, dass sie eines Tages ihre Rechnungen nicht mehr wird zahlen können?

Erst nach dem Ausbruch der Eurokrise belebte sich die Diskussion 2010 wieder ein wenig. So wurde im Zuge des zweiten Griechenland-Rettungspakets im Februar 2012 eine freiwillige Privatsektorbeteiligung umgesetzt. Private Anleihegläubiger verzichteten auf 53,5 Prozent des Nennwerts ausstehender griechischer Staatsanleihen, was abgezinst Verluste von bis zu 75 Prozent bedeutete und die griechische Schuldenlast um rund 107 Milliarden Euro reduzierte. Mit der Einführung sogenannter kollektiver Haftungsklauseln (*Collective Action Clauses*) in der Eurozone wurde dann 2013 ein Instrument geschaffen, durch das auch eine Umschuldung gegen den Willen einzelner Gläubiger möglich werden sollte, damit die bereits erwähnten »Geierfonds« die Euroländer bei künftigen Staatsinsolvenzen nicht in ähnlicher Weise unter Druck setzen können wie Argentinien. Diese Klauseln in den Bedingungen von Staatsanleihen ermöglichen es, dass alle Gläubiger per Mehrheitsbeschluss dazu gezwungen werden, auf Teile ihrer Forderungen zu verzichten – ein erster richtiger Schritt in Richtung Insolvenzmechanismus für Staaten. Eine umfassende Insolvenzordnung für Staaten der Eurozone ist aber – abgesehen von Verfahren für Bundesstaaten und Gemeinden in zahlreichen Ländern – noch nicht in Sicht.[13]

Die Euroländer werden sich auch kaum freiwillig unter ein Insolvenzregime stellen. Und selbst wenn sie sich dazu verpflichten, ließe sich die tatsächliche Einhaltung dieser Regeln nicht garantieren. Selbst stärkere Durchgriffsrechte von der europäischen auf die nationale Ebene würden daran nichts ändern. Ähnliches gilt für unabhängige Schiedsgerichte, wie sie manche Vorschläge für staatliche Insolvenzordnungen oft vorsehen.[14] Ein Staatsinsolvenzmechanismus der klassischen Art ist daher sicherlich gut gemeint – doch in der Realität scheitert er an den Eigeninteressen der Politik.

Eine stärkere Gläubigerbeteiligung bei Staatsinsolvenzen zu erreichen ist dennoch nicht unmöglich. Es müssen die passenden institutionellen Lösungen gefunden werden, um mögliche Turbulenzen im Finanzsystem durch untragbare Ausfälle zu vermeiden und zugleich institutionelle Anleger angemessen in die Pflicht zu nehmen.

VERTRAUEN ENTSTEHT DURCH AKTIVE INSOLVENZVORSORGE

Forderungen im Insolvenzfall gegen Staaten durchzusetzen gleicht einer Mammutaufgabe. Staaten sind als Hüter des zentralen Gewaltmonopols nicht durch andere Marktteilnehmer ersetzbar. Ihre Souveränität schützt sie mithin vor Verantwortung. Man kann sie nicht zwingen, ihre Zahlungspflichten zu erfüllen, und im Falle einer Insolvenz ihren Besitz nur bedingt pfänden. Deshalb ist eine Insolvenzordnung für Staaten nach Vorbild des Unternehmensinsolvenzrechts nicht möglich.

Das bedeutet jedoch nicht, dass es keine Möglichkeit gäbe, das Haftungsprinzip durchzusetzen. Die Verantwortung für Insolvenzen tragen nämlich immer zwei Seiten: Schuldner, die zu viel Geld ausgeben, und Gläubiger, die trotzdem weiter Kredit gewähren. Weil Staaten nicht gezwungen werden können, ihre Ausgaben zu begrenzen und ihre Verpflichtungen zu erfüllen, sollten Maßnahmen gegen die Überschuldung der Euroländer daher bei ihren Geldgebern ansetzen und bei deren Bereitschaft, die Staaten weiter zu finanzieren. Mit einem Dreischritt von Maßnahmen ließe sich die Verschuldung der Euroländer begrenzen:

- STUFE EINS: PRÄVENTION. STAATSANLEIHEN NICHT LÄNGER BEVORZUGEN. Wer allein auf die Durchsetzbarkeit von Forderungen gegenüber Staaten setzt, hat in einer Welt mit hohen politischen Risiken schon verloren. Empfehlenswert ist es vielmehr, für größere Sicherheitsreserven bei Gläubigern zu sorgen – damit diese auf den Haftungsfall vorbereitet sind. Wenn das gelingt, halten sich Investoren in der Kreditvergabe zurück und begrenzen die Neuverschuldung von Staaten von vornherein. Der wichtigste Schritt zu besserer Risikovorsorge ist, Staatsanleihen als Anlageklasse nicht länger zu privilegieren und stattdessen für Investoren riskanter zu machen. Das würde freilich bedeuten, dass viele Anleger zunächst großes

Misstrauen gegenüber hoch verschuldeten Ländern hegen würden. Für sie muss eine zweite Bedingung erfüllt sein.

- STUFE ZWEI: SIGNALLING. FREIWILLIGE SELBSTKONTROLLEN STÄRKEN VERTRAUEN. Staaten müssen die Möglichkeit haben, mit europaweit einheitlichen Instrumenten ihre Glaubwürdigkeit zu stärken und zusätzliches Vertrauenskapital bei Investoren aufzubauen. Ökonomen sprechen in diesem Zusammenhang auch von *Signalling*, das es Schuldnern ermöglicht, sich von anderen Schuldnern positiv abzugrenzen, bevor ein Schaden eintritt. Niedrigere Zinsen dank eines höheren Investorenvertrauens wären der Lohn.

- STUFE DREI: KORREKTUR. KLARE REGELN MINIMIEREN UNSICHERHEIT IM INSOLVENZFALL. Die Prävention von Überschuldung und Selbstkontrollen, die das Vertrauen der Investoren in die Staatsfinanzen stärken, dürften bereits eine wesentlich bessere Kontrolle über die Schuldenberge der Euroländer sicherstellen. Dennoch müssen für den unwahrscheinlichen Fall einer staatlichen Zahlungsunfähigkeit Verfahren festgelegt werden, die eine kontrollierte und vor allem schnelle Umschuldung ermöglichen. Diese Regeln müssen in die Staatsanleiheverträge eingearbeitet werden, damit im Schadensfalle nicht langwierige Konflikte um Altschulden den Neustart eines Eurolandes an den Finanzmärkten blockieren.

STUFE EINS: ÜBERMÄSSIGE NEUVERSCHULDUNG PRÄVENTIV VERHINDERN

Drei Maßnahmen erscheinen besonders vielversprechend, um die übermäßige Verschuldung der Euroländer bereits vorab zu verhindern: die Unterlegung von Staatsanleihen mit Eigenkapital, die Festlegung einer Großkreditobergrenze für die EZB gegenüber Staaten sowie der Einbau einer Schuldenbremse in Staatsanleihen.

Staatsanleihen mit Eigenkapital unterlegen

Als Schuldner haben Regierungen einen großen Vorteil: Sie können die Rahmenbedingungen ihrer eigenen Kreditaufnahme selbst festlegen. Aus dem Interesse der öffentlichen Haushalte an Ausgabenpolitik auf Pump sind große Privilegien für Staatsanleihen als Anlageklasse entstanden. Noch immer müssen Banken für die Staatsanleihen in ihren Büchern kein Eigenkapital vorhalten – anders als bei Unternehmensanleihen oder Krediten an den Privatsektor. Trotz zahlreicher Staatsinsolvenzen und der massiven Überschuldung der Euroländer wird weiterhin mit der Fiktion gearbeitet, dass ein Kredit an einen Staat vollkommen risikolos sei, sodass Banken keinerlei Risikovorsorge für etwaige Ausfälle von Staatsanleihen treffen müssen. Daran haben auch die umfangreichen Veränderungen in der Banken- und Finanzmarktregulierung der vergangenen Jahre nichts geändert. Eine unmittelbare Folge dieser Bevorzugung von Staatsanleihen als Anlageklasse ist, dass Banken einen unverhältnismäßig hohen Anreiz haben, in Staatspapiere zu investieren – dies befeuert die öffentliche Kreditaufnahme. Eine weitere direkte Folge ist, dass auch Banken in finanzielle Schieflage geraten, falls Staaten die Insolvenz droht, denn sie müssen keinerlei Geld vorhalten, um mögliche Ausfälle abzusichern. Diese regulatorische Bevorzugung von Staatskrediten findet sich übrigens nicht nur bei Banken, sondern auch bei Versicherungen wieder. So sind die Kapitalanforderungen für Investitionen in Staatsanleihen unter der Solvency-II-Richtlinie niedriger als bei anderen Anlagen mit vergleichbarem Rating.[15]

Die Risikoverflechtung von Banken und Staaten kann also nur dann entschärft werden, wenn die Vorzugsbehandlung von Staatsanleihen als Anlageklasse beendet wird. Wenn Finanzinvestoren verpflichtet sind, Staatsanleihen in ihren Portfolien mit Eigenkapital zu unterlegen, sind Finanzsektor und Realwirtschaft besser gegen eine staatliche Zahlungsunfähigkeit gewappnet.

Banken würden mit einem zusätzlichen Risikopuffer an Stabilität gewinnen ebenso wie das Finanzsystem insgesamt. Die Risikovorsorgepflicht für Staatsanleihen würde die Systemstabilität besonders verlässlich erhöhen, denn im Gegensatz zu Kreditausfallsversicherungen kuriert sie die Schwächen des Systems präventiv. Vor allem aber würde mit der Pflicht zur Kapitalunterlegung von Staatsanleihen in Bankportfolien die Bereitschaft und Fähigkeit von Banken gebremst, Staaten Kredit im Übermaß zu gewähren.

Ergänzen könnte man diese Maßgaben mit Anreizen zur Diversifizierung der Staatsanleiheportfolien, um die Abhängigkeit der Banken von ihrem Heimatstaat zu reduzieren. Die Höhe der Eigenkapitalanforderungen könnte sich zum Beispiel an der Höhe der Staatsverschuldung des jeweiligen Landes im Verhältnis zur Wirtschaftsleistung orientieren.[16] Denkbar wäre auch, diese Formel noch einmal um eine Zukunftskomponente zu ergänzen, die das langfristige Potenzialwachstum und die langfristigen Verbindlichkeiten der öffentlichen Sozialsysteme (die sogenannte *implizite Staatsverschuldung*) berücksichtigt. Dies würde Staatsanleihen von hoch verschuldeten Ländern weniger attraktiv machen, auch wenn sie hohe Zinsen abwerfen. Der Wettbewerb der Staaten um die Mittel der Investoren würde gestärkt und Regierungen hätten so wieder eine klare Motivation, mit solider Fiskalpolitik Anleger zu überzeugen.

Der Einwand, dass solche Anforderungen zu Kapitalflucht führen würden, dürfte sich als unbegründet erweisen. Denn erstens hat der Finanzstandort Europa eine so herausragende wirtschaftliche Bedeutung, dass Anleger nicht darauf verzichten können, in Europa zu investieren. Zweitens würde ein höheres Zinsniveau bei Staatsanleihen die Banken dafür entschädigen, dass sie diese mit Eigenkapital unterlegen müssten. Und drittens würde über die Diversifizierung auch die Systemstabilität selbst steigen.

Ein positiver Nebeneffekt der regulatorischen Gleichbehandlung von Staatsanleihen und Krediten an die Privatwirtschaft wäre, dass es sich für Banken dadurch auch eher lohnen würde,

Kredite an Privatunternehmen zu vergeben. Das kann Finanzie-
rungs- und damit Wachstumspotenziale freisetzen, die Staats-
privilegien bisher verhindert haben.

Großkreditobergrenze für die EZB gegenüber Staaten

Eine weitere, empfehlenswerte Maßnahme ist, der EZB eine
sogenannte Großkreditobergenze gegenüber Staaten aufzuerle-
gen. Großkreditobergrenzen gelten bereits heute für klassische
Geschäftsbanken in vielen Bereichen. Sie sollen sicherstellen, dass
Kreditinstitute ihre Risiken begrenzen, die aus der Gewährung
von Krediten an einzelne Kreditnehmer oder eine Gruppe ver-
bundener Kunden entstehen. Etwas Ähnliches könnte man auch
für die EZB festlegen. Sie dürfte dann nur einen gewissen Anteil
aller Staatsanleihen eines Eurolands kaufen. Analog zur Großkreditobergrenze der Geschäftsbanken, die sich am Verhältnis
zum Eigenkapital der jeweiligen Bank orientiert, wäre bei der EZB
eine Obergrenze denkbar, die sich an den jeweiligen Anteilen der
Euroländer am Eigenkapital der EZB orientiert. Dies würde eine
länderspezifische Deckelung der Anleihekäufe bedeuten, die ungefähr der Wirtschaftsleistung der Länder entsprechen würde. Diese
Beschränkung der Interventionskraft der EZB dürfte Investoren an
Staatsanleihemärkten signalisieren, dass die EZB ihrer Rolle als
Retterin des Systems zwar im Falle aller Fälle nachkommen würde,
die Interventionsbereitschaft jedoch auch Grenzen hat. Verstärkte
Vorsicht auf Seiten der Investoren wäre eine Folge – in ihrer Vergabe
von Krediten an die öffentliche Hand würden sie sich mäßigen.

Wie bereits zuvor erwähnt, gibt es schon heute EZB-interne
Maßgaben bei der quantitativen Lockerung, die in diese Richtung gehen. So hat sich beispielsweise die EZB die Obergrenze
gesetzt, nur ein Drittel einer einzelnen Emission beziehungsweise der ausstehenden Schuldtitel eines Emittenten zu erwerben. Dies ist bereits ein Schritt in die richtige Richtung. Wahr

ist aber auch, dass die derzeit existierenden Obergrenzen der quantitativen Lockerung von der EZB selbst festgesetzt wurden und damit auch von der EZB selbst angehoben werden können. Eine Großkreditobergrenze müsste daher für die EZB verbindlich festgeschrieben werden, um unverrückbar und glaubhaft zu sein.

Damit würde der EZB natürlich die Chance genommen, als potenzieller *Lender of last Resort* einzuspringen. Kritiker bemängeln, dass ohne eine Funktion als echter Retter des Systems die Gefahr groß wäre, dass es in Krisensituationen zu Marktverzerrungen käme. Dann würde nämlich nicht nur das Insolvenzrisiko eines Landes eingepreist, sondern auch das Risiko des Zerfalls der gesamten Währungsunion. Dieser Einwand mag zunächst einleuchten. Ihm entgegenzuhalten wäre jedoch, dass die EZB ihre Rolle als *Lender of last Resort* nicht ganz aufgeben, sondern allenfalls einschränken und so wiederum zu einer realistischeren Preisbildung an den Staatsanleihemärkten beitragen würde. In jedem Falle würde das Risikobewusstsein von Investoren steigen. Ihre Vorsicht einerseits und die verbliebene Interventionskraft der EZB als Retterin des Systems andererseits wären dann komplementäre Garanten neuer Systemstabilität im Euroraum.

Schuldenbremse in Staatsanleihen

Darüber hinaus ließe sich mit Änderungen in den Staatsanleiheverträgen die Neuverschuldung der Euroländer automatisch bremsen. Clemens Fuest, der Präsident des Münchner ifo Instituts, schlägt etwa eine Unterteilung in unterschiedlich besicherte Staatsanleihen vor.[17] Sobald ein Staat in seiner jährlichen Neuverschuldung einen bestimmten Schwellenwert überschreitet – beispielsweise 0,5 Prozent der Wirtschaftsleistung beim strukturellen Defizit, also der Neuverschuldung ohne konjunkturelle Einflüsse – oder eine Staatsverschuldung von mehr als 120 Prozent der Wirtschaftsleistung aufweist, dürfte er für die Zukunft nur noch nachrangige Staatsanleihen ausgeben. Diese würden im Falle einer Staatsinsolvenz erst dann bedient, wenn Gläubiger der erstrangigen Anleihen ihr Kapital zurückerhalten hätten. Folglich dürften diese nachrangigen Anleihen auch nicht für Refinanzierungsgeschäfte mit der EZB verwendet werden. Dies ist ein zusätzlicher Faktor, der es schwierig machen dürfte, sie an den Markt zu bringen. Folglich müssten diese Anleihen höher verzinst werden, um das höhere Ausfallrisiko auszugleichen. Weil sich weniger Investoren für solche Papiere interessieren, hätten die Euroländer einen klaren Anreiz, weniger Schulden zu machen, sobald ihre Haushaltspolitik bestimmte Messlatten reißt. Spätestens an dieser Stelle wäre es für Länder schwierig, Investoren zu finden, die willens und auch in der Lage wären, in diese Papiere zu investieren.

STUFE ZWEI: FREIWILLIGE SELBSTKONTROLLEN STÄRKEN INVESTORENVERTRAUEN

Die skizzierten Präventivmaßnahmen würden die Verschuldung der Euroländer bereits deutlich abbremsen. Zusätzlich sollten Staaten, deren Kreditwürdigkeit ausbaufähig ist, mit weiteren freiwilligen Maßnahmen das Investorenvertrauen stärken können. Anders als bisher würden diese freiwilligen Sparvorgaben nicht von der EU festgelegt, sondern kämen aus den jeweiligen Ländern selbst und wären damit gesellschaftlich akzeptiert. Jedes Land könnte dabei selbst entscheiden, wie weit es seinen Haushaltsspielraum zusätzlich einschränken will, und damit um weiteres Vertrauen der Investoren werben.

Haushaltsentwürfe freiwillig zur Prüfung an den ESM

Ein erstes Signal für neue Vertrauenswürdigkeit wäre es, Staaten die Möglichkeit zu geben, ihre Haushaltsentwürfe für das Folgejahr freiwillig zur Überprüfung an den Eurorettungsschirm ESM zu senden. Der ESM hätte dann die Möglichkeit, die Haushaltspläne zu begutachten und auf Unstimmigkeiten hinzuweisen. Kritiker mögen an dieser Stelle einwenden, dass der ESM nicht demokratisch legitimiert ist. Die Parlamente würden ihre Haushaltshoheit einem überstaatlichen Gremium unterwerfen, das von den Finanzministern der Mitgliedstaaten gesteuert wird. Diese Einschätzung ist jedoch aus mehreren Gründen falsch. Denn erstens wäre die Prüfung durch den ESM freiwillig. Das jeweilige nationale Parlament müsste sie mit einfacher Mehrheit beschließen. Zweitens würde diese Überprüfung nicht aus einer akuten Notlage, sondern ausschließlich aus dem freiwilligen Interesse erfolgen, haushaltspolitische Solidität zu signalisieren. Und drittens würden immer noch die nationale Regierung und das Parlament über die genaue Mittelverteilung innerhalb des Haushalts entscheiden. Sie allein hätten es in der Hand, den Haushalt so zu gestalten, dass er sowohl den Interessen der Bürger als auch den Anforderungen des ESM gerecht wird.

Die Vorteile einer freiwilligen Überprüfung der Haushaltsentwürfe wären beachtlich. Die externen Haushaltskontrollen würden nicht mehr als Fremdeinwirkung und Überwachung durch ferne Technokraten, sondern als zusätzlicher Gütetest empfunden werden, dem sich die Euroländer selbst unterziehen. Regierungen würden nicht mehr nach Möglichkeiten suchen, Schwellenwerte bloß formal zu erfüllen. Statt rein quantitativen Werten hinterherzujagen, würden sie sich veranlasst sehen, sich mit dem eigentlichen Ziel einer qualitativ besseren Haushaltspolitik auseinanderzusetzen. Länder könnten sich mit ihrem freiwilligen, proaktiven Handeln positiv von anderen Euroländern abheben. Haushaltssünder würden sich nicht mehr in die Ecke gestellt und durch Überwachung gegängelt, eingeengt oder gar gedemütigt sehen. Sie würden ihre Kraft in bessere Haushaltspolitik statt in Abwehrstrategien stecken. Im Ergebnis stünde ein produktiver Wettbewerb um die besten Ideen der

Haushaltspolitik, die auch wiederum auf andere Länder ausstrahlen könnte.

Stresstests für Staaten

Eine zusätzliche Maßnahme könnten freiwillige Stresstests für Staaten sein. Bereits heute verlangen die Aufseher von größeren Banken umfangreiche Stresstests, in denen die Widerstandsfähigkeit der Eigenkapitalbasis und des Risikoprofils in verschiedenen Krisenszenarien untersucht wird. Finanzinstitute müssen dabei die Risikoprofile ihrer Anlagen dokumentieren und ihre Gegenstrategien vorstellen. Angewendet auf Staaten, würde dieses Mittel für mehr Transparenz weit über die Prüfung der jährlichen Haushaltsentwürfe hinausgehen. Denn während Letztere nur eine Momentaufnahme des kommenden Haushaltsjahres darstellen würden, könnten Stresstests darauf abzielen, die kommenden Jahre in verschiedenen Szenarien zu analysieren. Sie wären eine logische Ergänzung zu den Mehrjahresplänen, die Finanzministerien ohnehin für eine längere Zeitspanne von in der Regel fünf Jahren aufstellen.

Bislang gibt es etwas Vergleichbares für Staaten noch nicht. Natürlich wird die fiskalische Solidität von Staaten bereits heute von Ratingagenturen untersucht. Hinzu kommen die Analysen, die große Investmentbanken für ihre Kunden am Rentenmarkt regelmäßig veröffentlichen und in denen sie die Wirtschafts- und Haushaltspolitik vieler Länder oft verlässlich und treffsicher untersuchen. Und natürlich geben auch die Regierungen von Staaten regelmäßig in Regierungserklärungen und sogenannten *Roadshows* – also Verkaufsveranstaltungen für Staatsanleihen – Auskunft darüber, wie solide und zukunftsfähig ihre Politik ist.

Umfangreiche Stresstests wären jedoch weitaus detaillierter und strenger. Im Idealfall würde ein regelmäßig durchgeführter Stresstest für Staaten anhand einer vergleichbaren Datenbasis und Methodik eine einheitliche Informationsbasis über den aktuellen Schuldenstand oder Defizite hinaus liefern: über die Zukunftstauglichkeit der öffentlichen Altersvorsorge, der Offenheit der Arbeitsmärkte, das Ausbildungsniveau, die Arbeitnehmerbeteiligung – schlichtweg über alle Einflussgrößen, die ein Land zukunftsfähig machen. Besonders von Vorteil wäre, dass alle Länder mit einer vergleichbaren Datenbasis, einer einheitlichen Methodik und unter einheitlichen Szenarioannahmen untersucht werden könnten. Derzeitige Analysen, die allein mit einzelnen Datensätzen arbeiten, können das nicht leisten. Diese Stresstests würden die üblichen Ratings und Analystenberichte daher nicht ersetzen, sondern sinnvoll ergänzen.

Die günstigeren Finanzierungsbedingungen für die Euroländer, die sich aus ihrer dokumentierten Vertrauenswürdigkeit ergäben, würden den finanziellen Aufwand dieser Untersuchungen erträglich machen. Und obwohl die Tests von den Euroländern selbst beauftragt würden und freiwillig wären, wären sie keine wirkungslosen Schönwettergutachten, denn sie würden die Haushaltspolitik der Euroländer in einem Leistungskontext bewerten. Selbst wenn sich nur Euroländer daran beteiligten, die die Tests sicher bestehen, würde das andere Länder veranlassen, mit zukunftsorientierter Wirtschafts- und Fiskalpolitik ebenfalls ein positives Signal zu senden. Staaten, die sich vor den Kontrollen drücken, würden dagegen zwangsläufig an Reputation einbüßen.

Durchführen sollten die Stresstests natürlich keine staatlichen Stellen, da es hier zwangsläufig zu Interessenkonflikten kommen würde. Vielmehr böte sich ein Konsortium internationaler Rating-Agenturen an. Denkbar ist auch die Einbindung der Bank für Internationalen Zahlungsausgleich, die sich als international unabhängige Finanzinstitution über Jahrzehnte eine hohe Reputation erarbeiten konnte und als »Zentralbank der Zentralbanken« ein starkes Interesse an nachhaltiger Haushaltsführung der teilnehmenden Staaten hätte.

Maximales Vertrauen herstellen: Transparency Bonds

Noch einen Schritt weiter geht unser Vorschlag, innerhalb der Eurozone eine neue Anlageklasse zu schaffen: sogenannte *Transparency Bonds* (Transparenzanleihen). Sie wären eine Art Gütesiegel für Staaten, die vollständige Transparenz über ihre öffentlichen Finanzen herstellen – einschließlich langfristiger Prognosen.

Im Gegensatz zur Überprüfung der Haushaltsentwürfe und unabhängigen Stresstests würden *Transparency Bonds* einen vollständigen Regimewechsel bedeuten. Damit würden sich Regierungen nämlich erstmals verpflichten, vollständig ihre Bücher zu öffnen, statt wie bisher nur bestimmte Daten zur Verfügung zu stellen (Push-Verfahren). Externe Prüfer hätten vollständigen und uneingeschränkten Zugang zu den Haushaltsdaten der Euroländer und könnten diese eigenverantwortlich prüfen (Pull-Verfahren). Die Nachhaltigkeit der Staatsfinanzen würde durch eine Art parallele Rechnungsprüfung extern zertifiziert.

Um Interessenkonflikte zu vermeiden, sollte die Prüfung der Haushalte von mindestens zwei Prüfern vorgenommen werden. Sie sollte zudem jährlich stattfinden. Das würde den Anreiz für Regierungen erhöhen, die Haushaltstransparenz auch über Legislaturperioden hinweg aufrechtzuerhalten. Im Idealfall würde das Gütesiegel der *Transparency Bonds* vom internationalen Derivateverband (ISDA) vergeben. Die ISDA veröffentlicht regelmäßig Rahmenverträge für Derivate, die weltweit große Verbreitung gefunden haben und daher einen gewissen Marktstandard darstellen. Im Falle einer finanziellen Notlage eines Landes bestimmt dieser Verband deshalb auch, ob für die den ISDA-Standards entsprechenden Derivateverträge ein Kreditereignis (etwa ein Zahlungsausfall) oder eine staatliche Insolvenz vorliegt und ob folglich die dem ISDA-Standard entsprechenden Kreditausfallversicherungen ausgezahlt werden. Der

Verband hätte daher ein nachhaltiges Interesse daran, dass keine Gefälligkeitsgutachten ausgestellt werden. Die Staaten sollten für diese Prüfung auch die vollen Kosten übernehmen. Ganz so wie bei den Stresstests würden sich auch diese Kosten aus der Zinsersparnis finanzieren lassen, die sich aus dem gestärkten Vertrauen der Investoren ergibt.

Im Grunde würde es sich bei unseren Vorschlägen um eine Privatisierung der bestehenden Brüsseler Überwachung der nationalen Haushaltspolitik handeln, die erwiesenermaßen nicht funktioniert und als nicht reformierbar gilt. Trotz der strengeren Kontrolle gestehen die skizzierten Maßnahmen den Euroländern maximale Flexibilität in der Haushaltsführung zu. Sie zielen lediglich darauf ab, ihre Neuverschuldung auf ein Maß zu verringern, das Investoren als nachhaltig bewerten. Hoch verschuldete Staaten wie Griechenland und Portugal hätten einen größeren Anreiz als finanzstarke Euroländer wie Deutschland, zusätzliches Vertrauen aufzubauen. Dies muss nicht auf Haushaltskürzungen oder »Kaputtsparen« hinauslaufen. Investoren würden mit einem erhöhten Risikoverständnis künftig lediglich jene Euroländer belohnen, bei denen Chancen und Risiken in angemessenem Verhältnis stehen. Insbesondere für volkswirtschaftlich sinnvolle (und damit auch den Staatsfinanzen zuträgliche) Investitionen in Bildung oder Infrastruktur würden sich weiterhin Geldgeber finden. Reformdebatten würden auf diese Weise konstruktiver. Sie würden wieder geführt, ohne dass Politiker ständig mit dem Finger nach Brüssel zeigen und die anderen Europartner zum Sündenbock für ihre eigenen Probleme machen könnten.

Natürlich bleibt trotz alledem ein Restrisiko, dass sich Politiker unvernünftig und verantwortungslos verhalten und das Schuldenproblem der Eurozone eskaliert. Deshalb sind in einer dritten Stufe Korrekturmaßnahmen für den Ernstfall notwendig.

STUFE DREI: KONTROLLIERTE UMSCHULDUNG IM INSOLVENZFALL

Sollten sich hoch verschuldete Euroländer nicht zu freiwilligen vertrauensbildenden Maßnahmen auf der zweiten Stufe entschließen, könnten erneut Zweifel an ihrer langfristigen Zahlungsfähigkeit entstehen. Der Euroraum stünde dann erneut vor dem gefürchteten Systemcrash: Drohende Staatsinsolvenzen würden Bankenkrisen auslösen, die die Wirtschaft lähmen und eine Abwärtsspirale in Gang setzen. Um den Teufelskreis zu durchbrechen, bedarf es dann einer Korrektur. Damit nicht wieder die EZB eingreifen muss, ist eine kontrollierte Umschuldung nötig, die keine Massenpanik an den Finanzmärkten auslöst. Auch hier sind verschiedene Maßnahmen denkbar.

Automatische Verlängerung der Laufzeiten

Ein erster Vorschlag wird derzeit von der *Bundesbank* aktiv beworben: Die Laufzeiten bestehender Anleihen verlängern sich automatisch um drei Jahre, sobald ein Euroland in eine finanzielle Notlage gerät.[18] Die Schuldentilgung würde damit in die Zukunft verschoben. Die Idee läuft im Ergebnis auf eine Art verdeckten Schuldenschnitts hinaus. Gegenüber einer unkontrollierten Staatspleite, in die ein Euroland heute bei Zahlungsfähigkeit automatisch schlittert, weil es keinen Abwicklungsmechanismus gibt, hätte sie drei entscheidende Vorteile. Erstens würde eine automatische Laufzeitverlängerung einem verschuldeten Euroland Gelegenheit geben, seine kurzfristige Liquidität zu sichern und zugleich langfristige Reformen anzustoßen. Bei den bisherigen Schuldenkrisen in der Eurozone war oft nicht eindeutig, ob ein Land nur in einem vorübergehenden Liquiditätsengpass steckt oder ein grundsätzliches Solvenzproblem hat. Daraus folgt, dass sich zweitens eine Verzögerungstaktik einzelner

Euroländer nicht länger lohnen würde. Die bisherigen Rettungsaktionen haben gezeigt, dass sich aus der Unsicherheit darüber,
ob ein Liquiditäts- oder Solvenzproblem vorliegt, schwerwiegende Folgen ergeben können. So können schon Finanzhilfen
gegen kurzfristige Liquiditätsengpässe dafür sorgen, dass der
Sparkurs weiter verschleppt wird und das Land dadurch in ein
echtes Solvenzproblem gerät. Im Gezerre um die ursprüngliche
Brückenfinanzierung geht wichtige Zeit verloren, sodass Euroländer, die mit Finanzhilfen gerettet wurden, dann erst recht
in Zahlungsschwierigkeiten geraten. Mit einer automatischen
Laufzeitverlängerung würden kurzfristig automatisch die richtigen Prioritäten gesetzt. Drittens bliebe trotzdem die Haftung
erhalten. Ein weiterer Vorteil der automatischen Laufzeitverlängerung wäre, dass Gläubiger weiterhin Verantwortung für ihre
Investitionen tragen müssten, also nicht durch Hilfsgelder entschädigt werden. Mögliche Finanzhilfen des ESM würden dann
nur noch die Liquidität des Landes sicherstellen – nicht jedoch
dessen Solvenz. Die Gefahr, dass Rettungspakete von kriselnden
Euroländern als Freifahrtschein für ein »Weiter-so« verstanden
würden, bestünde damit nicht länger. Der Zahlungsaufschub von
drei Jahren wäre ein Warnschuss, den niemand am Finanzmarkt
überhören könnte.

Auslöser der automatischen Laufzeitverlängerung der Anleihen soll laut Bundesbank ein Hilfsantrag des Eurolands beim
Rettungsschirm ESM sein. Doch dieser Schritt erfordert große
innenpolitische Überwindung. Aus Angst vor einem Gesichtsverlust benötigte die spanische Regierung fast ein Jahr dazu. Ein
offizieller Hilfsantrag beim ESM sollte daher nicht obligatorisch
sein, um die Laufzeitverlängerung auszulösen. Denkbar wäre
stattdessen, dass Länder sich freiwillig dazu entschließen und die
dreijährige Gnadenfrist nutzen, um einen Haushaltsüberschuss
zu erwirtschaften, der ein neues Vertrauenssignal an die Märkte
sendet. Auch bei einer Intervention des ESM wäre gewährleistet,
dass die Mittel des Fonds weitaus effizienter als heute eingesetzt

würden, und zwar nur noch für die Finanzierung laufender Ausgaben und Anpassungsprogramme, nicht jedoch für die Rückzahlung von Schulden. Nicht zuletzt würde dies auch die politische Akzeptanz des Hilfsprogramms erhöhen.

Pflichtwandelanleihen: Umschuldung gegen zusätzliche Sicherheiten bei Solvenzproblemen

Im Falle eines schwerwiegenden Solvenzproblems wäre eine kontrollierte Umschuldung eine weitere Option. Dabei ist in der Regel
nicht der Forderungsverzicht problematisch: Auf Ansprüche zu
verzichten ist für Investoren zwar ärgerlich, aber verkraftbar. Viel
schwerer wiegt die Unsicherheit, ob nach einem Forderungsverzicht wenigstens die Restschuld über neu ausgegebene Anleihen
tatsächlich auch beglichen wird. Diese Unsicherheit könnte zer-
streut werden, wenn Euroländer einen Teil ihrer Staatsanleihen
mit Eigenmitteln besichern müssten. Investoren erhielten dann
im Insolvenzfall automatisch ein Durchgriffsrecht für einzelne
Vermögenswerte des Staates: Er verpfändet ihnen für den Insolvenzfall einen Teil seines Eigentums. Neben der bereits diskutierten Unterteilung von Staatsanleihen in nachrangig und vorrangig
zu bedienende Papiere, die als präventive Maßnahme eine Überschuldung verhindern soll, bietet sich daher eine weitere Abstu-
fung in unterschiedlich besicherte Tranchen zur Korrektur im
Insolvenzfall an:

- Sogenannte SENIOR-ANLEIHEN könnten zusätzlich abgesichert
  sein, indem sie Gläubigern für den Fall einer Zahlungsunfähigkeit verpfändetes Staatseigentum überschreiben. Sie wären
  im Grunde also Staatsanleihen mit Kapitalschutzversiche-
  rung. Geldgeber hätten mit diesen Papieren beispielsweise
  einen Anspruch auf künftige Privatisierungserlöse eines
  Landes oder Mittelzuflüsse aus EU-Strukturfondsmitteln.

Selbst die Verpfändung künftiger Steuereinnahmen in einer
Zweckgesellschaft ist denkbar.[19] Goldreserven der nationalen
Zentralbanken sollten indes nicht verpfändet werden, weil
diese in Krisenzeiten enormen Kursschwankungen unterliegen können.[20] Um das Vertrauen von Investoren zu stärken,
müssten die Anleihen auch nicht vollständig mit staatlichen
Sicherheiten gedeckt sein, denn Staatsanleihen fallen wegen
permanenter Mittelzuflüsse des Staates über Steuereinnahmen nie vollständig aus. Daher würde es ausreichen, nur den
Teil der Forderung abzusichern, der im Insolvenzfall wahrscheinlich nicht mehr bedient werden könnte, also ungefähr
die ersten 20 Prozent der Gesamtanleihe. Mit begrenzten Ressourcen ließe sich so ein großer Vertrauenseffekt bei Investoren erzielen.

• JUNIOR-ANLEIHEN wären hingegen unbesicherte, nachrangige
Anleihen, die im Falle einer Staatsinsolvenz vollständig oder
zu einem großen Teil abgeschrieben werden müssten. Sie
könnten auch nicht für Refinanzierungsgeschäfte mit der
EZB verwendet werden. Denkbar wäre auch, die Zinsen, die
sie abwerfen, an die Entwicklung der Wirtschaftsleistung und
Wachstumsperspektiven des Landes zu koppeln (sogenannte
BIP-indexierte Anleihen).

In welchem Verhältnis Bestandsanleihen in die neuen Senior-
und Junior-Tranchen getauscht und bei welchen Schuldenwer-
ten Staaten ihr verpfändetes Eigentum überschreiben müssten,
könnte jeder Staat individuell mit seinen Gläubigern verhandeln.
Alternativ könnten die Euroländer dies gemeinsam über strikte
Vorgaben in den Staatsanleiheverträgen definieren. Gläubiger
könnten somit ihr Kapital mit einem gewissen Abschlag in
Anleihen mit einer höheren Sicherheit umtauschen. Während
der Umschuldung könnte der ESM kurzfristige Liquiditätshilfe
leisten.

Schuldentilgung über Notenbankgewinne

Falls die automatische Verlängerung von Laufzeiten und die Einführung von mit Staatseigentum besicherten Pflichtwandelanleihen sich politisch nicht durchsetzen lassen sollten, bliebe noch eine äußerste Möglichkeit, um zu verhindern, dass die EZB erneut als Staatsfinanzierer der Euroländer auftreten muss. Die Gewinne, die jährlich innerhalb der Währungsunion über die Schöpfung von Zentralbankgeld entstehen (sogenannte Seignioragegewinne) könnten für die Tilgung der Schulden eingesetzt werden.

Besonders vielsprechend erscheint ein Vorschlag des französischen Ökonomen Charles Wyplosz aus dem Jahr 2014, der bislang kaum Beachtung gefunden hat:[21] Denkbar wäre die Einrichtung einer Zweckgesellschaft, die im Falle einer finanziellen Notlage *und* mangelnder Kooperationswilligkeit eines Eurolandes Investoren anbietet, einen Teil der Staatsanleihen mit einem Abschlag aufzukaufen. Diese Anleihen würden dann in niedrig verzinste Papiere mit unbegrenzter Laufzeit (sogenannte *Perpetuities*) gewandelt. Die Zweckgesellschaft würde die Ankäufe mit eigenen Anleihen finanzieren, die wiederum über verbriefte künftige Gewinne der nationalen Notenbank des Eurolandes getilgt würden, dessen Schulden die Zweckgesellschaft gekauft hat. Die Notenbankgewinne überschuldeter Eurostaaten könnten dann nicht mehr in den nationalen Haushalten versickern, sondern müssten zwingend allein zur Schuldentilgung genutzt werden.

Allerdings birgt diese Lösung ein hohes Risiko für Fehlanreize: Haben sich Regierungen einmal bequem mithilfe ihrer nationalen Notenbank entschuldet, könnten sie schnell in Versuchung geraten, es wieder und wieder zu tun. Künftige Notenbankgewinne können jedoch nur einmal verpfändet werden. Wyplosz schlägt deshalb vor, dass im Falle einer erneuten Überschuldung, die eine vorab festgelegte Grenze übersteigt, ein besonderer Automatismus greift: Würde ein Land unerlaubt neue Anleihen begeben, würde aus der Zweckgesellschaft ebenjener Betrag, um den das Land sich neu verschulden würde, wieder am Sekundärmarkt verkauft. Daraus folgt, dass für jeden Euro Neuverschuldung jenseits des erlaubten Maßes Anleihen im Wert von 2 Euro wieder dem Markt zugeführt würden. Daraus würde ein Überangebot an Anleihen resultieren, was es Anleger wiederum weniger attraktiv machen würde, in diese Papiere zu investieren. Alternativ würden sie einen höheren Zins verlangen. In jedem Falle würde dies die Möglichkeiten von Staaten zur erneuten Überschuldung eingrenzen – und zwar lange bevor die Staatsverschuldung wieder eine Höhe erreichen würde, die eine erneute Rettung aus Gründen der Systemstabilität erforderlich machen würde.

PERSPEKTIVE: SOLIDITÄT UND VERTRAUEN

Dieses Kapitel hat zahlreiche Ideen dafür präsentiert, wie eine künftige Überschuldung in Europa mit einer stärkeren Haftung von Staaten und Investoren begrenzt werden könnte. Einige mögen aus heutiger Sicht wie ferne Zukunftsmusik klingen. Sie zeigen jedoch, welche Quantensprünge für den Euroraum schon heute möglich sind – wenn der politische Wille vorhanden ist.

Die meisten Ideen lassen sich ohne größeren Aufwand umsetzen. Lückenlos implementiert, wären sie eine wirksame Vorkehrung dafür, dass die Staatsverschuldung in Europa nicht mehr aus dem Ruder läuft. Maßgebend wären dabei nicht allein die verantwortungsvollere Haushaltspolitik der Euroländer, sondern vielmehr vorsichtig wirtschaftende Investoren, die mit ihrer Risikovorsorge die Neuverschuldung ohne zentrale Steuerung begrenzen würden. Natürlich sind auch Anleger nicht allwissend. Nicht selten erliegen sie Unvernunft und Gier. Sie versagen auch manchmal bei der Vorhersage von Risiken, wie die US-Immobilienkrise und die Frühphase der Eurokrise eindrucksvoll gezeigt haben. Eine stärkere Haftung der Investoren für Verluste ist daher unverzichtbar: Sie mahnt zur Vorsicht und mindert zugleich potenzielle Schäden.

Verantwortlich handelnde Investoren würden wiederum die Regierungen umso mehr dazu veranlassen, eine solide Haushaltspolitik zu betreiben. Und nicht nur das: Weil eine solide Haushaltspolitik nicht nur von Ausgabedisziplin, sondern auch von Steuereinnahmen und Wachstum abhängt, dürfte sich die Politik zu konsequenteren Reformen veranlasst sehen. Dies stärkt Wachstum und Investorenvertrauen einmal mehr.

Wenn die Verschuldung der Euroländer mit den skizzierten Ideen erst präventiv begrenzt und im zweiten Schritt mit freiwilligen Selbstkontrollen aktiv überwacht wird, ist auf der dritten Stufe eine radikale Korrektur der Schuldenstände durch Abwicklungsmechanismen im Insolvenzfall womöglich gar nicht nötig. Allerdings kann dieser Dreischritt gegen ausufernde öffentliche Verschuldung nur funktionieren, wenn auch wirklich klare Regeln für den Staatsbankrott geschaffen werden – als ultimative Drohung, dass es Staaten künftig mit der Haftung von Investoren auch wirklich ernst meinen.

Erst dann gilt das in den europäischen Verträgen angelegte Verbot gegenseitiger Haftungsübernahme wieder ohne Wenn und Aber, und die EZB läuft nicht länger Gefahr, im Krisenfall als letzter Geldgeber der Euroländer einspringen und dabei die Grenze zur Staatsfinanzierung überschreiten zu müssen. Frei von möglichen Zwängen, als *Lender of last Resort* Staaten zu finanzieren, könnte sie sich allein ihrem Mandat der Preisstabilität widmen und es ohne Zielkonflikte verwirklichen. In einem dezentralen Staatengebilde wie der Eurozone kann letztlich allein die dezentrale Haftung der Gläubiger erneuten Schuldenexzessen der öffentlichen Hand vorbeugen. So lässt sich verhindern, dass Banken durch die Schuldenkrisen von Staaten in Existenznot geraten und das gesamte Finanzsystem in Gefahr bringen. Nur dann sind überhastete und letztlich fehlgestaltete Rettungsaktionen für Euroländer nicht länger nötig. Nur wenn Investoren wissen, dass sie im Insolvenzfall Geld verlieren, werden sie Risiken verschiedener Staatsanleihen realistisch einpreisen. Die Banken hätten dann ein echtes Interesse, ihre Investments innerhalb des Euroraums zu diversifizieren. Sie wären nicht länger auf Gedeih und Verderb an die Haushaltspolitik ihrer Heimatländer gekettet.

Die Rückbesinnung auf das Haftungsprinzip und die klare Zuweisung von Verlusten bei Staatsinsolvenzen der Euroländer würde auch den Rettungsschirm ESM entlasten – und damit eine mögliche Umverteilung von finanziellen Risiken zwischen hoch verschuldeten und solide finanzierten Ländern im Euroraum beenden. Der ESM würde – ganz so wie ursprünglich geplant – nur noch vorübergehend Liquiditätshilfen leisten, während die Verluste für tief sitzende Solvenzkrisen von den Investoren getragen werden. Die geringere Belastung des ESM würde zudem auch die Interessenkonflikte zwischen den Finanzministern Europas begrenzen. Schließlich wäre damit auch die Debatte über eine mögliche Ausweitung der Haftungsgrenzen schlagartig beendet. So könnte der ESM von einem permanenten Zankapfel der Finanzminister zu einem echten Stabilitätsanker in der Eurozone werden.

Nicht nur für die Euroländer, sondern vor allem für Banken und Versicherer als Hauptgläubiger von Staaten würden die skizzierten Vorschläge einen Paradigmenwechsel bedeuten: Statt wie bisher Rettungspakete von Steuerzahlern finanziert zu bekommen, müssten sie bei Staatsinsolvenzen von Euroländern künftig mit Verlusten rechnen. Daher müssen sie behutsam und schrittweise auf aktivere Risikovorsorge vorbereitet werden. Wie das gelingen kann und welche Finanzmarktregulierung dafür nötig wäre, soll das nächste Kapitel zeigen.

7
HÖHERE FINANZSTABILITÄT DURCH BESSERE BANKENREGULIERUNG

Eine bessere europäische Währungsunion benötigt nicht nur eine Zentralbank, die in Transparenz und Effizienz Maßstäbe setzt, und ein neues Bekenntnis zum Haftungsprinzip in der Staatsfinanzierung. Sie braucht auch eine wirksame Bankenregulierung. Diese muss dafür sorgen, dass Institute im Fall einer Staatsinsolvenz zwar für ihre Verluste haften, aber dadurch nicht das gesamte Finanzsystem in Schieflage gerät und eine wirtschaftliche Katastrophe auslöst.

In der Eurokrise war diese Verflechtung zwischen den Staatsfinanzen und dem Bankensektor der Euroländer ein bedeutender Grund, warum die EZB eingegriffen hat, um die Stabilität des Finanzsystems zu retten. Damit die Eurozone ohne derartige Eingriffe der EZB krisenfest wird, müssen im Zusammenhang mit der Bankenregulierung drei Ziele erreicht werden: Erstens müssen die Risiken von Banken und Staaten entflochten werden, damit sie sich nicht länger gegenseitig in Gefahr bringen und mit einer drohenden Insolvenz die gesamte Wirtschaft eines Landes lähmen können. Zweitens müssen die Banken wirksamer auf eine Insolvenz vorbereitet und davon abgehalten werden, zu hohe Klumpenrisiken einzugehen. Und drittens müssen die Finanzinstitute besser beaufsichtigt werden. Drohende Schieflagen müssen frühzeitig erkannt werden, um im Krisenfall zügig reagieren zu können. Eine bessere Bankenregulierung ist der dritte Baustein für eine krisenfeste Eurozone.

DAS SCHICKSAL VON BANKEN UND STAATEN IST VERKETTET

Wie in Kapitel 5 bereits dargestellt, sind Banken und Staaten in der Eurozone bis heute auf das Engste miteinander verbunden. Die Finanzinstitute sind in der Regel die wichtigsten Gläubiger ihrer Heimatländer. Dieser sogenannte *Home Bias* führt dazu, dass die Finanzprobleme eines Eurolandes seinen Bankensektor in Gefahr bringen: Bei einer drohenden Staatspleite müssen Banken Verluste auf die Staatsanleihen in ihren Büchern abschreiben, die sie schlimmstenfalls in den Ruin treiben können. Zudem können Banken bei einer drohenden Staatspleite die Staatsanleihen ihres Heimatlandes nicht mehr als Sicherheiten für Refinanzierungsgeschäfte bei der EZB hinterlegen. Sie bekommen kaum noch frisches Geld. Die Stabilität des gesamten Finanzsystems ist dadurch massiv bedroht.

Diese Lähmung des Finanzsektors zieht in der Folge die Wirtschaft des betroffenen Eurolandes mit in den Abgrund: Die Banken vergeben nur noch eingeschränkt Kredite, die Zinsen für Firmen und Privathaushalte explodieren. Auch strukturell gesunde Unternehmen geraten in Zahlungsschwierigkeiten, was wiederum zu Ausfällen bei deren Lieferanten und Dienstleistern führt. Diesen fehlt dann ihrerseits Liquidität. Bürger und Unternehmen halten deshalb ihr Geld zusammen und verschieben Investitionen so weit wie möglich in die Zukunft, um wenigstens ihre unabweisbaren finanziellen Verpflichtungen erfüllen zu können. Der Blutkreislauf der Wirtschaft gerät also ins Stocken, und das würgt die Konjunktur ab. Dadurch sinken die Steuereinnahmen, es steigen die Kreditausfälle. Die Finanzprobleme des Staates und des Bankensektors verstärken sich gegenseitig und übertragen sich auf die gesamte Volkswirtschaft. Schlimmstenfalls führt die Unsicherheit zur Panik in Form eines *Bank Run*, also eines Ansturms der Sparer auf die Banken und zum Abzug großer Geldbeträge aus dem Bankensystem.

Die wechselseitige Abhängigkeit von Staaten und Banken in der Eurozone besteht aber auch in die umgekehrte Richtung. Bankeninsolvenzen können den Staatshaushalt überlasten und zu einer Schuldenkrise führen. Die meisten Euroländer sind nämlich faktisch gezwungen, ihre Banken notfalls mit Steuergeld zu retten: Diese sind zu groß, um sie scheitern zu lassen (*too big to fail*). Ihre Pleite könnte eine Kettenreaktion auslösen, weitere Banken in Mitleidenschaft ziehen und die Realwirtschaft zusammenbrechen lassen. Nicht nur in der Finanzkrise hat sich das gezeigt. 2008, nach der Pleite der US-Investmentbank Lehman Brothers, haben so gut wie alle Regierungen Europas Rettungsfonds für ihre Banken aufgelegt und sich dafür teilweise massiv verschuldet. In der anschließenden Eurokrise gerieten selbst Länder mit vergleichsweise soliden Staatsfinanzen wegen der Rettung ihrer Banken in Pleitegefahr. Spanien und Irland galten einst als finanzpolitische Musterschüler – bis sie gezwungen waren, ihren Finanzsektor zu stützen. In Irland hatten sich Großbanken mit Investments am US-Immobilienmarkt massiv verspekuliert und mussten mit Finanzspritzen der Regierung gestützt werden. Die geriet dadurch so sehr in Finanznöte, dass sie 2010 selbst ein Rettungspaket über 85 Milliarden Euro von den anderen Euroländern beantragen musste. Auch in Spanien saßen zahllose Sparkassen und Banken nach einem jahrelangen Bauboom auf einem Berg von wertlosen Krediten. Die spanische Regierung musste deshalb 2012 unter den europäischen Rettungsschirm schlüpfen und einen Kreditrahmen von 100 Milliarden Euro beantragen – nicht für seinen Staatshaushalt, sondern ausschließlich zur Bankenrettung.

In allen Staaten, die Finanzhilfen aus europäischen Hilfsfonds erhielten, standen die Finanzierungsprobleme des Staates im Zusammenhang mit Finanzierungsproblemen von Banken – in Irland, Spanien und Zypern sogar überwiegend. Bis Ende 2014 wurden dabei Gelder aus den europäischen Hilfsfonds, die für Bankenstabilisierung vorgesehen waren, stets nur an die jeweiligen Staaten ausgereicht, die das Geld dann zweckgebunden für eine Kapitalstärkung der Banken einsetzten. Die Staaten mussten jedoch als Schuldner gegenüber EFSF beziehungsweise ESM für die Rückzahlung dieser Darlehen einstehen; Verluste aus der Bankenrettung belasteten daher weiterhin die Staatshaushalte dieser Länder. Folglich waren diese Staaten aus Sicht der Investoren weniger kreditwürdig: Die Verflechtung zwischen Staatsfinanzen und Bankbilanzen wurde nicht aufgelöst.

Um die finanzielle Abhängigkeit zwischen Staaten und Banken zu reduzieren, beschloss der Europäische Rat daher am 28. Juni 2012, dass der ESM auch über die Möglichkeit verfügen sollte, Banken direkt zu rekapitalisieren. Bedingung dafür war – vor allem auf Betreiben Deutschlands –, dass die europäischen Banken dann wenigstens auch einer europäischen Bankenaufsicht unterliegen. Die europäische Bankenaufsicht und die Möglichkeit der Bankenrekapitalisierung durch den ESM kam schließlich Ende 2014. Das war die Geburtsstunde der Bankenunion.

Dieser erste Schritt zur Entflechtung von Staaten und Banken reicht aber bei Weitem nicht aus. Eine direkte Bankenrekapitalisierung durch den ESM löst nicht das Problem, dass einige Banken zu viele oder zu billige Kredite an Staaten vergeben. Schlimmer noch: Die Existenz eines so großen Rettungstopfes wie des ESM kann Banken sogar dazu animieren, noch höhere Summen an Staaten zu verleihen: Im Bedarfsfall steht ja der denkbar stärkste Retter bereit. Zwar versucht der ESM, diese Fehlanreize durch strenge Bedingungen zu beseitigen. Die Krise hat aber immer wieder gezeigt, dass solche Bedingungen auf lange Sicht stets weiter aufgeweicht werden. Deshalb muss jede wirksame Lösung des Staaten-Banken-Nexus darauf abzielen, die Banken zu einer verantwortungsvolleren Kreditvergabe gegenüber Staaten und auch sonst zu einer besseren Kontrolle ihrer Risiken zu bewegen.

DIE BANKENUNION BLEIBT UNVOLLENDET

Die Entstehung der 2014 geformten Bankenunion hatte zwar, wie gerade geschildert, weniger mit der Einsicht zu tun, dass Aufsicht und Abwicklung von Banken effektiver auf europäischer Ebene in einer Hand konzentriert sein sollten. Vielmehr waren handfeste Eigeninteressen der Euroländer entscheidend – vor allem die Frage, wie einfach oder beschwerlich es sein sollte, an ESM-Mittel für Banken zu kommen, falls diese in eine Schieflage geraten. Doch trotz ihrer Entstehungsgeschichte war die 2014 geformte Bankenunion eine Neuerung und Verbesserung europäischer Institutionen – wenn auch noch unvollendet.

Die gemeinsame Bankenaufsicht ist zersplittert

Seit dem 4. November 2014 besteht für die Banken im Euroraum der einheitliche Aufsichtsmechanismus (*Single Supervisory Mechanism*, SSM). Dieser Verbund aus EZB und den nationalen Aufsichtsbehörden überwacht arbeitsteilig alle Banken, die Einlagen von Kunden entgegennehmen und Kredite vergeben.[1] Die EZB hat jedoch das Heft in der Hand: In ihre alleinige Zuständigkeit fallen alle bedeutenden Bankkonzerne, deren Bilanzsumme mindestens 30 Milliarden Euro beträgt oder 20 Prozent der Wirtschaftsleistung des Herkunftslandes übersteigt. Unabhängig von Größe oder Komplexität überwacht die EZB zudem die drei größten Kreditinstitute eines jeden Eurolandes direkt. Gemessen an der Bilanzsumme beobachtet die EZB damit rund 80 Prozent des europäischen Bankensektors. Sie muss für diese Institute alle relevanten Entscheidungen treffen, beispielsweise Prüfungen vornehmen, Kapitalzuschläge verhängen oder Vorstandsmitglieder zulassen, ablehnen oder abberufen. In der Praxis bedient sich die EZB bei diesen Aufgaben in großem Umfang der Ressourcen der nationalen Aufsichtsbehörden. Entscheiden dürfen diese bei den bedeutenden Instituten aber nichts.

Die kleineren Bankengruppen im Euroraum werden weiterhin von den nationalen Aufsichtsbehörden überwacht. Doch auch in diesem Bereich kommt der EZB erheblicher Einfluss zu: Zum einen kann sie den nationalen Aufsichtsbehörden allgemeine Vorgaben machen, zum anderen kann sie jederzeit und ohne Begründung Aufsichtsbefugnisse an sich ziehen. Als Organ der Europäischen Union kann die EZB bindende Rechtsakte erlassen. Die EZB hat zwar gegenüber den nationalen Aufsichtsbehörden sehr weit reichende Befugnisse, selbst bei der Beaufsichtigung weniger bedeutender Institute. Allerdings ist die Bankaufsicht der EZB mit Vertretern nationaler Aufsichtsbehörden besetzt, sodass nicht damit zu rechnen ist, dass die EZB von ihren Rechten exzessiv Gebrauch machen wird.

Innerhalb der EZB ist der EZB-Rat dafür zuständig, Maßnahmen der Aufsicht gegenüber Banken zu beschließen. Die Entscheidungsträger im Bereich der Bankenaufsicht sind innerhalb der EZB also dieselben Personen wie die für die Geldpolitik verantwortlichen Personen. Ein gesondertes Aufsichtsgremium innerhalb der EZB bereitet Beschlussvorlagen für den EZB-Rat vor. Vorlagen gelten normalerweise als beschlossen, sofern der EZB-Rat nicht widerspricht. Daher dürfte in der täglichen Aufsichtsroutine das Aufsichtsgremium die entscheidende Rolle spielen, wohingegen sich in allen brisanten Fällen der EZB-Rat das letzte Wort vorbehalten wird.[2]

Der Bankenabwicklungsmechanismus bleibt zahnlos

Als zweite Säule der Bankenunion wurde im August 2014 der einheitliche Abwicklungsmechanismus geschaffen. Dieser ist im Notfall für die Abwicklung der Banken zuständig, die direkt von der EZB beaufsichtigt werden:[3] Den Regelungsrahmen für die einheitliche Abwicklung von Banken bildete die Bankensanierungs- und -abwicklungsrichtlinie (BRRD), die seit Mitte 2014 EU-weit gilt. Sie schreibt vor, dass es in jedem EU-Mitgliedsland eine Abwicklungsbehörde geben muss, die von der Bankenaufsicht organisatorisch getrennt ist und zwei Kernaufgaben erledigt:

1. ABWICKLUNGSPLANUNG: Die Behörde kann von einer Bank präventiv verlangen, dass sie Hindernisse für eine mögliche Abwicklung im Krisenfall aus dem Weg räumt – etwa die Auslagerung einer bestimmten systemrelevanten Funktion in eine eigene Tochtergesellschaft oder die Begrenzung bestimmter Geschäftsaktivitäten.

2. ABWICKLUNG: Wenn eine Bankinsolvenz droht, darf die Abwicklungsbehörde eine Reihe von Maßnahmen anordnen. Dies gilt insbesondere dann, wenn die Krise absehbar nicht durch eigene Maßnahmen der Bank oder durch den Privatsektor gelöst werden kann (zum Beispiel per Übernahme durch Wettbewerber) und wenn ein öffentliches Interesse an der Abwicklung besteht, weil ein lang andauerndes Insolvenzverfahren die Stabilität des Finanzsystems gefährden würde.[4] Die nationale Bankaufsichtsbehörde kann vor allem einen sogenannten *Bail-in* anordnen, mit dem die Geldgeber einer Bank zwangsweise zu Anteilseignern gemacht und so zur Haftung für Verluste herangezogen werden. Unter der Bedingung, dass zuvor bereits mindestens 8 Prozent der Verbindlichkeiten der Bank in Eigenkapital umgewandelt wurden, darf die Bank dann aus einem speziellen Abwicklungsfonds rekapitalisiert werden, der sich aus Beiträgen speist, die die Banken selbst jährlich leisten müssen. So soll gewährleistet werden, dass nicht erneut die Steuerzahler Banken retten müssen wie in der Finanzkrise.

Ähnlich wie der Einheitliche Aufsichtsmechanismus ist auch der Einheitliche Abwicklungsmechanismus ein Verbund, der aus einer europäischen Behörde – dem Einheitlichen Abwicklungsausschuss – und den jeweiligen nationalen Abwicklungsbehörden besteht.[5]

Der Einheitliche Abwicklungsmechanismus wurde insbesondere von Deutschland vorangetrieben. Dabei ging es der Bundesregierung nicht allein darum, gegenüber den Wählern in Zukunft keine teuren Bankenrettungspakete mehr rechtfertigen zu müssen. Durch die Gläubigerbeteiligung sollte vielmehr auch verhindert werden, dass der Rettungsfonds ESM ausländische Banken allein mit europäischen Geldern stützen muss. Allerdings gab es dieses Zugeständnis nicht umsonst: Die Staaten mit wackeligem Finanzsektor, die eher mit der Abwicklung ihrer Banken rechnen müssen, setzten als dritte Säule der Bankenunion ein gemeinsames Einlagensicherungssystem im Euroraum durch.

Die Einlagensicherung ermutigt Fehlspekulationen

Bisher sind Anleger über nationale Einlagensicherungssysteme bis zum Betrag von 100 000 Euro gegen den Ausfall ihrer Bank geschützt. Diese entschädigen Kunden bei einer Insolvenz notfalls direkt und erhalten ihre Finanzmittel über Pflichtbeiträge der Banken.

Die Einlagensicherung soll das Vertrauen der Verbraucher in die Banken stärken und soziale Folgen von Bankpleiten abfedern. Die Insolvenz einer Bank führt gewöhnlich dazu, dass in großer Zahl Existenzen vernichtet werden und Menschen, die für ihr Geld hart gearbeitet haben, über Nacht verarmen. Außerdem könnte es ohne Einlagensicherung bereits bei Gerüchten über Probleme im Finanzsektor zu einem *Bank Run* kommen, durch den die Einlagen, für viele Banken die wichtigste Refinanzierungsquelle, abschmelzen würden bis hin zur Zahlungsunfähigkeit von Banken und einer für die Volkswirtschaft bedrohlichen Kreditklemme. Eine solche Panik will die Regulierung verhindern. Dabei handelt es sich um politisch und ökonomisch sinnvolle Ziele.

Die Einlagensicherung hat aber auch ihre Schattenseiten: Erstens müssen solide Banken mit ihren Beiträgen dafür geradestehen, wenn unsolide Banken ausfallen. Und zweitens werden Anleger unvorsichtig, wenn es eine Vollkaskoversicherung für ihrc Einlagen gibt, die sogar bei grob fahrlässigem Verhalten des Versicherten zahlt. Dank der Einlagensicherung können es Anleger geradezu darauf ansetzen, ihr Geld zu höheren Zinsen bei Instituten mit riskanten Geschäftsmodellen anzulegen, um höhere Rendite zu erzielen. Dies ist aus Sicht des Anlegers vollkommen rational – hohe Renditechance, niedriges Verlustrisiko. Das hat einen außerordentlich schädlichen Nebeneffekt: Die Einlagen von Sparern landen zu häufig bei Banken mit zu riskanten Geschäftsmodellen. Und die Absicherung der risikobereiten Anleger zahlen alle Versicherten mit, auch die, die für ein geringeres Risiko auf Rendite verzichtet haben.

Gerade für Banken, die einen hohen ungedeckten Refinanzierungsbedarf haben, ist das Einwerben von Einlagen daher lukrativ: Selbst wenn sie den Anlegern hohe Zinsen bieten müssen, sind die damit verbundenen Kosten oft immer noch günstiger, als wenn die Bank eine Anleihe am Kapitalmarkt ausgibt: Letztlich muss die Bank für die Einlagen nicht den vollen Risikoaufschlag einpreisen. Die Existenz des Einlagensicherungssystems nützt daher nicht allen Banken gleich, sondern die schlechter aufgestellten profitieren davon mehr als die stärkeren. Diese Asymmetrie ist auch unter dem Gesichtspunkt der Finanzmarktstabilität problematisch.

Schon heute sollen diese Probleme durch verschiedene Instrumente minimiert werden, etwa durch zusätzliche Einlagensicherungsprüfungen bei Banken, in denen organisatorische Schwachstellen und unternehmerische Risiken identifiziert werden, oder durch eine ans Risiko angepasste Höhe der Beitragszahlungen, die eine Bank an das Einlagensicherungssystem entrichten muss. Ausreichend ist das nicht.

Vor kurzem hat die Europäische Kommission nun einen weitreichenden Verordnungsvorschlag zur Vergemeinschaftung der Einlagensicherung innerhalb der Bankenunion bis zum Jahr 2024 vorgelegt. Diese soll aus Sicht der Kommission in drei Schritten erfolgen. Im ersten Schritt soll ein Rückversicherungssystem geschaffen werden, das nur dann eingeschaltet wird, wenn die Mittel der nationalen Einlagensicherung erschöpft sind. Ab 2020 soll dann ein Mitversicherungsprinzip greifen, in dem der Aufwand für die Entschädigung von Anlegern zwischen nationaler und europäischer Ebene geteilt wird. Ab 2024 soll die Einlagensicherung vollständig vergemeinschaftet sein (*European Deposit Insurance Scheme*, EDIS) und später um einen separaten Entschädigungsfonds (*Deposit Insurance Fund*, DIF) ergänzt werden. Der Kommissionsvorschlag wird aber nicht das letzte Wort zum Thema Einlagensicherung sein. Zu groß sind die Unterschiede zwischen den Bankensystemen in den einzelnen Mitgliedstaaten der Bankenunion. Solange der regulatorische Rahmen nicht umfassend harmonisiert ist – beispielsweise das Insolvenzrecht – und die Bankensysteme vieler Länder unter erheblichen Altlasten ächzen, käme eine Vergemeinschaftung der Einlagensicherung daher einer reinen Umverteilung gleich: Die robusten Einlagensicherungssysteme in der Eurozone würden angezapft, um den weniger strengen Systemen in anderen Mitgliedstaaten bei der Finanzierung der notwendigen Anpassungen ihrer Bankensysteme zu helfen.[6]

MEHR MARKTWIRTSCHAFT: STAATSBANKEN SIND NICHT KLÜGER

Die richtigen Ansätze der europäischen Bankenregulierung müssen viel konsequenter fortgeführt werden, um die Haftung und Risikovorsorge von Banken zu erhöhen und die Eurozone krisenfest zu machen. Allerdings kursieren dabei auch Vorschläge, die aus unserer Sicht nicht zielführend sind. Die radikalste Idee ist, Banken gleich ganz zu verstaatlichen, um zu verhindern, dass sie durch riskante Geschäfte in Schieflage geraten. Das beste Gegenbeispiel ist die Investitionspolitik einiger deutscher Landesbanken, die noch kurz vor dem Zusammenbruch massiv in den US-Immobilienmarkt investierten und hohe Verluste einfuhren. Auch die Verluste der Landesbanken bei Investitionen in Schiffsfonds verdeutlichen, dass Banken in öffentlicher Trägerschaft vor Fehlentscheidungen nicht gefeit sind. Bei durchgängig öffentlichen Eigentümerstrukturen stünde aber vor allem zu befürchten, dass sich nicht das bessere Geschäftsmodell durchsetzt, sondern das politisch opportune. Nicht zuletzt würde mit einer weiteren Ausdehnung des Staates im Finanzsystem die Abhängigkeit zwischen Banken und Staaten noch größer. All dies würde letztlich noch zu einer Zunahme der Risiken im Finanzsystem führen.

Auch ohne eigentumsrechtliche Verstaatlichung von Banken besteht eine Tendenz dazu, die Lösung der Probleme des Finanzsektors in einer immer umfassenderen und detaillierteren Regulierung des Finanzsektors zu sehen. Der staatliche Einfluss auf Banken wird dann nicht »von innen heraus« durch staatliche Eigentümer ausgeübt, sondern »von außen« durch Maßnahmen der Aufsichtsbehörden. Das ist ein verständlicher Reflex auf die Finanzkrise und vor dem Hintergrund komplizierter Konzernstrukturen, Geschäftsmodelle, Führungsstrukturen und einer rasanten technischen Entwicklung wohl auch unabhängig von den jüngsten Krisen notwendig.

Dabei dürfen die Banken allerdings nicht überreguliert werden: Sie leisten einen entscheidenden Beitrag zur Finanzierung von Wachstum und Wohlstand. Hierbei geht es längst nicht mehr nur um einfache Kontodienstleistungen oder Darlehen. Banken bieten maßgeschneiderte Vertriebs- und Exportfinanzierungen, schützen ihre Kunden vor Zins- und Währungsrisiken und entwerfen komplexe Verbriefungsgeschäfte, die Fristen, Losgrößen und Risiken absichern und transformieren. Regulatorische Weichen müssen deshalb so gestellt werden, dass die Verflechtung zwischen Staaten und Banken gelöst wird, damit Finanzinstitute nicht länger ein Systemrisiko sind und gleichzeitig ihre Aufgabe gegenüber der Realwirtschaft erfüllen können.

Zudem stärken zu strenge Regeln die Systemstabilität womöglich nicht, sondern schwächen sie: Riskante Spekulationsgeschäfte, die das Finanzsystem in Gefahr bringen können, wandern womöglich einfach in den unregulierten Bereich ab, den sogenannten Schattenbankensektor.[7] Beispielsweise könnten Investmentfonds Banken Kredite in großem Stil abkaufen oder selbst Kredite vergeben (sogenannte Kreditfonds). Wettbewerb ist das beste Mittel für starke und solide Banken und letztlich für höhere Haftung. Bei der Kreditvergabe führt scharfer Wettbewerb dazu, dass die Preise – also die Zinsen – sinken. In der Anlageberatung belohnt der Wettbewerb Banken, die ihren Kunden rentable Anlagen zu preiswerten Gebühren anbieten – oder bessere, da renditeträchtigere oder beratungsintensivere Dienstleistungen. Allein von unternehmerischem Gewinnstreben getriebener Wettbewerb bringt auf Dauer hohe Qualität zu niedrigen Preisen. Wettbewerb ist aber untrennbar mit Haftung im Bankensektor verbunden: Finanzinstitute, deren Geschäftsmodell nicht nachhaltig ist, müssen aus dem Markt ausscheiden.

Gerade das verhindern die Bankenrettungen seit der Finanzkrise aber. Eine Reihe von Banken konnte ihre Verluste aus hochriskanten Geschäften de facto der Allgemeinheit aufbürden. Das hat weder mit fairem Wettbewerb noch mit Marktwirtschaft viel zu tun. Die Banken, die vor der Finanzkrise besonders solide gewirtschaftet hatten, wurden dagegen gleich dreifach benachteiligt: In Boomzeiten blieben sie vorsichtiger und erwirtschafteten erstens eine geringere Rendite als ihre Wettbewerber mit dem großen Kredithebel, dem steilen Wachstum und den höheren Boni. In der Krise mussten Letztere dann nicht – jedenfalls nicht in allen Fällen – die vollen Konsequenzen ihres hohen Risikos tragen, sondern wurden teilweise mit Steuermitteln am Markt gehalten. Und drittens wurde nach der Finanzkrise die Regulierung von Banken dramatisch verschärft. Dadurch erhöhten sich die Kosten für alle Banken gleichermaßen, egal welche Risiken sie vor der Finanzkrise tatsächlich eingegangen waren. Die staatliche Bankenrettung in der Finanzkrise war daher nicht die Folge von zu viel Marktwirtschaft, sondern eine gravierende Verzerrung des Wettbewerbs zulasten derjenigen, die das stabilere Geschäftsmodell und das bessere Risikomanagement hatten. Wenn das Ziel ein leistungsfähiger und stabiler Bankensektor ist, dann muss die Bankenregulierung profitable Geschäftsmodelle im Wettbewerb zulassen. Sie muss dafür sorgen, dass gute Leistung für den Kunden belohnt und falsche Geschäftsentscheidungen bestraft werden. Sie sollte daher nicht in die Geschäftsmodelle oder die Personalpolitik von Banken eingreifen, sondern dafür sorgen, dass Risiken in einer Bank richtig erfasst und gesteuert werden und Finanzinstitute in der Lage sind, Verluste aus ihren Geschäften selbst aufzufangen, ohne dass der Steuerzahler einspringen muss. Die Haftung von Banken für ihre Investments ist also für die Finanzstabilität der Eurozone ebenso unverzichtbar wie für die dringend nötige Begrenzung der Staatsverschuldung im Euroraum, die wir in Kapitel 6 beleuchtet haben. Konkret empfehlen sich drei Maßnahmen, um mehr Risikovorsorge bei den Banken zu erreichen und die Finanzstabilität der Eurozone zu erhöhen: Erstens sollten Banken und Staaten stärker entflochten werden, zweitens Banken besser gegen Kreditausfälle gewappnet und drittens Finanzinstitute besser beaufsichtigt werden.

BANKEN UND STAATEN ENTFLECHTEN

Für diesen ersten Schritt müssten Obergrenzen für Kredite an Staaten eingeführt und die staatlichen Banken besser kontrolliert werden. Dazu sollten alle Förderinstitute der Bankenaufsicht unterstellt werden. Zudem müssen speziell in Deutschland die Landesbanken konsolidiert und die Verwaltungsräte professionalisiert werden.

Obergrenzen für Kredite an Staaten

Zunächst sollten Großkreditgrenzen auch für Investitionen in Staatsanleihen gelten, und zwar zusätzlich zu der bereits im vorangegangenen Kapitel geforderten Obergrenze für Anleihekäufe der EZB und der Eigenkapitalunterlegung von Staatsanleihen. Diese Obergrenzen für Kredite gegenüber einzelnen Kreditnehmern gibt es längst: Die Summe aller Ausleihungen an einen Schuldner und seine Tochtergesellschaften darf 25 Prozent des Eigenkapitals der Bank nicht übersteigen. Banken sind somit gehalten, ihre Risiken zu streuen. Für Investitionen in Staatsanleihen gilt das bislang jedoch nicht. Banken können in nahezu unbegrenzter Höhe Staatsanleihen kaufen und so Mittel an ihre Regierungen vergeben. Werden Forderungen von Banken gegenüber Staaten regulatorisch nahezu ignoriert, so wie das heute der Fall ist, werden Banken und Versicherungen geradezu dazu angehalten, sich immer weiter mit Staatsanleihen einzudecken. Das mag den einen oder anderen Finanzminister freuen, weil es die Finanzierung von Defiziten vereinfacht. Das darf jedoch nicht über die fatalen Nebenwirkungen hinwegtäuschen: Zum einen bilden sich gefährliche Klumpenrisiken in den Bankbilanzen, die von außen kaum sichtbar sind. Zum zweiten verzerrt die unbegrenzte Ausleihung von Geld an Staaten den Wettbewerb ganz erheblich. Durch die regulatorische Bevorzugung wird die Kreditvergabe an Staaten künstlich billiger und die Kreditvergabe an Privatunternehmen damit relativ gesehen teurer. Staatliche Regulierung erzeugt also durch die Privilegierung von Staatsanleihen die viel beklagte Systemrelevanz von Banken teilweise selbst und verzerrt zudem den Markt für Kredite zulasten der Privatwirtschaft. Wenn dann die Folge dieser Regulierung, nämlich das schwache Wirtschaftswachstum in Ländern mit hoher Staatsverschuldung, lauthals beklagt wird, um als Gegenrezept Konjunkturprogramme zu empfehlen, die erneut auf Pump finanziert sind, ist der Gipfel der Unvernunft erreicht.

Eine Großkreditobergrenze für Banken bei Ausleihungen an Staaten würde diese Probleme effektiv lösen.[8] Sie würde für fairen Wettbewerb auf den Kreditmärkten sorgen, bei denen weder bestimmte Kreditnehmer noch bestimmte Geschäftsmodelle von Banken politisch bevorzugt würden. Außerdem wären Kreditinstitute dazu angehalten, ihre Risiken breiter zu streuen. Wenn eine italienische Bank die Großkreditgrenze gegenüber dem italienischen Staat erreicht, müsste sie auf Staatsanleihen anderer Länder ausweichen. Der *Home Bias*, also die hohe Bündelung nationaler Staatsanleihen in den Portfolien der großen Geschäftsbanken desselben Landes, die heutzutage in vielen Ländern der Währungsunion zu einer Schicksalsgemeinschaft zwischen Bankenstabilität und Staatskasse führt, wäre damit durchbrochen. Diese Entkoppelung würde es erleichtern, auch Schuldenumstrukturierungen so durchzuführen, dass die Systemstabilität nicht gefährdet wird und die Auswirkungen auf die Realwirtschaft noch verkraftbar wären. Das Finanzsystem selbst wäre krisensicherer.

Überdies würden auch die Anreize zu einer politisch motivierten Kreditvergabe begrenzt, wie sie in vielen Staaten mit ausuferndem Korporatismus noch an der Tagesordnung ist. Eine Großkreditgrenze für Ausleihungen an Staaten würde auch dazu beitragen, dass die Kreditvergabe an Privatunternehmen für Banken wieder attraktiver werden würde. Sie würde daher genau dem wirtschaftspolitischen Ziel dienen, das die EZB durch ihre expansive Geldpolitik erreichen möchte, bislang aber verfehlt hat.

Bessere Kontrolle von staatlichen Banken

Ein weiterer wichtiger Schritt zur Entflechtung von Banken und Staaten ist die Begrenzung des öffentlichen Bankensektors in Europa. Die unerwünschten Wechselwirkungen zwischen Bankbilanzen und Staatshaushalten werden noch vergrößert, wenn Staaten Eigentümer von Banken sind.

In nahezu allen EU-Mitgliedstaaten gibt es Banken im öffentlichen Eigentum, allerdings in sehr unterschiedlicher Ausprägung und mit sehr unterschiedlicher geschäftlicher Ausrichtung. Diese kann von der klassischen Sparkasse über europäische, nationale und regionale Förderbanken bis zu staatlichen Geschäftsbanken wie den Landesbanken oder verstaatlichten ehemaligen Privatbanken reichen. Seit der Finanzkrise hat der Staat als Eigentümer von Banken noch an Bedeutung gewonnen: Er gab vielen Finanzinstituten Eigenkapitalspritzen und wurde damit Anteilseigner. Auch die Bedeutung der staatlichen Förderbanken hat europaweit zugenommen.

In Deutschland kontrolliert die öffentliche Hand (Bund, Länder und Kommunen) gemessen an der Bilanzsumme über 42 Prozent des gesamten Bankensektors.[9] Insbesondere das Bilanzsummenwachstum der bundeseigenen Förderbank Kreditanstalt für Wiederaufbau (KfW) ist auffällig: Sie hat in 10 Jahren fast 50 Prozent zugelegt. Die meisten anderen Staaten des Euroraums weisen abgesehen vom Sparkassensektor geringere Marktanteile öffentlicher Banken und insbesondere ein deutlich dünneres Netz an öffentlichen Förderbanken auf.[10]

Unabhängig davon, wie hoch die Staatsquote im Bankensektor in den jeweiligen Euroländern liegt, stellen sich allen öffentlichen Finanzinstituten drei Hauptprobleme:

1. POLITISCHE STATT UNTERNEHMERISCHER ENTSCHEIDUNGEN: Bei allen Unterschieden zwischen öffentlichen Banken besteht bei diesen immer eine gewisse Gefahr, dass politische Erwägungen konkrete Geschäfts- und Personalentscheidungen beeinflussen.

2. INTERESSENKONFLIKTE: Wenn der Staat nicht nur Eigentümer von Geschäftsbanken ist, sondern auch die für Banken gültigen Gesetze macht und die Bankenaufsicht ausübt, gerät er in Interessenkonflikte: Der Staat wird stets versuchen, die Marktposition und damit die Ertragslage der staatlichen Banken zu

verbessern. Schließlich sind Verluste oder gar Insolvenzen staatlicher Banken ein politisches Risiko. Deshalb gefährdet eine zu starke Beteiligung des Staates an Geschäftsbanken seine Rolle als neutraler Regelsetzer und Schiedsrichter am Markt.

3. RISIKEN FÜR DEN STEUERZAHLER: Gerade öffentliche Banken bergen erhebliche finanzielle Risiken für die Steuerzahler: in Deutschland historisch etwa die Landesbank Berlin (2001), die IKB (2007), deren Rettung die KfW 2007 rund 10 Milliarden Euro kostete, oder Landesbanken wie WestLB, SachsenLB, BayernLB und LBBW während der Finanzkrise 2008.

Es ist also sinnvoll, das staatliche Engagement im Finanzsektor zu reduzieren und auch den von staatlichen Banken ausgehenden Risiken ausreichend Beachtung zu schenken. Das könnte über drei Maßnahmen gelingen.

Volle Bankenaufsicht für alle Förderinstitute

Derzeit sind zahlreiche Förderinstitute von der europäischen Bankaufsicht und auch von der Abwicklung ausgenommen. Dabei handelt es sich zumeist gerade um die national bedeutsamen und damit größeren Förderinstitute verschiedener EU-Mitgliedstaaten. Auch auf die große deutsche KfW wird deshalb aufgrund nationaler Gesetze nur ein Teil der Bankenregulierung angewendet.

Aus unserer Sicht wäre es richtig, auch auf alle bisher ausgenommenen Förderinstitute dieselben aufsichtsrechtlichen Regelungen anzuwenden wie auf Geschäftsbanken. Größere Verluste von Förderbanken mögen aufgrund von deren Geschäftsmodell weniger wahrscheinlich sein, treffen den dahinterstehenden Staat aber unmittelbar. Der Grundgedanke der Bankenunion, nämlich die Verflechtung von Staaten und

Banken zu durchbrechen, legt nahe, dass die Aufsicht über Förderbanken nicht nur von der jeweiligen Regierung, sondern auch von den nationalen Aufsichtsbehörden und bei bedeutenden Förderbanken von einer europäischen Aufsichtsbehörde ausgeübt werden sollte.[11]

Landesbanken konsolidieren

Landesbanken als der Prototyp größerer staatlicher Geschäftsbanken in Deutschland sind primär Dienstleister der Sparkassen. Sie sollen Aufgaben wahrnehmen, die für Kunden von Sparkassen von Bedeutung sind und die die einzelne Sparkasse entweder überhaupt nicht oder nicht zu wirtschaftlichen Konditionen anbieten kann – etwa Kapitalmarktgeschäft, Marktanalysen, Geschäfte mit Großunternehmen oder Auslandsaktivitäten. Ferner fungieren Landesbanken als Girozentrale der Sparkassen: Sie wickeln den Zahlungsverkehr oder Wertpapiergeschäfte ab, verwalten Liquiditätsreserven oder unterstützen die Sparkassen bei bestimmten Dienstleistungen wie dem Angebot von Wertpapierdepots oder dem Devisenhandel. Die meisten Landesbanken betreiben zudem eigene Kreditgeschäfte mit der öffentlichen Hand und größeren Firmenkunden.

In der Finanzkrise waren es daher nicht zuletzt große Engagements wie etwa Schiffsfinanzierungen oder der Erwerb komplexer Kapitalmarktprodukte (etwa Kreditverbriefungen), die vielen Landesbanken schwer zusetzten. Dabei waren diese Risiken innerhalb vieler Landesbanken aufgrund mangelnder Erfahrung auf den jeweiligen Märkten falsch eingeschätzt worden oder es war wie bei Schiffsfinanzierungen zur Bildung von zu großen Klumpenrisiken gekommen.

Aus unserer Sicht sollten sich die Landesbanken primär als Dienstleister der Sparkassen verstehen und sich deshalb auf ihre vorrangige Aufgabe als Girozentrale beschränken, die die

Daseinsvorsorge der Sparkassen unterstützt. Wegen der enormen Summen, die die Sparkassen an Liquiditätsüberschüssen bei ihrer Landesbank anlegen, ist es sinnvoll, diese Aufgabe nicht in einem großen und damit stark systemrelevanten Zentralinstitut zu konzentrieren, sondern wie bisher bei dezentralen Landesbanken.

Andere Landesbankenfunktionen sind hingegen kritisch zu hinterfragen. Kapitalmarktgeschäft für Kunden, Eigenhandel mit Wertpapieren und Geschäfte mit Großkunden aus der Industrie fallen nach unserer Ansicht nicht mehr unter den Begriff der Daseinsvorsorge und sollten daher weder mit öffentlichem Vermögen noch mit Kundeneinlagen der Sparkassen, zumeist Privatpersonen oder kleine und mittlere Unternehmen, betrieben werden. Die Ausgliederung und der Verkauf dieser Geschäftsbereiche wäre sinnvoll, um den Landesbanken eine klare Fokussierung auf das sparkassennahe Geschäft und die Kernkundschaft der Sparkassen zurückzugeben. Die Einnahmen aus einem Verkauf von Geschäftsbereichen könnten außerdem von den Landesbanken und Sparkassen zur Kapitalstärkung und für dringend notwendige Investitionen genutzt werden – so etwa im Feld der Digitalisierung.

Verwaltungsräte professionalisieren

Die Verwaltungsräte öffentlicher Banken sind häufig sehr groß. So zählt der Verwaltungsrat der KfW stolze 37 Mitglieder,[12] davon allein 21 Minister oder Abgeordnete aus Bund und Ländern, sechs Vertreter wichtiger Wirtschaftsverbände, vier Gewerkschaftsvertreter, je ein Vertreter der Verbände von Sparkassen, Volks- und Raiffeisenbanken und Privatbanken und ein Vertreter des bayerischen Gemeindetags, aber nur zwei aktive Bankmanager, die Vorstandsvorsitzenden der Helaba und der Münchener Hypothekenbank eG.

Es ist vollkommen ausgeschlossen, dass bei Entscheidungen eines solchen Gremiums politische Erwägungen außen vor bleiben. Die Struktur lädt zur Verfolgung von Partikularinteressen geradezu ein – und macht Entscheidungsprozesse dann träge, wenn es einmal brennt. Es ist außerdem angesichts der Größe des Gremiums so gut wie unmöglich, dass sich unter allen Mitgliedern so etwas wie ein Gefühl persönlicher Verantwortlichkeit für den Zustand der KfW einstellt. Und angesichts der sonstigen Verpflichtungen aller Verwaltungsratsmitglieder ist es auch unwahrscheinlich, dass diese die nötige Zeit aufwenden können, um ihrer Aufgabe angemessen nachzugehen. Auch die Verwaltungsräte vieler Landesbanken fallen eher groß aus, und regelmäßig sind dort auch Mitglieder zu finden, die nicht im Bankgeschäft zu Hause sind.

Deshalb müssen zunächst die allgemeinen Anforderungen an Mitglieder von Aufsichts- und Verwaltungsorganen (etwa fachliche Eignung und Erfahrung sowie zeitliche Verfügbarkeit der einzelnen Mitglieder und ein angemessener Mix aus Fähigkeiten) auch für Verwaltungsräte der KfW gelten.[13] Dies gilt vor allem für den Vorsitzenden. Schon diese Maßnahme dürfte dazu führen, dass auch in den Verwaltungsrat mehr externe Fachleute einziehen dürften. In einem nächsten Schritt wären die meisten Verwaltungsräte öffentlicher Banken dann deutlich zu verkleinern. Ihre Zusammensetzung[14] sollte konsequenter an den Interessen der Bankeigentümer ausgerichtet werden.

Gerade angesichts der Größe, die einige Förderbanken inzwischen erreicht haben, wäre eine Professionalisierung der Verwaltungsräte ein entscheidender Schritt hin zu einer besseren Risikosteuerung und zudem zur notwendigen Entpolitisierung der Geschäftspolitik. Das würde den Interessen des Steuerzahlers am besten gerecht werden und im Übrigen auch dazu führen, dass öffentliche Banken dort, wo sie gebraucht werden, nach fairen und sachlichen Kriterien entscheiden und nicht zum Instrument politischer Netzwerke werden. Mit der finanziellen, organisatorischen und finanziellen Entflechtung von Banken und Staaten allein ist es jedoch nicht getan.

ROBUSTE UND ABWICKLUNGSFÄHIGE BANKEN

In Kapitel 6 haben wir bereits diskutiert, dass eine bessere Risikovorsorge für Banken ein unverzichtbarer Baustein für eine stabilere Eurozone ist, weil sie der Überschuldung der Euroländer einen wirksamen Riegel vorschiebt. Der Grund dafür ist das Haftungsprinzip, das wir vorschlagen: Wenn die Käufer von Staatsanleihen bei einer Staatsinsolvenz Geld verlieren, werden sie sich die Wirtschafts- und Finanzpolitik der öffentlichen Haushalte genauer anschauen, bevor sie investieren – und manchem Finanzminister den Geldhahn zudrehen.

Im Umkehrschluss bedeutet das aber auch, dass Banken in der Lage sein müssen, etwaige Verluste zu tragen. Falls dies nicht gelingt, müssen Finanzinstitute im Falle einer akuten Notlage kontrolliert abgewickelt werden können und notfalls die Gläubiger dieser Banken dafür einstehen.

Angemessene Regeln zum Eigenkapital von Banken

Damit Banken stärker für Verluste haften können, müssen sie mehr Eigenkapital vorhalten. Deshalb ist auch zu begrüßen, dass unmittelbar nach der Finanzkrise die globalen Mindeststandards für Kapitalanforderungen bei Banken deutlich verschärft wurden (Basel-III-Paket). In der EU muss eine Bank nun eine Eigenkapitalquote von 8 Prozent der risikogewichteten Bilanzsumme vorweisen und weitere Zuschläge erfüllen, falls Konjunkturzyklen einbrechen, unerwartete Verluste auftreten und die Aufseher sie wegen ihrer Größe als systemrelevant einstufen.[15]

Wie wir bereits in Kapitel 6 gezeigt haben, gibt es in diesem

System allerdings eine Lücke: Bislang müssen Banken für Staatsanleihen keinerlei Kapital vorhalten. Trotz zahlreicher Staatspleiten und der massiven Überschuldung der Euroländer wird weiterhin mit der Fiktion gearbeitet, dass Kredite an Staaten risikolos sind, sodass Banken keinerlei Risikovorsorge für etwaige Ausfälle von Staatsanleihen treffen müssen.

Um die Banken auf Ausfälle von Staatspapieren der Euroländer vorzubereiten und ihre Bilanzen von den Staatshaushalten zu entflechten, müssen sie ebenfalls ein angemessenes Risikogewicht erhalten, das die tatsächlichen Bonitätsrisiken der Eurostaaten angemessen abbildet. Weil Banken einen Großteil ihres Geldes in Staatsanleihen stecken, würde diese Reform auch automatisch zu höheren regulatorischen Kapitalanforderungen für die Banken führen, weil dann auch die bisher mit 0 Prozent gewichteten Staatsanleihen in die Berechnung der risikogewichteten Aktiva einfließen würden.

Allerdings darf dabei die Kreditvergabe der Banken nicht abgewürgt werden. Die längst überfällige Einführung der Risikovorsorge für Staatsanleihen würde Kapital binden, das bislang für die Finanzierung der Wirtschaft zur Verfügung stand. Darum sollte sie mit einer allgemeinen Absenkung der Eigenkapitalanforderungen kompensiert werden, damit Banken weiterhin in gleichem Maße wie bisher die Wirtschaft finanzieren können. Dieser Vorschlag soll keinesfalls dazu führen, dass die Banken insgesamt weniger Kapital vorhalten müssen als heute. Die realistische Risikogewichtung von Staatsanleihen soll lediglich dafür sorgen, dass die bisher unfair begünstigten Banken mit einem hohen Anteil an Staatskrediten etwas mehr und solche mit einem hohen Anteil an Krediten gegenüber dem Privatsektor etwas weniger Eigenkapital vorhalten müssen als bisher.

Die Risikogewichtung von Staatsanleihen mit leicht geringeren Eigenkapitalquoten zu verbinden würde es den Banken ermöglichen, sich schrittweise an die neue Welt der Eigenverantwortung in der Eurozone zu gewöhnen. Verheerend wäre dagegen die radikale Anhebung der Eigenkapitalquoten auf bis zu 30 Prozent der Bilanzsumme, die zahlreiche Wissenschaftler und Politiker fordern, um Banken den Anreiz für Spekulationsgeschäfte zu nehmen, deren Verluste im Krisenfall die Steuerzahler tragen müssen. Solch utopisch hohe Eigenkapitalquoten würden die Kreditvergabe der Banken abwürgen. Die Rechnung für vermeintlich größere Sicherheit im Finanzsystem würde dann die Realwirtschaft über eine handfeste Kreditklemme zahlen.[16] Und der Finanzstabilität würde vermutlich kein guter Dienst erwiesen: Denn wenn die Wirtschaft durch sinkende Kreditvergabe ins Stocken geraten würde, würden Banken durch Kreditausfälle ins Wanken geraten.

Weiterhin würden stark erhöhte Eigenkapitalanforderungen auch im internationalen Standortwettbewerb einen Nachteil bedeuten: Im Gegensatz zu Industrieunternehmen haben Banken nämlich nur beschränkt die Möglichkeit, sich über den Produktionsprozess oder ihre Produktgestaltung zu differenzieren. Schon kleine Veränderungen in den Kapitalkosten können enorme Konsequenzen für ihre relative Wettbewerbsposition im internationalen Umfeld haben. Dies liegt nicht zuletzt daran, dass die Transaktionskosten auf internationalen Kapitalmärkten fast zu vernachlässigen sind.

Besonderes Augenmerk sollte des Weiteren auf die Berechnung des Risikogewichts gelegt werden. Grundsätzlich werden Risikogewichte nach den relativ schematischen Vorgaben der europäischen Kapitaladäquanzverordnung (CRR) berechnet. Allerdings haben Banken auch die Möglichkeit, Risikogewichte anhand interner Risikomodelle zu kalkulieren. Dabei handelt es sich um Rechenformeln, die auf den Erfahrungswerten der Finanzinstitute beruhen. So kann eine Bank beispielsweise häufig mit einiger Genauigkeit vorhersagen, wie hoch die statistische Ausfallwahrscheinlichkeit eines bestimmten Kredits ist oder wie häufig Änderungen in Wechselkursen zu einem Wertverlust bestimmter Papiere führen. Statt die Risikogewichte nach der vorgegebenen Kapitaladäquanzverordnung zu berechnen, dürfen Banken mit vorheriger Genehmigung durch die Aufsicht solche internen Modelle verwenden. Dadurch leidet die Vergleichbarkeit von Kapitalquoten verschiedener Banken erheblich. Und es liegt auf der Hand, dass Banken durch die Verwendung interner Rechenmodelle versuchen, strengere regulatorische Vorgaben zu umgehen, und nationale Aufsichtsbehörden bei deren Genehmigung in Versuchung geraten, den Banken ihres Landes einen Wettbewerbsvorteil zu verschaffen.[17]

Mit der Übernahme der Bankenaufsicht im Euroraum hat die EZB zu Recht die Prüfung interner Modelle zu einer Schwerpunktaufgabe erklärt. Sie zieht beispielsweise eine Untergrenze (*capital floor*) für die Kapitalunterlegung von Aktiva in Betracht, deren Risiko mittels interner Modelle berechnet wurde. In der Vereinheitlichung der Risikomodelle liegt eine der großen Chancen der Bankenunion. Sie würde die Banken der verschiedenen Euroländer transparenter und vergleichbarer machen, damit fairen Wettbewerb fördern und das Finanzsystem durch Verhinderung von Missbrauch stabiler machen.

Gleichwohl hat sich die Erkenntnis durchgesetzt, dass die Risikosteuerung von Banken nicht allein an Eigenmittelanforderungen anknüpfen darf, sondern dass auch andere Kennziffern für die Stabilität bedeutsam sind, beispielsweise eine risikounabhängige Höchstverschuldungsquote (*Leverage Ratio*). Seit 2013 wird dabei das Eigenkapital einer Bank ins Verhältnis zur Bilanzsumme gesetzt, allerdings ohne die verschiedenen Vermögenswerte nach Risiko zu gewichten. Der Wert bildet ab, wie stark sich die Bank verschuldet hat, um ihre Geschäfte zu finanzieren, und wie gut sie deshalb gegen Ausfälle gewappnet ist.

Bisher wird diese Quote lediglich errechnet und den Aufsehern und dem Markt als zusätzliche Information zur Verfügung gestellt. Diskutiert wird aber, Banken eine *Leverage Ratio* von höchstens 3 Prozent verbindlich vorzuschreiben. Das wäre kurzfristig die sinnvollste Möglichkeit, der Bevorzugung von

Krediten an Staaten und den Schwachen interner Modelle zu begegnen, solange angemessene Risikogewichte für Staatsanleihen und einheitliche Standards für interne Risikomodelle noch nicht existieren.

Auch Gläubiger müssen notfalls haften

Bedeutend für funktionierenden Wettbewerb im Finanzsektor sind auch die sogenannte Verlustabsorbtionsfähigkeit (*Total Loss Absorbing Capacity*, TLAC) von Banken und die Festsetzung eines Mindestumfangs an Verbindlichkeiten, die im Pleitefall automatisch in Eigenkapital gewandelt und für Verluste herangezogen werden (*Minimum Requirements for Eligible Liabilities*, MREL).

Beide Konzepte zielen darauf, dass von einer Bank nicht nur ausreichend Eigenkapital verlangt wird, sondern dass auch Verbindlichkeiten in Eigenkapital umgewandelt werden können, wenn in einer Schieflage das eigentliche Eigenkapital nicht mehr ausreicht, um Verluste auszugleichen. Während die MREL-Quote bereits heute von den Abwicklungsbehörden innerhalb der EU festgesetzt wird, wird TLAC auf globaler Ebene bislang nur diskutiert: TLAC beruht auf einem Vorschlag des Financial Stability Board (FSB) und wurde vom Basler Ausschuss für Bankenaufsicht im Oktober 2016 näher konkretisiert.[18]

Die Europäische Kommission hat bereits erste Vorschläge zur Umsetzung von TLAC vorgelegt. Zunächst soll TLAC nur für global systemrelevante Banken gelten, und zwar neben MREL. Angesichts der sehr ähnlichen Zielrichtung beider Konzepte ist dieses Nebeneinander aber sowohl für die Aufsicht als auch für die Banken unnötig kompliziert und aufwendig. Besser wäre daher, TLAC und MREL zu einem einzigen konsistenten Konzept zusammenzuführen, um Wettbewerbsnachteile für die europäischen Banken zu vermeiden.

Die Idee, die TLAC und MREL zugrunde liegt, nämlich dass bei Verlusten neben Bankaktionären auch Gläubiger auf einen Teil ihrer Ansprüche verzichten müssen, ist mit die wichtigste Voraussetzung, um das Problem der Systemrelevanz zu überwinden. Erst dann können systemrelevante Teile einer Bank fortgeführt und andere Teile in die Insolvenz geschickt werden. Ein solcher *Bail-in* ist neben ausreichend Eigenkapital die marktwirtschaftliche Antwort auf Bankenkrisen. Er hat auch eine vorbeugende Wirkung: Wenn Banken zu riskante Geschäfte machen, werden die Investoren zunehmend auf höheren Risikoprämien, also höheren Zinsen, bestehen. Der Markt dürfte die Banken zwingen, ihre Risiken sinnvoll zu begrenzen und solide Geschäftsmodelle anzustreben. Die Banken, die dies am besten schaffen, verdienen damit Geld. Und diejenigen, die es nicht schaffen, können kontrolliert aus dem Markt ausscheiden.

Allerdings haben viele Regierungen, Banken und auch deren wichtigste Gläubiger kein allzu großes Interesse daran, die Abwicklungsinstrumente, die geschaffen wurden, auch wirklich einzusetzen. Besonders augenscheinlich ist das bei der wohl härtesten Abwicklungsmaßnahme, der Gläubigerbeteiligung *(Bail-in)*. Diese sieht vor, dass im Falle existenzbedrohlicher Verluste die Abwicklungsbehörde anordnen kann, dass Bankverbindlichkeiten in Eigenkapital umgewandelt werden. Bestimmte Verbindlichkeiten sind dabei ausgenommen, so etwa Einlagen bis 100 000 Euro und besicherte Verbindlichkeiten (zum Beispiel Pfandbriefe). Das per Zwang geschaffene Eigenkapital darf von der Abwicklungsbehörde so weit im Wert heruntergeschrieben werden, bis die Verluste ausgeglichen sind und die Bank wieder ausreichend kapitalisiert ist. Der *Bail-in* kann also dazu führen, dass ein Gläubiger einer Bank statt einer Kreditforderung gegen diese gezwungenermaßen einen Gesellschaftsanteil mit einem wesentlich geringeren wirtschaftlichen Wert erhält.[19]

Durch die Gläubigerbeteiligung wird der Steuerzahler bei der Rettung von Banken geschont. Doch von der ersten Minute an stellten sowohl Gläubiger als auch Regierungen und Behörden sie infrage: Bereits bei der Rekapitalisierung griechischer Banken Ende 2015 sträubten sie sich, die Prinzipien der Bankenunion anzuwenden: Griechenland hatte im Rahmen des dritten Hilfspakets Zusagen des ESM in Höhe von insgesamt 25 Milliarden Euro für die Rekapitalisierung seiner Banken erhalten. Eine Bedingung für das Rettungspaket war, dass Griechenland die europäische Bankenabwicklungsrichtlinie, und damit auch die Vorschriften zur Gläubigerbeteiligung, bis zum 1. Januar 2016 in Kraft setzen musste. Eine Kapitalstärkung ohne *Bail-in* war daher nur möglich, wenn diese noch im Jahr 2015 erfolgte. Noch im Dezember 2015 erhielt Griechenland, basierend auf EZB-Stresstests, einen Betrag von rund 5,4 Milliarden Euro für die Rekapitalisierung zweier Banken. Ein umfassender *Bail-in* wurde so vermieden. In geringem Umfang wurden allerdings auf freiwilliger Basis Bankanleihen in Eigenkapital umgewandelt.

Im Falle der italienischen Bank Monte dei Paschi di Siena wurde dagegen versucht, die geltenden Regeln zur Bankenabwicklung schlicht zu umgehen. Die Bank ächzte unter faulen Krediten und meldete am 26. Dezember 2016 eine Kapitallücke von 8,8 Milliarden Euro. Bereits vier Tage zuvor war eine Kapitalerhöhung der Bank am Markt gescheitert und drei Tage zuvor hatte das italienische Abgeordnetenhaus der Regierung einen Fonds in Höhe von 20 Milliarden Euro zur Stabilisierung von Banken bewilligt.[20] Staatliche Hilfen wurden von der Regierung in Rom auch damit begründet, dass ein *Bail-in* aus Gründen der gesellschaftlichen Stabilität nicht infrage komme. Davon betroffen wären nämlich auch diverse Kleinanleger, die Anleihen oder auch Hybridkapital der Bank hielten.[21]

Zwar sind staatliche Kapitalhilfen für Banken nach der derzeit geltenden Bankenabwicklungsrichtlinie nicht per se verboten. Möglich ist weiterhin die sogenannte vorbeugende Rekapitalisierung einer Bank. Eine solche ist aber an sehr strenge, wenn auch teilweise konfus formulierte Voraussetzungen geknüpft.[22] Im Falle der Monte dei Paschi dürften diese Voraussetzungen nicht vorliegen: Es ist bereits überaus zweifelhaft, ob ein *Bail-in*, wie vorausgesetzt, die Finanzstabilität oder die italienische Volkswirtschaft gefährden würde: Es handelt sich um das drittgrößte Kreditinstitut Italiens mit einer Bilanzsumme von rund 183 Milliarden Euro, das sich mittels *Bail-in*, gegebenenfalls in Verbindung mit der Auslagerung fauler Kredite in eine Bad Bank, ohne weitere Gefahr für das Finanzsystem stabilisieren lassen dürfte. Das politische Motiv, vermögende und weniger vermögende Kleinanleger schadlos zu halten, darf die italienische Regierung dabei durchaus verfolgen. Sie sollte deshalb aber nicht eine Bank mit Steuermitteln stützen, sondern müsste die Kleinanleger unmittelbar aus dem Staatshaushalt entschädigen.[23]

Fraglich ist auch, ob es möglich ist, eine staatliche Kapitalhilfe zu gewähren, die, wie laut Bankenabwicklungsrichtlinie erforderlich,»das Institut nicht begünstigt«, wenn zuvor eine privatwirtschaftliche Lösung gescheitert ist; denn in einer jeden solchen Hilfe läge ja per se eine Begünstigung im Vergleich zu einer Rekapitalisierung zu Marktbedingungen. Sonst hätte die Bank auch nichts davon. Ferner scheint es schwer vorstellbar, wie eine Kapitallücke, die sofortiges Handeln notwendig macht, nicht aus Verlusten oder kurzfristig absehbaren Verlusten herrühren soll. Das führt ebenfalls dazu, dass die Voraussetzungen für eine staatliche Rekapitalisierung nicht vorliegen.

Das Ergebnis des Falls Monte dei Paschi ist ein Desaster mit weitreichenden Folgen: Das europäische Abwicklungsregime, eine der wichtigsten Lehren aus der Finanzkrise, scheiterte gleich beim ersten richtigen Anwendungsfall. Das wirft eine fundamentale Frage auf: Sind Rechtsvorschriften in der EU wirklich belastbare und harte Regeln, die angewandt werden? Es steht außer Frage, dass die Währungs- und Bankenunion zum Scheitern verurteilt ist, solange sich die Euroländer nicht an die Regelungen halten, die sie aufstellen.

Für die Zukunft sind deshalb klare Signale erforderlich. Die Regeln zur Bankenabwicklung sollten wie folgt präzisiert und in der Praxis konsequent durchgesetzt werden:

1. HINTERTÜRCHEN SCHLIESSEN: Das Konzept einer vorbeugenden Bankenrekapitalisierung, die die europäische Bankenabwicklungsrichtlinie zulässt, ist ein Hintertürchen, das geeignet ist, bei entsprechend großzügiger Handhabung das gesamte Konzept der Bankenabwicklung zu untergraben und zu reinen Kann-Bestimmungen umzufunktionieren. Das wäre fatal. Daher ist die Möglichkeit einer vorbeugenden Unterstützung von Banken durch den Staat zur Vermeidung einer Abwicklung ersatzlos zu streichen. Staatshilfe für Banken kann – wenn überhaupt – nur in Verbindung mit Abwicklungsmaßnahmen toleriert werden.

2. MINDEST-GLÄUBIGERBETEILIGUNG VOR STAATSHILFE: Jede staatliche Unterstützung für Banken in Schieflage sollte erst erfolgen, nachdem nicht nur wie derzeit 8, sondern mindestens 10 Prozent der gesamten Bankverbindlichkeiten[24] mittels *Bail-in* vollständig heruntergeschrieben worden sind. Dies würde in jedem Einzelfall für ein Mindestmaß an privater Haftung sorgen.

3. BETROFFENE GEGEBENENFALLS DIREKT SCHÜTZEN: Negative soziale Auswirkungen einer Gläubigerbeteiligung – etwa auf Verbraucher, deren Anlagen nicht durch Einlagensicherungs- oder Anlegerentschädigungssysteme abgesichert sind, auf Altersvorsorgesysteme oder wichtige gesellschaftliche Einrichtungen – sollten von der Politik allenfalls durch direkte Leistungen aus dem Staatshaushalt abgefedert werden. Die Folgen einer Bankeninsolvenz für die Anleger dürfen kein legitimes Argument mehr für staatliche Finanzhilfen und gegen die Eigenverantwortung von Banken sein.

BANKEN MÜSSEN BESSER BEAUFSICHTIGT WERDEN

Wie wir bereits ausgeführt haben, sind klare Regeln für die Zuweisung von Verlusten bei einer Staatspleite unerlässlich für eine stabilere Eurozone. Durch die Verflechtung von Staaten und Banken kann eine staatliche Zahlungsunfähigkeit zu untragbaren Ausfällen bei Banken führen und damit das ganze Finanzsystem destabilisieren. Investoren müssen deshalb unbedingt bessere Risikovorsorge treffen. Die Maßnahmen dafür haben wir in Kapitel 6 vorgestellt. Umgekehrt kann aber auch die Pleite systemrelevanter Banken den Staat finanziell überfordern.

Die Finanzkrise hat gezeigt, dass der Zusammenbruch einer Bank zu unkontrollierbaren Verwerfungen auf internationalen Märkten, zu gravierenden Vertrauensverlusten in das Bankensystem, einem Abziehen der Kundeneinlagen (*Bank Run*) und einem Übergreifen der Finanzkrise auf die Realwirtschaft führen kann. Die Antwort auf die Finanzkrise muss daher lauten:»Nächstes Mal sind wir besser vorbereitet.«Kein Unternehmen darf systemrelevant sein – und zwar weder für den Finanzsektor noch für die Realwirtschaft und schon gar nicht für die Demokratie insgesamt. Demokratie und Marktwirtschaft lassen sich vielmehr nur dann verteidigen, wenn erstens der Staat durch das Scheitern von Privatunternehmen nicht erpressbar ist und zweitens kein Aktionär, kein Vorstand und auch kein Gläubiger einer Bank darauf vertrauen darf, dass das Unternehmen im Zweifel von der Allgemeinheit gerettet wird. Dafür empfehlen sich die folgenden Maßnahmen.

Eine Bankenaufsicht ohne Interessenkonflikte

Bereits in Kapitel 5 haben wir betont, wie wichtig es ist, die Bankenaufsicht für den Euroraum organisatorisch von der EZB zu trennen, damit diese sich auf ihre Kernaufgaben konzentrieren kann. Diese Überlegungen entfalten mit Blick auf die Finanzmarktregulierung natürlich noch einmal eine besondere Relevanz. Die Trennung von Bankenaufsicht und Geldpolitik muss ernsthaft und konsequent vollzogen werden. Mischzuständigkeiten zwischen der EZB und den nationalen Aufsichtsbehörden verlangsamen Prozesse, führen auf Seiten der Aufsicht und der Banken zu enormen Kosten und verhindern, dass sich die EZB auf die wirklich bedeutsamen Banken konzentrieren kann. Um trotz einer institutionellen Trennung von der EZB ein Höchstmaß an Professionalität zu erreichen, sollte eine selbstständige Bankenaufsicht vor allem drei institutionellen Anforderungen gerecht werden:

1. KONZENTRATION AUF GROSSE BANKEN: Die europäische Bankenaufsicht sollte weniger Banken beaufsichtigen, diese dafür aber umfassender und intensiver als bisher die EZB. Sinnvoll wäre es, die sehr niedrigen Schwellen, ab denen eine Bankengruppe unter die direkte Kontrolle der europäischen Aufsichtsbehörde fällt, deutlich anzuheben. Ausreichend erscheint eine Bilanzsumme von mindestens 100 Milliarden Euro oder aber 33 Prozent des Bruttoinlandsprodukts eines Landes. Entscheidend wäre auch hier eine Gruppenbetrachtung, sonst könnten Banken versuchen, sich durch entsprechenden Zuschnitt der einzelnen Institute innerhalb einer Gruppe der EZB-Aufsicht zu entziehen. Nach der Anhebung der Aufsichtsschwelle würden dann tatsächlich nur noch die systemrelevanten Finanzinstitute unter europäische Kontrolle fallen – und somit eine effizientere Überwachung ermöglichen. Die Sorge, dass bedeutende Banken so unter dem Radar der europäischen Aufsicht bleiben könnten, wäre unbegründet, denn diese könnte weiterhin jedes Aufsichtsverfahren an sich ziehen – und damit auch bei kleineren Banken einschreiten.

2. ENDE DER ARBEITSTEILUNG: Die Konzentration der europäischen Aufsichtsbehörde auf weniger, dafür aber größere

Banken sollte zu einer umfassenderen Kontrolle möglichst aller Tätigkeiten führen, also auch in Bereichen wie Geldwäsche oder Wertpapierhandel. Dies würde ein umfassendes Bild der systemrelevanten Banken ergeben und verhindern, dass einzelne Institute ein möglicherweise zu günstiges Bild von sich gegenüber der Aufsichtsbehörde zeichnen, indem sie Geschäftsbereiche in blinde Flecken verlagern.

3. PROFESSIONELLE PERSONALPOLITIK: Generell sollte die europäische Aufsicht auch in personeller Hinsicht unabhängiger von der Zuarbeit der nationalen Aufsichtsbehörden sein. Eine unabhängige Bankenaufsichtsbehörde ist nur dann schlagkräftig, wenn sie über das geeignete Personal verfügt. Sind die Aufseher hingegen schlecht qualifiziert, bleiben sie weiter auf die Unterstützung der nationalen Aufsicht angewiesen – der ideale Nährboden für Interessenkonflikte. Aus diesem Grund spricht vieles dafür, die Personalauswahl der Aufsichtsbehörde zu professionalisieren und Rotationen zwischen nationaler und europäischer Ebene auf ein Minimum zu beschränken.[25]

Eine Konzentration der europäischen Aufsicht auf wirklich große Banken würde es zudem erlauben, ein weiteres heißes Eisen anzupacken: Derzeit darf jede in der EU ansässige Bank mit der EZB in einer der momentan 24 EU-Amtssprachen kommunizieren. Angesichts der langen und komplexen Dokumente, die bei der Beaufsichtigung einer Bank ausgetauscht werden, bindet diese Regelung enorme Ressourcen. Gerade im Krisenfall, wenn es schneller Entscheidungen bedarf, kann die Sprachenfrage zu einer echten logistischen Herausforderung werden. Sprachliche und kulturelle Vielfalt sind hohe Güter der europäischen Einigung, aber bei Gründung der EU in den 1950er Jahren[26] war nicht absehbar, dass es eines Tages eine europäische Bankenaufsichtsbehörde und 24 Amtssprachen geben würde. Kreditinstitute mit einer Gruppenbilanzsumme von über 100 Milliarden Euro oder 33 Prozent der Wirtschaftsleistung ihrer Herkunftsländer dürften in der Lage sein, mit der Aufsichtsbehörde auf Englisch zu kommunizieren.

Alle diese Maßnahmen würden dazu führen, dass die europäische Aufsicht fokussierter arbeiten und schnellere und fundierte Entscheidungen treffen könnte. Im Ergebnis entstünde ein faires Wettbewerbsumfeld, in dem sich die besten Banken durchsetzen würden. Langfristig fördert dies die Stabilität des gesamten Finanzsystems. Das allein reicht aber nicht, denn auch bei fairem Wettbewerb kann es zu Krisenfällen kommen, die unter Kontrolle gebracht werden müssen. Auch dafür muss sich die Eurozone besser rüsten als heute.

Einheitlichen Abwicklungsmechanismus institutionell stärken

Dies- und jenseits des Atlantik hat es seit 2009 umfangreiche Bemühungen gegeben, Bankeninsolvenzen ohne Einsatz von Steuergeldern in kontrollierte Bahnen zu lenken. In der EU wurden den Aufsichtsbehörden, die die Insolvenz verhindern sollen, gesonderte Abwicklungsbehörden gegenübergestellt, die bei einem drohenden oder bereits eingetretenen Ausfall das Ruder übernehmen. Diese Abwicklungsbehörden planen bereits in guten Zeiten die Abwicklung einer jeden Bank. Sie treffen Anordnungen, um absehbare Abwicklungshindernisse zu beseitigen. Sie verfügen über verschiedene Instrumente (*Bail-in* in Nachrangkapital und weitere Bankverbindlichkeiten, Verkauf oder Ausgliederung von Teilen einer Bank, Auslagerung problematischer Kredite oder Wertpapiere sowie die Übertragung einer Bank auf ein sogenanntes Brückeninstitut als Auffanglösung), um eine Bank im Abwicklungsfall kontrolliert aus dem Markt ausscheiden zu lassen, ohne dass dort Panik ausbricht und sich die Krise verselbstständigt. Die Abwicklungsbehörden verwalten außerdem Abwicklungsfonds, die von den Banken selbst durch Beiträge finanziert werden und die im Krisenfall Finanzmittel bereitstellen sollen, wenn eine Gläubigerbeteiligung allein nicht ausreicht, um die Schieflage einer Bank unter Kontrolle zu bringen. All dies geht in die richtige Richtung. Das Problem ist nur, dass der Einsatz dieses mächtigen Arsenals im Ernstfall von den Euroländern verhindert wird. Sie schützen lieber die Aktionäre und Gläubiger ihres heimischen Bankensektors, sobald er in Schieflage gerät, oder sie haben die Sorge, dass die Umsetzung des Beschlossenen misslingt und in eine Katastrophe mündet. Beides verhindert auf Dauer, dass der Staat aus der Rolle des Erpressten herauskommt. Die Regeln zur Bankenabwicklung müssen daher nicht nur präziser gefasst, sondern ihre Durchsetzung muss auch institutionell abgesichert werden, damit sie nicht mehr so leicht umgangen werden können wie bisher.

Konkret bedeutet das: Die Aufseher, die Abwicklungsentscheidungen treffen, müssen vor politischem Druck und sachfremden Erwägungen geschützt werden. Die präventive Wirkung eines *Bail-in*-Regimes kann sich schließlich nur entfalten, wenn die Abwicklungsbehörde sich Autorität erarbeitet und sie dauerhaft pflegt. Kann das angesichts der Erfahrungen mit Monte dei Paschi gelingen? Hat der Einheitliche Abwicklungsausschuss wirklich dafür gekämpft, dass das Abwicklungsregime, das den Grund für seine Existenz bildet, auch angewendet wird? Der Start war leider ziemlich ernüchternd. Wie man aber am Beispiel funktionierender Kartellbehörden, allen voran der Europäischen Kommission, sehen kann, ist es nicht nur graue Theorie, dass Behörden in ihrer Marktüberwachung auch unpopuläre Entscheidungen treffen. Eine europäische Abwicklungsbehörde kann ebenfalls eine entsprechende Reputation aufbauen, wenn vier Bedingungen erfüllt sind:

1. VETO-RECHTE ERHEBLICH BEGRENZEN: Heute können sowohl die Europäische Kommission als auch der *Ministerrat* gegen Entscheidungen des Abwicklungsmechanismus ein Veto ein-

legen und damit die Anpassung eines Abwicklungskonzepts erzwingen. Nationale Regierungen können so die Abwicklung bestimmter Finanzinstitute über geschickte Verhandlungsstrategien mit verbündeten Regierungen verhindern oder weichspülen. Das macht Abwicklungsentscheidungen, die in der Regel zügig zu treffen sind, ungeheuer kompliziert und führt außerdem zur Einführung sachfremder machtpolitischer Erwägungen in die Abwicklungsentscheidung. Deshalb ist das Vetorecht des Ministerrats ersatzlos abzuschaffen. Die Kommission sollte weiterhin befugt sein, Abwicklungsmaßnahmen zu prüfen, allerdings nur auf ihre Rechtmäßigkeit und nicht auf Zweckmäßigkeit. Folglich sollte zukünftig allenfalls die Kommission einen Beschluss des Einheitlichen Abwicklungsausschusses stoppen können, und dies nur, wenn er nach ihrer Überzeugung gegen geltendes Recht verstoßen würde.

2. KLARE ABGRENZUNG ZU DEN AUFGABEN DER EZB: Derzeit entscheidet die EZB, ob sich eine Bank in Schieflage befindet und abgewickelt werden darf. Erst dann darf die Abwicklungsbehörde überhaupt tätig werden. Die EZB ist deshalb gewissermaßen der Hausarzt, der den Puls der Banken fühlt und entscheidet, ob die Abwicklungsbehörde – Intensivstation und notfalls auch Bestattungsunternehmen in einer Person – loslegen darf. Dabei ist es der EZB sogar erlaubt, bestimmte präventive Garantien oder Kapitalhilfen des Staates zuzulassen – ein Einfallstor für die Vermeidung einer Abwicklung. Sollen das Abwicklungsregime und die Abwicklungsbehörde im Markt tatsächlich ernst genommen werden, muss die Behörde selbst entscheiden können, ob die Abwicklungsvoraussetzungen vorliegen.

3. VOLLER DURCHGRIFF FÜR DIE EUROPÄISCHE ABWICKLUNGS-BEHÖRDE: Heute kann der Einheitliche Abwicklungsausschuss gegenüber Banken – von wenigen Ausnahmen abgesehen – keine direkten Abwicklungsmaßnahmen anordnen (etwa einen *Bail-in*). Er muss jeweils die nationale Abwick-

lungsbehörde dazu anweisen, und diese muss die Anweisung dann gegenüber der Bank umsetzen. So ist eine geordnete Abwicklung – die in der Regel während eines Wochenendes stehen muss – schwer zu erreichen. Die Folge könnte sein, dass die europäische Abwicklungsbehörde davor zurückschreckt, von ihren Befugnissen umfassend Gebrauch zu machen. Darum muss der Einheitliche Abwicklungsausschuss das Recht bekommen, selbst Rechtsakte gegenüber Banken zu erlassen. Darüber hinaus muss die Abwicklungsbehörde das Recht erhalten, Entscheidungen anderer Stellen der Union vor dem Europäischen Gerichtshof anzufechten – einschließlich einer eventuellen Entscheidung der Kommission, ein Veto gegen ein Abwicklungskonzept einzulegen.

4. KONZENTRATION AUF EUROPÄISCH BEDEUTSAME FÄLLE: Würde die direkte Aufsicht der europäischen Bankenaufsichtsbehörde zudem, wie oben vorgeschlagen, auf die größeren Finanzinstitute beschränkt, würde dies automatisch auch für den Einheitlichen Abwicklungsausschuss gelten. Die europäische Abwicklungsbehörde könnte sich dann voll auf die wirklich europäisch bedeutsamen Banken konzentrieren und ihre Kräfte sinnvoll bündeln.

Mit diesen institutionellen Veränderungen könnte – neben der notwendigen Klarstellung der anwendbaren Regeln zur Abwicklung – die Glaubwürdigkeit des Einheitlichen Abwicklungsausschusses und damit der realen Möglichkeit, dass zukünftig private Eigentümer und Gläubiger für Bankenkrisen aufkommen, erheblich verbessert werden.

Fehlanreize in der Einlagensicherung beseitigen

Auch im Bereich der Einlagensicherung sehen wir Handlungsbedarf, um Fehlanreize zu vermeiden. Insbesondere darf die –

grundsätzlich richtige und gebotene – Einlagensicherung nicht dazu führen, dass die Banken mit dem riskanteren Geschäftsmodell und die Anleger mit besonders starken Nerven bevorzugt werden. Das lässt sich nicht allein durch Auflagen der Einlagensicherungssysteme an die Banken sicherstellen, sondern erfordert auch eine gewisse Mitverantwortung der Anleger:

- SELBSTBETEILIGUNG FÜR ANLEGER: Wichtig wäre es deshalb, wieder eine Selbstbeteiligung für Anleger einzuführen, die aufgrund des Ausfalls ihrer Bank entschädigt werden müssen – ein in der Versicherungswirtschaft weit verbreitetes und eigentlich unverzichtbares Instrument.[27] Darum sollten künftig die ersten 20 000 Euro pro Kunde voll entschädigt werden; für Einlagen zwischen 20 001 und 50 000 Euro sollte eine Entschädigung in Höhe von 90 Prozent und für Einlagen in Höhe von 50 001 bis 100 000 Euro eine Entschädigung in Höhe von 80 Prozent des angelegten Betrags gelten.[28] Dadurch würde die wirtschaftliche Existenz eines jeden Einlegers abgesichert und es gäbe auch wenig Grund für einen Bankensturm im Krisenfall. Anleger würden motiviert, genauer hinzusehen, bei welcher Bank sie Geld anlegen; auch das würde den Wettbewerb der Banken um Einlagen fairer machen.

- KEINE WEITERE VERGEMEINSCHAFTUNG DER EU-EINLAGENSICHERUNG: Die Vorschläge der Europäischen Kommission, die Einlagensicherungssysteme innerhalb der Bankenunion zu vergemeinschaften, setzen Fehlanreize und ermutigen Banken dazu, riskante Geschäfte auf Kosten ihrer Wettbewerber einzugehen. Sie haben aber mindestens zur Folge, dass Bankensektoren, die die Sanierung schon hinter sich haben oder in denen die Einlagensicherungssysteme in der Vergangenheit immer ein strenges Auge auf die Geschäftspolitik der Banken geworfen haben, nachträglich für Wettbewerber zur Kasse gebeten werden, bei denen dies bisher nicht der Fall war. Für das ordnungsgemäße Funktionieren der Bankenunion ist jedenfalls nicht erforderlich, dass die Einlagensicherung aus einem zentralen Topf finanziert wird, solange nur eine effektive europäische Aufsicht und ein glaubhaftes europäisches Abwicklungsregime etabliert sind. Daher hat ein solches Projekt aus fachlicher Sicht Zeit. Eine zu eilige, vor allem aber eine bedingungslos gewährte Zusammenlegung von Einlagensicherungssystemen würde nämlich dazu beitragen, dass die in einer Reihe von Mitgliedstaaten notwendige Sanierung und Konsolidierung des Bankensektors eher aufgehalten als befördert wird, damit am Ende nicht mehr der nationale Einlagensicherungsfonds, sondern ein gemeinsamer europäischer Topf für die Kosten dieser Sanierung und Konsolidierung aufkommt.

Mindestvoraussetzungen für die Errichtung einer einheitlichen europäischen Einlagensicherung wären deshalb die Vergleichbarkeit der Kapitalquoten aller Banken in der Bankenunion (siehe oben – Stichwort »interne Risikomodelle«), die vollständige Umsetzung der Bankenabwicklungsrichtlinie und der Einlagensicherungsrichtlinie in allen Mitgliedstaaten, eine ausreichende Finanzausstattung der nationalen Einlagensicherungssysteme, die in den europäischen Topf eingebracht werden sollen, und eine weitere Harmonisierung des Insolvenzrechts innerhalb der EU. Ferner sollten geeignete Kriterien entwickelt werden, um zu bemessen, ob ein nationaler Bankensektor als Ganzes ausreichend stabil ist, um seinen Banken den Übergang in ein europäisches System zu ermöglichen. Vorstellbar wäre als Maß etwa der Anteil notleidender Kredite an der kumulierten Bilanzsumme aller Banken in dem jeweiligen Mitgliedstaat.

Auch die Stärkung der Eigenverantwortung der Anleger und die Besserstellung solider Institute im Rahmen der Einlagensicherung tragen durch mehr fairen Wettbewerb zu einer höheren Stabilität des Finanzsystems bei.

WETTBEWERB UND STABILITÄT ERGÄNZEN SICH

Gute Bankenregulierung bedeutet nicht zwangsläufig, dass die Akteure im Finanzsystem in ihren Möglichkeiten beschnitten werden müssen – im Gegenteil: Mit den richtigen regulatorischen Rahmenbedingungen kann fairer Wettbewerb im Finanzsystem gelingen, der solide Spieler langfristig erfolgreich macht und den Hasardeuren der Finanzwirtschaft einen Platzverweis erteilt.

In Zeiten, in denen Preis- und Wettbewerbsdruck auf den Weltmärkten immer stärker werden, sind begleitende Finanzdienstleistungen nicht selten entscheidend für den erfolgreichen Geschäftsabschluss. Unternehmen und Privathaushalte finanzieren sich heute aber immer noch zu einem überwiegenden Teil über nationale Finanzdienstleister. Dies steht in krassem Missverhältnis zur grenzüberschreitenden Wertschöpfung im Europäischen Binnenmarkt. Um innereuropäische Synergien zu heben, müssen sich Banken auf einem einheitlichen Spielfeld auf Augenhöhe deutlich mehr Wettbewerb liefern.

Konkret bedeutet das: Wo es sich nicht mehr lohnt, aus Unterschieden in der Finanzmarktregulierung Rendite zu ziehen, treten Banken in einen echten Leistungswettbewerb. Spätestens dieser führt dazu, dass Finanzinstitute selbst ein Interesse an strenger und doch wettbewerbsorientierter Finanzmarktregulierung haben – allein schon, um die schwarzen Schafe aus dem Markt zu drängen, die den guten Ruf der Branche viel zu lange aufs Spiel gesetzt haben. Aus regulatorischer Arbitrage wird *Vertrauensarbitrage*. In diesem Sinne steht erhöhter Wettbewerb nicht im Widerspruch zu hoher Sicherheit im Finanzsystem. Wettbewerb und Systemstabilität sind keine Gegensätze, sondern bilden zusammen die Voraussetzungen für neues, dauerhaftes Vertrauen in das Finanzsystem einer verbesserten Eurozone.

Wie die bislang vielversprechenden, jedoch ungenügenden Versuche der Europäischen Bankenunion gezeigt haben, scheitert ein solcher Quantensprung in der Finanzmarktregulierung

oft an nationalen Regierungen, die Reformen der Verträge blockieren können, weil sie einstimmig erfolgen müssen. Ein Neuanfang im Währungsraum infolge eines drohenden Zusammenbruchs könnte den Spielraum schaffen, diese Blockaden zu lösen.
So könnte es am Tag danach gelingen, in Europa nicht nur eine
bessere Zentralbank und wirksamere Kontrollen gegen Neuverschuldung, sondern auch einen krisenresistenteren Finanzsektor
zu schaffen, der einerseits gegen Staatspleiten gewappnet ist und
andererseits nicht durch ausufernde Spekulation selbst zu einer
Gefahr für die Staatsfinanzen wird. Eine höhere Finanzstabilität
wäre wiederum die beste Versicherung gegen die öffentliche
Schuldensucht und eine erneute Politisierung der EZB. Gemeinsam würden diese drei Bausteine den Zusammenhalt des Währungsraums festigen.

8
ALLES AUF ANFANG

Wir haben in diesem Buch ein Gedankenexperiment gewagt und eine Blaupause für eine krisenfeste Währungsunion gezeichnet. Dabei haben wir uns davon freigemacht, was derzeit politisch machbar ist, und stattdessen beschrieben, was wirtschaftlich sinnvoll und nötig wäre. Wenn man den Euro grundlegend verbessern und zu einer wirklichen Erfolgsgeschichte machen möchte, kommt man um diese Aufgabe nicht herum. Heute beschränkt sich die Politik der Euroländer auf den kleinsten politischen Nenner. Aus diesem Grund befürchten wir ein Scheitern der Gemeinschaftswährung: Zum einen, weil die europäischen Institutionen nicht mehr handlungsfähig sind und das Vertrauen in sie massiv beschädigt ist. Zum anderen, weil die gegenwärtige Struktur der Währungsunion Regierungen geradezu einlädt, ihre innenpolitischen Probleme auf die Gemeinschaft abzuwälzen und zu verlangen, dass diese dafür zahlt. Die Fliehkräfte in der Eurozone nehmen deshalb immer weiter zu, und der EZB gelingt es immer weniger, die Lage unter Kontrolle zu bringen. Die Nullzinspolitik und *Quantitative Easing* entlasten die Staatshaushalte zwar und kaschieren die Probleme kurzfristig. Die Existenzkrise der Eurozone lässt sich so allerdings nicht auf Dauer beenden. Der gemeinsame Währungsraum steuert auf eine historische Zäsur zu. Die Frage ist nicht, *ob* sie kommt, sondern *wann*.

Falsch wäre es, im Moment des Scheiterns der Währungsunion in Schockstarre zu verfallen und die vielleicht naheliegende Lösung zu wählen: Mit der Rückkehr zu nationalen

Währungen wäre nichts gewonnen. Vielmehr bietet gerade die Krisensituation die Chance zum Neuanfang. Wir liefern eine Entscheidungsskizze für diesen Moment, in dem *alles auf Anfang* gestellt wird. Diese Blaupause ist kein Notfallplan, der wie frühere Rettungspakete allein mehr Zeit kaufen und das Leiden aller Beteiligten verlängern würde. Wir sehen in ihr ein Konzept für die *Stunde null*, eine Montageanleitung für eine bessere europäische Währungsunion.

GEGEN ZENTRALISMUS UM JEDEN PREIS

Selten war es so schwierig, die Entwicklungen der nächsten Jahre verlässlich vorherzusagen. Neue Kräfteverhältnisse in Weltpolitik und Weltwirtschaft sorgen dafür, dass viele Akteure ihre Rollen überdenken und hinterfragen müssen. Aus neuen Machtansprüchen resultieren geopolitische Konflikte – sie flankieren die Veränderungen des Spielfelds. Hinzu kommen weiterhin hohe systemische Risiken in den Finanzmärkten, die in den kommenden Jahren ebenfalls für Überraschungen sorgen dürften. Diese drei Faktoren höherer Unsicherheit treten nicht isoliert auf. Zwischen ihnen bestehen Wechselwirkungen.

Prognosen sind kaum möglich. Unsere Zukunft hängt von unvorhersehbaren Ereignissen ab, aber auch von unserer Fähigkeit, damit umzugehen. In einem so vielfältigen Staatenverbund wie Europa kann eine gemeinsame Währung nur dann bestehen, wenn jedes Land seine Fehler selbst korrigiert – und sich selbst zu helfen weiß. Ein unsicheres Umfeld erfordert schnelle Reaktionen. Ein Europa, das die Pluspunkte einer gemeinsamen Währung mit den Vorteilen einer dezentralen Zusammenarbeit verbindet, navigiert am besten durch diese Welt. Allein aus der Fähigkeit eines Währungsraums und seiner Zentralbank, auch größere Erschütterungen schadlos zu überstehen, kann langfristig Vertrauen in seine Institutionen und Geldpolitik entstehen und wachsen.

Aus diesem Grund unterscheiden sich unsere Vorschläge deutlich von dem, was die politisch Verantwortlichen heute als Lösung der Eurokrise diskutieren. Gerade einmal zwei Jahre ist es her, dass die fünf Präsidenten der Europäischen Kommission, des Europäischen Rats, des Europäischen Parlaments, der Eurogruppe und der Europäischen Zentralbank einen Bericht vorgelegt haben, in dem sie ihre Vorstellungen von der Zukunft der Eurozone präsentierten. Dieser sogenannte Fünf-Präsidenten-Bericht zielt darauf ab, die Eurozone über eine stärkere politische Integration der Euroländer weiterzuentwickeln. Er beinhaltet im Grunde eine vollständige Abkehr von den Grundprinzipien des Maastrichter Vertrags, die vorsahen, dass die Mitgliedsländer unabhängig über ihre Politik entscheiden. Stattdessen geht es um einen Übergang »von einem System der Regeln und Leitlinien für die nationale Wirtschaftspolitik hin zu einem System weitergehender Souveränitätsteilung im Rahmen gemeinsamer Institutionen«.[1] Dazu gehört vor allem eine stärkere Koordination der Wirtschafts- und Finanzpolitik durch gemeinsame Institutionen wie etwa ein europäisches Finanzministerium.

Wir bezweifeln allerdings, dass sich mit zentralistischen Vorgaben für sehr unterschiedliche Volkswirtschaften, die sich möglicherweise noch an den diversen Wahlterminen in den einzelnen Ländern ausrichten müssen, eine stärkere Angleichung der Wirtschaftsstrukturen im Euroraum erreichen lässt. So gibt es beispielsweise keine Maßnahme, mit der sich Jugendarbeitslosigkeit in der gesamten Eurozone verringern ließe. Zu unterschiedlich sind die Ursachen der Misere von Land zu Land: Fehlende Wettbewerbsfähigkeit, der Wegfall wichtiger Schlüsselindustrien durch den technologischen Wandel, ein mangelhaftes (Aus-)Bildungssystem, ein ausgeprägtes Stadt-Land-Gefälle und starre Arbeitsmärkte sind innerhalb der Eurozone in unterschiedlichem Maße für die Jugendarbeitslosigkeit verantwortlich. Auch die immer wieder diskutierte Vereinheitlichung des Renteneintrittsalters innerhalb der Eurozone würde in einigen Ländern zu einer Erhöhung, in anderen dagegen zu einer Absenkung des Ruhestandsalters führen, denn auch hier sind die Unterschiede groß: In Frankreich spielt die gesetzliche Rentenversicherung eine entscheidende Rolle in der Altersvorsorge der Arbeitnehmer, in den Niederlanden wird eine steuerfinanzierte Grundrente mit einer Arbeitnehmerpflichtversicherung verknüpft, die wiederum durch eine private Altersvorsorge ergänzt werden kann. In Irland gibt es viele junge Menschen und daher wenig Druck auf die Alterssicherung, während in Italien die Bevölkerungspyramide schon bald auf dem Kopf steht. In Spanien wiederum besitzen viele Menschen Wohneigentum, und die Familie trägt wesentlich zur Absicherung des Einzelnen bei, während in Deutschland überdurchschnittlich viele Menschen zur Miete wohnen und sich seltener auf die Familie als Versorgungsbund verlassen können. Eine europaweite Angleichung der Systeme kann unter diesen Umständen nicht gelingen. Wenn ein Land gegenüber anderen wirtschaftlich aufholen will und auch soll, dann muss es doch gerade die Möglichkeit haben, sich im Vergleich mit diesen anderen Ländern an irgendeiner Stelle zu unterscheiden und einen Vorteil zu verschaffen. Politisch erzwungene Konformität erschwert diesen Aufholprozess.

Den fünf Präsidenten schwebt schließlich eine Vergemeinschaftung der Finanzen der Mitgliedstaaten als letzter Schritt einer Vertiefung der Währungsunion vor. Auch das hätte überwiegend negative Folgen. Unpopuläre, aber nötige Strukturanpassungen in einem Teil der Währungsunion würden verschleppt, weil ein solcher europäischer Finanzausgleich deren Konsequenzen kurzfristig abmildern würde. Es wäre für die Politik innenpolitisch immer bequemer, mit drastischen Geldforderungen an die europäischen Partner heranzutreten, als dem heimischen Publikum die Notwendigkeit von Veränderungen zu erläutern. Umgekehrt würde sich die Bevölkerung der Geberländer mit Recht fragen, wofür sie sich eigentlich noch anstrengen soll.

Das Ergebnis eines zentralistischen, planerischen und umverteilenden Ansatzes für die Eurozone wäre daher unweigerlich mit einem Verlust an Innovationskraft und Anpassungsfähigkeit verbunden. Die Vorschläge des Fünf-Präsidenten-Berichts bedeuten letztlich einen erheblichen Verlust nationaler Souveränität und eine Stärkung der Kompetenzen der Europäischen Kommission. Dies würde das bestehende Demokratiedefizit in Europa weiter verschärfen. Schließlich wird die Europäische Kommission nicht von den Bürgern Europas gewählt und hat kaum Rechenschaftspflichten. Zudem würde die Gefahr von Konflikten zwischen den nationalen Regierungen und der Europäischen Kommission und den Mitgliedstaaten untereinander zunehmen. Ständige Verteilungskonflikte in den europäischen Institutionen würden die Union immer weiter spalten.

Letztlich entstammt der Fünf-Präsidenten-Bericht dem Zeitgeist der Frühphase des Euro, in der sich die Gründerväter angesichts mangelnder Mehrheiten für einen europäischen Zentralstaat erhofften, dass die Währungsunion zum Vorläufer einer politischen Union werden und die gesellschaftliche Zustimmung dafür von allein entstehen würde. Aktuelle Bestrebungen der Europäischen Kommission, der französischen Regierung und der Bundesregierung, Zuständigkeiten und Finanzierungskompetenzen auf der europäischen Ebene künftig noch stärker zu bündeln, stehen für eine unbeirrte Fortführung dieses Kurses. Ein Umdenken ist nicht in Sicht. Hier wie dort stellt sich jedoch das gleiche Problem: Heute ist nicht der Erfolg, sondern der Misserfolg der Währungsunion das Argument für eine stärkere Zentralisierung. Weil der Euro in so großen Problemen steckt, sollen die Mitgliedsländer noch mehr Souveränität abgeben, um ihn zu retten.

FÜR VIELFALT UND VERANTWORTUNG

Die Alternative zu dieser zentralistischen Lösung liegt in einer Stärkung des Subsidiaritätsprinzips. Dahinter steckt die Erkenntnis, dass Angelegenheiten, die die kleineren Einheiten gut lösen und zum Erfolg führen können, nicht von der übergeordneten Einheit ausgeführt werden sollten. Die Vielfalt, der lebendige Wettbewerb der Europäer untereinander und das Aufeinandertreffen unterschiedlichster Ideen und Konzepte haben den Kontinent erfolgreich und wohlhabend gemacht – in wirtschaftlicher wie kultureller Hinsicht. Erst und nur auf Basis dieser Geschäftsgrundlage haben sich die Europäer entschieden, über die Europäische Union den Austausch im Inneren zu vertiefen und die Kräfte Europas nach außen gegenüber anderen Staaten zu bündeln.

Die Euroländer müssen deshalb so viel Politik wie möglich vor Ort gestalten, auch als Beitrag zu einer lebendigen und bürgernahen Demokratie, in der der einzelne Bürger spürt, dass er mit seiner Stimme und seinem politischen Engagement etwas bewirkt. Je größer die politische Einheit ist, innerhalb deren Entscheidungen fallen, desto schwieriger ist es naturgemäß für die Bürger, sich selbst politisch einzubringen. Demokratische Partizipation wird daher mit zunehmender Zentralisierung von Macht durch professionell betriebenes Lobbying durch hierfür bezahlte Spezialisten ersetzt. Der Wunsch nach einer lebendigen Demokratie sollte deshalb bereits für sich allein ausreichen, um einen Staat von unten nach oben aufzubauen und politische Macht maßvoll zu zentralisieren.

Nur um Missverständnissen vorzubeugen: Subsidiarität bedeutet natürlich nicht Dezentralisierung um jeden Preis. Bestimmte Aufgaben lassen sich besser gemeinsam als einsam erfüllen. Der europäische Binnenmarkt beispielsweise braucht nach wie vor einheitliche Wettbewerbsregeln. Ohne die EU wäre es wohl kaum gelungen, mehr Wettbewerb in staatsnahen Branchen wie Post, Telekom oder Flugverkehr durchzusetzen. Ohne den Druck aus Brüssel hätten nationale Politiker und Funktionäre wohl kaum ihren Einfluss freiwillig aufgegeben. Auch in der Geldpolitik haben sich die Euroländer für eine gemeinsame Währung entschieden. Darum sollen die nationalen Notenbanken nach unserer Auffassung auch auf Einfluss und Proporz in der Geldpolitik verzichten. Ein EZB-Rat mit 25 Mitgliedern und Vertretern aus jedem einzelnen Euroland ist viel zu schwerfällig. Dort, wo die Gemeinschaft aus guten Gründen Kompetenzen vergemeinschaftet, fordern wir folglich handlungsfähige europäische Strukturen.

Gerade Europa als politisches Gebilde ganz eigener Art beruht allerdings mehr als alle anderen staatlichen Einheiten der Welt auf seiner Vielfalt. In dieser Vielfalt liegt Europas eigentliche Stärke, die es aktiv einzusetzen und nicht wegzuregulieren gilt. Diese Vielfalt ist aber auch – zumindest gegenwärtig – die äußere Grenze für die Vereinheitlichung von Strukturen und die Zentralisierung von Macht in Europa. Es würde deshalb nicht gut gehen, wenn diese Vielfalt unter dem Druck einer Finanzkrise und angeblicher wirtschaftlicher Zwänge immer weiter eingeschränkt würde – selbst dann nicht, wenn demokratisch gewählte Politiker dies aus den besten Motiven heraus versuchen sollten.

Durch die von uns vorgeschlagene Stärkung dezentraler Verantwortung würde der Euro auf seine Kernaufgabe als Zahlungs- und Wertaufbewahrungsmittel beschränkt und nicht mehr als Bühne für Verteilungskonflikte und politische Streitereien missbraucht. Auch Banken und Finanzinvestoren müssen unter diesen Bedingungen wieder für ihre unternehmerischen Entscheidungen haften – die guten wie die schlechten. Im Mittelpunkt stünden künftig die Menschen, die den Euro nutzen, und ihr Bedarf nach einem sicheren und werthaltigen Zahlungsmittel. Unser Vorschlag würde die Währungsunion stabilisieren, ohne beträchtliche Kompetenzen nach Brüssel zu verlagern. Auch dann würde und sollte Europa nach unserer Überzeugung immer weiter zusammenwachsen, zum Beispiel dadurch, dass Menschen grenzüberschreitend zusammenarbeiten, miteinander handeln, in Nachbarländern studieren oder arbeiten. Diesen Bewusstseinswandel kann man weder zentral planen noch verordnen, und man muss dies auch gar nicht tun. Er wird aus dem Austausch der Menschen selbst erwachsen.

Die von uns geforderte Subsidiarität bedeutet natürlich eine Menge Verantwortung für alle beteiligten politischen Ebenen: Jede dieser Ebenen – Kommune, Region und Nationalstaat ebenso wie die Europäische Union – muss für ihre Entscheidungen einstehen. Das schließt die Verantwortung der Wähler ein, sich politisch einzubringen und verantwortungsvolle Regierungen zu wählen oder aber die Folgen von Fehlentscheidungen der von ihnen demokratisch gewählten Regierungen zu tragen und an einer Verbesserung der Lage zu arbeiten. Dass man diese vermeintliche Selbstverständlichkeit heute überhaupt betonen muss, zeigt, wie sehr die immer weitere Zentralisierung politischer Macht bereits zu einem verbreiteten Gefühl von Nichtverantwortlichkeit geführt hat. Möglicherweise können sich manche Menschen tatsächlich gar nicht mehr vorstellen, wie erfolgreich dezentrale Staatengebilde sein können. Doch darf die Anpassungsfähigkeit, Kreativität und Lernbereitschaft von Menschen und Institutionen nicht unterschätzt werden, die entsteht, wenn sie für ihre Fehler haften, aber auch die Früchte ihrer Arbeit ernten.

Nicht umsonst lautet der wunderbar treffende Wahlspruch Europas, den Schüler im Rahmen eines Ideenwettbewerbs entworfen haben und der in den (später gescheiterten) Verfassungsvertrag für Europa aufgenommen wurde: *In Varietate Concordia – in Vielfalt geeint*. Allzu schwer sollte es uns Europäern deshalb eigentlich nicht fallen, uns auf unsere Grundsätze zurückzubesinnen.

BLICK NACH VORNE

Wir haben drei Bausteine vorgestellt, um die EZB wieder zu entpolitisieren und den Grundstein für wirtschaftliche Erholung und solide Staatsfinanzen zu legen:

1. RECHENSCHAFT UND TRANSPARENZ: Die EZB muss schneller und besser entscheiden. Deshalb sollte der EZB-Rat verschlankt und mit den besten Experten besetzt werden – unabhängig von ihrer Herkunft. Einen Nationenproporz kann sich die EZB nicht leisten. Außerdem muss sie besser kontrolliert werden, um aus Fehlern zu lernen und sich institutionell weiterzuentwickeln. Ergänzt werden muss dies um Rechenschaftspflichten und eine Transparenzoffensive. Erst dies kann die Grundlage für neues Vertrauen in die Notenbank legen.

2. ZURÜCK ZUM HAFTUNGSPRINZIP: Die EZB ist nicht zuletzt deshalb in schwere Abhängigkeiten geraten, weil der Grundsatz, dass die Länder der Währungsunion nicht füreinander haften, und das Verbot der Staatsfinanzierung durch die Notenbank in den letzten Jahren ausgehöhlt wurden. Mit Maßgaben, die das Haftungsprinzip auf Seiten der Gläubiger stärken, erhöhen wir die Anreize für individuelle Risikovorsorge bei Investoren. Dies kann für eine vorsichtigere Kreditvergabe an Staaten sorgen und somit verhindern, dass die EZB erneut in die Rolle des Euroretters gerät. Für die EZB wäre das Haftungsprinzip wie ein Schutzwall vor monetärer Staatsfinanzierung. Dies könnte das Vertrauen in die Zentralbank zusätzlich stützen.

3. FAIRER WETTBEWERB IM FINANZSYSTEM UND HAFTUNG FÜR VERLUSTE: Ein stabiles Finanzsystem kann es nur geben, wenn die wechselseitige Abhängigkeit von Banken und Staaten durchbrochen wird – durch fairen Wettbewerb um das beste Angebot für die Kunden, ein Ende der einseitigen Bevorzugung von Krediten an Staaten, volle Haftung von Banken für erlittene Verluste, ein glaubwürdiges Abwicklungsregime für gescheiterte Banken und eine starke europäische Bankenaufsicht, die konsequent von der Geldpolitik getrennt wird.

Unsere Vorschläge schaffen eine funktionierende Währungsunion, ohne dass dafür weitere Politikfelder von Brüssel aus vereinheitlicht werden müssten. Würden sie umgesetzt, wären entscheidende Probleme der heutigen Eurozone gelöst: Eine vernünftige, an Produktivität und Wachstum ausgerichtete Wirtschaftspolitik müsste nicht mehr mit Druck durchgesetzt werden. Länder der Europeripherie würden selbstständig an Wettbewerbsfähigkeit gewinnen – und die enormen gesamtwirtschaftlichen Ungleichgewichte, die sich in den gigantischen Exportüberschüssen und Leistungsbilanzdefiziten einzelner Länder manifestieren, würden sich auf lange Sicht wieder einrenken. Gleichzeitig könnten populistische Politiker auch nicht mehr die Eurozone als Geisel nehmen. Sie könnten nicht mehr ohne Weiteres an den europäischen Regeln vorbei eine Politik auf Pump betreiben, die den eigenen Wählern einen höheren Lebensstandard ohne entsprechende Anstrengung verspricht, und dann angesichts einer drohenden Staatspleite Hilfsgelder von den europäischen Partnern einfordert. Die EZB wiederum hätte keinen Grund mehr, die exzessive Verschuldung von Staaten zu subventionieren, nur um den Zusammenbruch der Währungsunion zu verhindern und dabei gleichzeitig immer neue Risiken für die Systemstabilität zu erzeugen.

Die besten Kontrolleure der staatlichen Kreditwürdigkeit wären in dieser besseren Eurozone die Investoren. Sie müssten künftig damit rechnen, im Falle eines Staatsbankrotts einen Teil ihrer Anlagen zu verlieren, und würden daher mehr denn je die tatsächlich eingegangenen Risiken berücksichtigen. Im Gegenzug würden Staatsinsolvenzen nicht mehr zwangsläufig auf eine existenzielle Krise der Währungsunion hinauslaufen. Bankenpleiten wiederum wären aufgrund der besseren Risikovorsorge von vornherein unwahrscheinlicher und könnten notfalls besser kontrolliert werden, ohne neue Rettungsexzesse zu Lasten der Steuerzahler zu verursachen. Generell hätten Banken dadurch einen Anreiz, lieber gute Ideen, neue Produkte und nachhaltiges Wachstum von Privatunternehmen zu finanzieren als den kurzfristigen Wahlerfolg von Politikern und Parteien. In all den Vorschlägen liegt nicht nur eine weitaus elegantere Steuerung der Währungsunion hin zu einer wachstumsorientierten Politik, sozialer Balance und einem umsichtigen Umgang mit Geld. Es geht auch um einen sorgsameren Umgang der politischen Entscheidungsträger mit dem kostbaren, aber verletzlichen Gut der Demokratie.

KRISENFEST – NICHT KRISENFREI

Es wäre vermessen, anzunehmen, dass unsere Vorschläge einen optimalen, für alle Zeiten *krisenfreien* Währungsraum erschaffen könnten. Unsere Welt ist in dauerhaftem Wandel, und kein noch so ausgefeiltes institutionelles Arrangement kann allen Unsicherheiten vorab Rechnung tragen. Der Euro selbst beweist, was passieren kann, wenn eine Währung mit den besten politischen Absichten und einer gewissen Sorglosigkeit hinsichtlich der Risiken geschaffen wird. Verwirrung und Ratlosigkeit sind dann besonders groß, wenn unerwartete Ereignisse die ehrgeizigen Annahmen eines solchen Systems durchkreuzen, das sich selbst für »irreversibel« (Mario Draghi) oder »alternativlos« (Angela Merkel) hält. Oft führen gerade diese Turbulenzen dazu, dass im entscheidenden Moment die falschen Entscheidungen getroffen werden.

Wir zeichnen stattdessen das Bild eines *krisenfesten* Währungsraums, der mit handlungsfähigen Institutionen auch künftige Schieflagen und Krisen überstehen kann. Die radikalen Reformen der europäischen Verträge, die unsere Vorschläge voraussetzen, haben vermutlich allenfalls dann eine Chance auf Umsetzung, wenn sich die Dinge in Europa weiter zum Schlechten wenden. Allein das Lernen aus der Krise dürfte die Chance eröffnen, einen besseren Währungsraum zu schaffen. Erst am Totpunkt, wenn Europa durch eigene Erfahrung versteht, dass der aktuelle Weg falsch ist, besteht die Chance auf eine nachhaltige Besserung. Wir sind uns sicher: Ein neuer Euro hätte das Potenzial, unseren Kontinent stärker zu einen, als wir uns das heute vorstellen können. Der neue Euro, den wir vorzeichnen, ist krisenfest, gerade weil er aus den bitteren Lehren einer schweren Krise heraus entstünde.

Würde es den Staaten der Währungsunion in einer solchen Krise überhaupt noch gelingen, sich wieder zusammenzuraufen und an einer gemeinsamen Währung festzuhalten? Das ist leider nicht ausgemacht. Der Währungsraum, wie wir ihn vorzeichnen, bietet aber so viele Vorteile, dass es klug und richtig wäre, wieder daran teilzunehmen. Ist das überhaupt denkbar angesichts der Verwerfungen und Verletzungen in einer solchen Situation? Auch davon sind wir überzeugt. Die Entscheidung, die Europa nach dem Zivilisationsbruch des Zweiten Weltkriegs getroffen hat, nämlich jahrhundertealte Feindschaften durch Zusammenarbeit zu überwinden, macht uns Mut. Angesichts dieser historischen Leistung scheint uns eine neue Währungsunion, bei der *alles auf Anfang* gestellt wird, erst recht erreichbar und jede Anstrengung wert.

ANMERKUNGEN

1 DER EURO: EIN DRAMA IN FÜNF AKTEN

1 Ökonomen sprechen in diesem Zusammenhang auch von der sogenannten Krönungstheorie.

2 In Abgrenzung zur Krönungstheorie wird diese Denkschule auch als Endogenitätstheorie bezeichnet.

3 Vgl. hierzu Gilles Moec, *Swapping Growth Models in Europe*, Focus Europe, London: Deutsche Bank Research 2013.

4 Grund dafür sind Vorgaben der Baseler Eigenkapitalvereinbarung aus dem Jahr 1988 (Basel I), die auch in den Folgeabkommen Basel II und Basel III nicht revidiert wurden. Staatspapiere gelten somit als risikofreie Vermögensklasse.

5 Das lag unter anderem daran, dass US-Banken einen Teil ihrer Kreditrisiken verbrief und auch an Banken und Investmentgesellschaften in Europa verkauft hatten.

6 Notieren die Kurse von Staatsanleihen unter dem Nennwert, ist dies ein Zeichen dafür, dass Investoren dieser Anleihe ein gestiegenes Ausfallrisiko beimessen. Das wirkt sich dann auch auf die Rendite der Anleihe aus. Die Rendite – sie ist der Abstand zwischen ihrem Nominalwert plus Zinsen und dem aktuellen Marktkurs – wird auf Jahresbasis bis zum Laufzeitende berechnet und ins Verhältnis zum aktuellen Marktwert gesetzt. Hohe Renditen stehen für hohe Risiken. Die Renditeabstände einzelner Länder im Verhältnis zum klassenbesten Land einer Vergleichsgruppe geben ein gutes Bild über das Vertrauen ab, das Geldgeber in die jeweilige Zahlungsfähigkeit der Länder legen – und über ihre Bereitschaft, diese Länder weiter zu finanzieren. Für Staaten wird das dann relevant, wenn sie nach

Laufzeitende der Anleihen neue Staatsanleihen begeben müssen, um sich zu refinanzieren oder neuen Kredit aufzunehmen, denn die Zinsforderungen von Investoren orientieren sich bei Anleiheauktionen ebenfalls an der Rendite der aktuell gehandelten Anleihe. So können Länder mit hohen Schuldenständen schnell an den Rand ihrer Zahlungsfähigkeit geraten.

7 Vor der Krise war die Liquiditätszuteilung der EZB an Geschäftsbanken noch mengenmäßig begrenzt. Damals mussten die Banken sich im Rahmen sogenannter Zins- und Mengentendergeschäfte um Liquidität bemühen. Seit Oktober 2008 ist das anders: Mit dem sogenannten Regime der Vollzuteilung erhält jede Bank so viel Liquidität, wie sie benötigt.

8 In der Tat gab die EZB bei ihren früheren Anleiheaufkaufprogrammen SMP, CBPP sowie dem nie aktivierten OMT an, dass sie die zusätzlichen Mittel, die über Staatsanleihekäufe in den Markt gegeben wurden, über bestimmte Refinanzierungsgeschäfte mit Geschäftsbanken vom Geldmarkt wieder abziehen würde (sog. Sterilisation). Buchhalterisch handelt sie damit korrekt. Es darf jedoch bezweifelt werden, ob dies unter einem Regime der Vollzuteilung, in dem Geschäftsbanken ohnehin unbegrenzt Liquidität von der EZB abrufen können, wirklich entscheidend ist. Seit der quantitativen Lockerung werden Anleihekäufe nicht mehr sterilisiert.

9 In geringerem Umfange wurden auch gedeckte Schuldverschreibungen von Unternehmen – sogenannte Pfandbriefe – aufgekauft, und zwar im Wert von über 100 Milliarden Euro in zwei Programmen (CBPP I und CBPP II).

10 Vgl. »Verbatim of the remarks made by Mario Draghi«, Ansprache auf der Global Investment Conference in London am 26. Juli 2012. Frankfurt: Europäische Zentralbank. https://www.ecb.europa.eu/press/key/date/2012/html/sp120726.en.html; letzter Zugriff am 29. Juni 2017.

2 EUROLAND AM SEIDENEN FADEN

1 Bereits seit 2010 hat die EZB im Zuge mehrerer Programme Kreditverbriefungen und Pfandbriefe um Umfang von rund 100 Milliarden Euro gekauft. Man erhofft sich davon, die Kreditvergabe der Banken direkter beeinflussen zu können.

2 Rating-Agenturen bewerten die Bonität von Staaten und anderen Schuldnern mit sogenannten Ratings. Diese Bonitätsnoten reichen auf einer alphabetischen Spanne von AAA (*Prime*), AA und A (*High Grade*) bis hin zu CCC, CC und C (niedrigste Bonität). Mit den Vorzeichen Plus und Minus kann das Rating weiter ausdifferenziert werden. Der Buchstabe D steht für *Default* und damit den Zahlungsausfall.

3 Die Rolle der EZB als Aufseherin großer Finanzinstitute wird in Kapitel 5 und 7 ausführlich besprochen.

4 Als Verbesserung der Kreditvergabe wertet die EZB bereits, wenn sich der Rückgang der Kreditvergabe einer Bank verringert.

5 Vgl. hierzu Ulf Sommer, »Konzerne im Schuldenrausch – eine riskante Wette«, *Handelsblatt Online*, 14. Dezember 2016. http://www. handelsblatt.com/my/unternehmen/industrie/konzerne-im-schuldenrausch-eine-riskante-wette/14975188.html; letzter Zugriff am 29. Juni 2017.

6 Vgl. hierzu die Zeitreihen der Deutschen Bundesbank zu Neugeschäftsvolumina der Banken in Deutschland zu besicherten Wohnungsbaukredite an private Haushalte, anfängliche Zinsbindung über 10 Jahre, einsehbar auf der Website der Deutschen Bundesbank. Link: http://www.bundesbank.de; letzter Zugriff am 29. Juni 2017.

7 Vgl. Mario Draghi am 15. Juni 2015 vor dem Ausschuss Wirtschaft und Währung des Europäischen Parlaments. Videoaufzeichnung, im Internet abrufbar unter http://web.ep.streamovations.be/index. php/event/stream/150615-1500-committee-econ; letzter Zugriff am 29. Juni 2017.

8 Auch die Zentralbank von Zypern aktivierte rund 10 Milliarden Euro aus der ELA-Fazilität. Vgl. hierzu Hans-Werner Sinn, »Die

EZB betreibt Konkursverschleppung«, *Süddeutsche Zeitung*, 10. Februar 2015, S. 18.

9 Im Februar 2013 entschied sich die irische Regierung, die Abwicklungs- und Auffanganstalt IBRC aufzulösen. Sie war für die beiden notleidenden Kreditinstitute Anglo Irish Bank und Irish Nationwide Building Society eingerichtet worden. Allerdings hatten diese beiden Banken im Jahr 2010 unter anderem hochverzinsliche Anleihen der irischen Regierung als Sicherheit für Notkredite bei der Irischen Nationalbank hinterlegt. Diese wurden bei der Abwicklung der IBRC in lang laufende, niedrig verzinste Anleihen umgewandelt. Die irische Zentralbank blieb daher auf Papieren mit geringeren Zinsen sitzen und entlastete den irischen Staat somit um eine zweistellige Milliardensumme.

10 Eine genauere Analyse ist nicht möglich, weil die entsprechenden Beschlüsse der EZB nicht veröffentlicht werden. Das gilt auch für die Sicherheiten, die die EZB für ELA verlangt. Grundsätzlich muss eine nationale Notenbank nämlich von den durch ELA begünstigten Banken Sicherheiten verlangen, wobei ein Abschlag zum Nominalwert anzusetzen ist, um die damit verbundenen Risiken zu minimieren. Auch hinsichtlich der für ELA verlangten Sicherheiten und der Höhe des verlangten Sicherheitsabschlags hat die EZB keine Details veröffentlicht.

11 Die Banque de France hatte 2014 einen Bestand von 170 Milliarden Euro – die Bundesbank dagegen nur von etwa 14 Milliarden Euro. Vgl. hierzu Sebastian Jost, »Das große Geheimnis von Europas Geldmachern«, *Welt Online*, 1. Dezember 2015, https://www.welt.de/wirtschaft/article149435058/Das-grosse-Geheimnis-von-Europas-Geldmachern.html; letzter Zugriff am 29. Juni 2017.

12 Mit ihrem *Responsiveness-to-Reform*-Indikator überwacht die OECD alljährlich, inwiefern Länder willens und in der Lage sind, wirtschaftspolitische Reformen umzusetzen. Vgl. OECD, *Economic Policy Reforms: Going for Growth*, Paris 2016.

13 Konstantin A. Kholodin und Dirk Ulbricht, »Mietpreisbremse: Wohnungsmarktsregulierung bringt mehr Schaden als Nutzen«, in: *DIW Wochenbericht* 15/2014, S. 319–327.

14 Vgl. Eurostat, »Arbeitslosenquote im Euroraum bei 9,6 %«, Presse-
mitteilung vom 31. Januar 2017.

3 VERTRAUENSKRISE UND ZÄSUR

1 Thomas Jahn, »Interview mit Milton Friedman«, in: *Capital*,
11.07.2002, S. 18.

2 Milton Friedman, »The Euro: Monetary Unity To Political Dis-
unity?«, Project Syndicate, 28. August 1997. https://www.project-syn-
dicate.org/commentary/the-euro--monetary-unity-to-political-dis
unity; letzter Zugriff am 16. Mai 2017.

3 Vgl. Paul De Grauwe, *Economics of Monetary Union*, Oxford: Oxford
University Press 2012, S. 119 ff.

4 Auf dem Höhepunkt der Eurokrise 2012 war genau dies zu beobachten: Die Kurse spanischer, portugiesischer und anderer südeuropäischer Staatsanleihen brachen ein. Das trieb die dortigen
Banken, die einen hohen Anteil dieser Papiere hielten, zur Vorsicht.
Sie verlangten von Unternehmen und privaten Haushalten höhere
Zinsen und hielten sich mit der Kreditvergabe zurück. Dies jedoch
schwächte die Wirtschaft noch mehr, drückte die Steuereinnahmen
und strapazierte letztlich die Staatskassen noch weiter. Die EZB ver-
suchte gegenzusteuern, indem sie die Leitzinsen senkte. Das freute
deutsche Hauskäufer und Unternehmen, die sich extrem günstig
frisches Kapital verschaffen konnten. Die niedrigen Zinsen kamen
aber ausgerechnet dort, wo sie am nötigsten waren, nicht an: in den
Krisenländern. Der Leitzins als wichtigstes geldpolitisches Instrument der EZB war in der Krise wirkungslos geworden.

5 Die EZB hat diesen Teil aus dem offiziellen Video von der Pressekonferenz entfernt. Die französische Nachrichtenagentur AFP hat
jedoch einen Ausschnitt der Pressekonferenz auf der Videoplatt-
form youtube.com hinterlegt. https://www.youtube.com/watch?v=
xEPxASwqH-I; letzter Zugriff am 29. Juni 2017.

6 Vgl. Lisa Nienhaus im Interview mit Josephine Witt, »Was stört
Sie an Mario Draghi?«, in: *Frankfurter Allgemeine Sonntagszeitung*,
19. April 2015, S. 24.

7 Vgl. Europäische Kommission (Hrsg.), *Standard Eurobarometer 86.* Brüssel 2016. In derselben Umfrage gaben 41 Prozent der Deutschen an, dass sie der Europäischen Kommission misstrauen. Dem Europäischen Parlament misstrauten 39 Prozent. Diese Werte sind bemerkenswert, stehen doch die Eurobarometer-Umfragen selbst in der Kritik, weil sie angeblich die europäischen Institutionen in günstigem Licht erscheinen lassen. Lesenswert hierzu etwa M. Höppner und B. Jurczyk, »Kritik des Eurobarometers: Über die Verwischung der Grenze zwischen seriöser Demoskopie und interessengeleiteter Propaganda«, in: *Leviathan*, Bd. 40, Heft 3, 2012, S. 326–349.

8 Es steht außer Frage, dass die nachstehenden Vorgehensweisen politischer Entscheidungsträger von der aktuellen Rechtslage des europäischen Vertragswerks nicht gedeckt sind. In jedem Falle wäre jedoch damit zu rechnen, dass sowohl die politisch als auch geldpolitisch erforderlichen Maßnahmen mit einem geldpolitischen Notstand begründet würden. Dies dürfte auch nicht verwundern, zeigt doch ein Blick auf die Euro-Rettungspolitik der letzten Jahre, dass der staatsrechtliche Ordnungsrahmen der Währungsunion schon in der Vergangenheit mehrfach überstrapaziert wurde.

9 Mario Draghi hat zwar in einem Brief an die beiden italienischen Europaabgeordneten Marco Valli und Marco Zanni am 18. Januar 2017 klargestellt, dass ein Land im Falle des Euroaustritts seine Target-Verbindlichkeiten begleichen müsste. Es ist jedoch sehr zweifelhaft, ob dies tatsächlich passieren würde. Es ist nicht realistisch, dass etwa Italien bei einem Euroaustritt über 300 Milliarden Euro an die anderen Euroländer zahlt, um seine Target-Verbindlichkeiten zu begleichen.

10 Einige populistische Kräfte wie die italienische Fünf-Sterne-Bewegung haben zwar bereits ein starkes Interesse an Euroreferenden geäußert. Ob sie jedoch politisch jemals in die Lage kommen werden, eine solche Abstimmung durchzuführen, ist fraglich. Auch die Option, dass etablierte Parteien sich – ganz nach britischem Vorbild – die Forderung nach einem Euroreferendum zu eigen machen,

dürfte nach dem Ausgang des britischen Referendums über den Verbleib in der EU wenig wahrscheinlich sein.

11 Vgl. hierzu Simon J. Evenett und Johannes Fritz, *The Tide Turns? Trade, Protectionism, and Slowing Global Growth*, Global Trade Alert, London und Sankt Gallen: Centre for Economic Policy Research 2015.

4 DIE ZWEITE CHANCE

1 Siehe etwa Thomas Mayer, Thorsten Polleit und Ulrich van Suntum, »Der ›Gold-Euro‹ – eine Versicherung gegen den Euro-Crash«, *Handelsblatt Online*, 14. September 2016. http://www.handelsblatt.com/ finanzen/geldpolitik/gastbeitrag-der-gold-euro-eine-versicherung-ge gen-den-euro-crash/14532798.html; letzter Zugriff am 17. Mai 2017.

2 Aus dieser Logik ergibt sich, dass die Verbindlichkeiten der Bank beim Kreditnehmer sinken, sobald dieser das Geld an ein Konto einer anderen Bank überweist. Zugleich entsteht aber eine Verbindlichkeit der Bank gegenüber der Zentralbank in gleicher Höhe. In der Gesamtschau des Finanzsystems verändert sich daher nichts.

3 Besonders deutlich wird ihr Irrtum bei der Annahme, dass Vollgeld auch ein Allheilmittel gegen eine Überschuldung der öffentlichen Haushalte wäre. Unter einer Vollgeldordnung wären zunächst alle Banken gezwungen, ihre Ausleihungen an Kunden zu 100 Prozent zu decken – dieses Geld müssten sich die Banken vom Staat leihen. Dies wiederum würde es dem Staat erlauben, Forderungen und Verbindlichkeiten einfach gegenzurechnen und eine »Bilanzverkürzung« vorzunehmen. Die Staatsverschuldung könnte nach Ansicht der Vollgeld-Befürworter so größtenteils getilgt werden. Vgl. hierzu auch Daniel Stelter, »Vollgeldsystem: So lösen sich Schulden in Nichts auf«, *Cicero Online*, 8. April 2015. http://cicero.de/kapital/ vollgeldsystem-holt-islands-monetaere-revolution-nach-deutsch land/59091; letzter Zugriff am 17. Mai 2017.

4 Lesenswert hierzu auch Deutsche Bundesbank (Hrsg.), »Anmerkungen zu einer 100-prozentigen Deckung von Sichteinlagen durch

Zentralbankgeld«. Monatsbericht April 2017, Frankfurt: Deutsche Bundesbank. S. 33–36.

5 Vgl. hierzu auch Hans Mathias Kepplinger, »Vertrauenserosion«, Impulsreferat anlässlich der Breakout-Session »Die Vertrauenslücke überwinden« der Alfred Herrhausen Gesellschaft beim Europäischen Forum Alpbach am 29. August 2016. Rednernotizen online abrufbar unter http://startup-trust.de/wp-content/uploads/2016/11/Hans-Mathias-Kepplinger-Vertrauenserosion.pdf; letzter Zugriff am 29. Juni 2017.

5 EZB ENTPOLITISIEREN UND TRANSPARENTER MACHEN

1 Georg Mascolo, Michael Sauga und Anne Seith: »Wie eine Droge«, in: *Der Spiegel*, 35/12 vom 27. August 2012, S. 76.

2 Vgl. Antonio Sigorini, »Siluro targato Germania: L'Italia non rispetta i patti«, in: *Il Giornale*, 27. April 2016. http://www.ilgiornale.it/news/politica/siluro-targato-germania-litalia-non-rispetta-i-patti-1251413.html; letzter Zugriff am 29. Juni 2017.

3 Vgl. o. V., »Bundesbank all'attacco: L'Italia ha violato i patti«, in: *La Stampa*, 27. April 2016, S. 1.

4 Vgl. Eugenio Occorsio, »Bundesbank gela l'Italia Stop al deficit flessibile Riforme e tetto ai bond«, in: *La Repubblica*, 27. April 2016, S. 6.

5 Daniel Hoffmann, *Die EZB in der Krise*, Berlin: Pro BUSINESS 2015.

6 Vgl. Jan Mallien, »National ist fatal«, in: *Handelsblatt* Nr. 78 vom 22.04.2016, S. 25.

7 Nach Gerald Braunberger, »Diese Kritik gibt es so nur in Deutschland«, *Frankfurter Allgemeine Zeitung Online*, 12. Mai 2016. http://www.faz.net/aktuell/wirtschaft/eurokrise/ex-ezb-chefvolkswirt-ottmar-issing-ueber-ezb-geldpolitik-14225737.html; letzter Zugriff am 29. Juni 2017.

8 Europäische Zentralbank: *Die Geldpolitik der Europäischen Zentralbank*, Frankfurt/Main 2011, S. 69 f.

9 Laurence Ball, »The Case for a Long-Run Inflation Target of Four Percent«, IMF Working Paper 14/92, Washington: Internationaler Währungsfonds 2014.

10 Vgl. Jan Mallien, »Nötiger Kompass«, in: *Handelsblatt* Nr. 16 vom 25. Januar 2016, S. 28.

11 Ökonomen wie etwa Willem Buiter argumentieren bereits seit Langem, dass der EZB-Rat viel zu groß ist. Zum Beispiel in einer Anhörung vor dem House of Lords im Mai 2003. https://www.publi cations.parliament.uk/pa/ld200203/ldselect/ldeucom/170/3051302. htm; letzter Zugriff 1. Juni 2017.

12 Vgl. Bibb Latané, Kipling Williams und Stephen Harkins, »Many hands make light the work: The causes and consequences of social loafing«, in: *Journal of Personality and Social Psychology* 1979, Bd. 37, Heft 6, S. 822–832.

13 Anne Sibert, *Central Banking by Committee*, Working Paper No. 091, Amsterdam: De Nederlandsche Bank, Februar 2006, S. 17.

14 Mit seiner Rede hatte Mario Draghi bereits eine starke Vorfestlegung getroffen. Der EZB-Rat beschloss erst zwei Monate später das OMT-Programm, das es der Notenbank ermöglicht, unter gewissen Bedingungen unbegrenzt Anleihen einzelner Euroländer zu kaufen.

15 Vgl. hierzu Robert von Heusinger, »Entmachtet die Bundesbank« im ZEIT-Blog Herdentrieb am 13. Mai 2013. http://blog.zeit.de/ herdentrieb/2013/05/13/entmachtet-die-bundesbank-2_6036; letzter Zugriff am 29. Juni 2017.

16 Vgl. Harald Badinger und Volker Nitsch, *National Representation in Multinational Institutions: The Case of the European Central Bank*, CESifo Working Paper No. 3573, München: ifo Institut, September 2011.

17 Vgl. Jan Mallien, »Aufstand in der Notenbank«, in: *Handelsblatt* Nr. 8 vom 13. Januar 2016, S. 28.

18 Irving L. Janis, *Victims of Groupthink: A Psychological Study of Foreign Policy Decisions and Fiascoes*, Boston: Houghton Mifflin 1972.

19 Janis führte dramatische Fehler in der US-Außenpolitik auf Gruppendenken zurück, zum Beispiel das Versagen bei der Vorhersage des japanischen Angriffs auf Pearl Habour (1941) oder die Entscheidung zur Intervention in den Vietnamkrieg (1964–67); vgl. Janis 1972.

20 Vgl. Chris Giles, »Former BoE officials call for reform«, in: *Financial Times* vom 02. November 2012. https://www.ft.com/content/

29f5948a-2509-11e2-86fb-00144feabdc0; letzter Zugriff am 29. Juni 2017.

21 Vgl. House of Commons, Treasury Committee, *Accountability of the Bank of England. Twenty-first Report of Session 2010–12*, London: House of Commons.

22 Vgl. Benjamin Braun, B. und L. Hoffmann-Axthelm, *Two sides of the same coin? Independence and accountability of the European Central Bank*, Brüssel: Transparency International EU 2017.

23 Lea Paterson, *Are central banks different? Lessons from the evaluation community for central banks evaluation functions*, Bericht für die Evaluation Society Conference 29. September 2016, London: Bank of England.

24 Sara Ashley und Lea Paterson, *The Bank of England's Independent Evaluation Office*, Quarterly Bulletin 2016 Q2, London: Bank of England.

25 Kevin Warsh, *Transparency and the Bank of England Monetary Policy Committee*. London: Bank of England, Dezember 2014.

26 Ruth Berschens, »Kein ausreichender Einblick. Interview mit Klaus-Heiner Lehne«, in: *Handelsblatt* Nr. 223 vom 17. November 2016, S. 30.

27 Norbert Häring, Jan Hildebrand und Yasmin Osman, »Rechnungsprüfer machen Druck auf die EZB«, in: *Handelsblatt* Nr. 57 vom 21. März 2017, S. 31.

28 Vgl. Jan Mallien, »Aufstand in der Notenbank«, in: *Handelsblatt* Nr. 8 vom 13. Januar 2016, S. 28.

29 Vgl. Jan Mallien, »Eine umstrittene Karriere in der Notenbank«, in: *Handelsblatt* Nr. 146 vom 1. August 2016, S. 30.

30 Vgl. Benjamin Braun et al. 2017.

31 Vgl. hierzu den Beschluss der Europäischen Zentralbank vom 4. März 2004 über den Zugang der Öffentlichkeit zu Dokumenten der Europäischen Zentralbank EZB/2004/3, 2004/258/EG, ABl. L 80 vom 18. März 2004, S. 42.

32 Claire Jones, »ECB needs beer and bratwurst offensive to win over business«, *Financial Times*, 25. Oktober 2016. https://www.ft.com/content/3a9bbd8e-97a4-11e6-a80e-bcd69f323a8b; letzter Zugriff am 17. Mai 2017.

6 ZURÜCK ZUR HAFTUNG

1 Vgl. hierzu die einschlägigen fiskalischen Indikatoren in der AMECO-Datenbank der Europäischen Kommission.

2 Unabhängig davon ist eine Fokussierung auf öffentliche Verschuldung allein nicht zielführend. So zeigen Erfahrungen mit Spekulationsblasen in Ländern wie Irland oder Spanien, dass Risiken für die langfristige Schuldentragfähigkeit auch von der Verschuldung der Privathaushalte und den Risiken im Finanzsystem abhängen.

3 Vgl. hierzu beispielsweise Sebastian Dullien und Ferdinand Fichtner, »Eine gemeinsame Arbeitslosenversicherung für den Euroraum«, in: DIW Wochenbericht Nr. 43. Berlin: DIW, 31. Oktober 2012, S. 9–15.

4 Vgl. hierzu Angana Banerji, Bergljot Barkbu, u. a., Building a Better Union: Incentivizing Structural Reforms in the Euro Area, IMF Working Paper 15/201. Washington: Internationaler Währungsfonds, September 2015.

5 Vgl. Europäische Kommission, »Reflection paper on the deepening of the economic and monetary union«. Brüssel, 31. Mai 2017

6 Siehe hierzu z. B. Catherine de Vries und Isabell Hoffmann, A European Finance Minister with Budget Autonomy? Need for reforms of the Eurozone and their potential, given public opinion in Europe. eupinions. Gütersloh: Bertelsmann-Stiftung.

7 Kritisch hierzu Michael Schubert, Der natürliche Zins – ein Irrlicht? Economic Insight. Frankfurt: Commerzbank, 2016.

8 Vgl. Stefan Schneider, »Negative Leitzinsen – die Zweifel nehmen zu«, Aktueller Kommentar, Frankfurt: Deutsche Bank Research, 2016.

9 Vgl. hierzu Deutsche Bundesbank (Hrsg.), »Die Preise für Wohnimmobilien in Deutschland im Jahr 2016«, in: Monatsbericht Februar 2017, Frankfurt: Deutsche Bundesbank. S. 55–57.

10 Weitere offene Punkte sind etwa, ob nur die Verbindlichkeiten der zentralen Verwaltungsebene oder auch der nachgelagerten Gebietskörperschaften betroffen wären und wie mit Staatsunternehmen um-

zugehen wäre. Welche Rolle spielten öffentliche Banken, die in ihrer Funktion als Investoren in Staatsanleihen eine Art Doppelrolle als Schuldner und Gläubiger einnehmen? Und was würde eine Insolvenz für Renten, Sozialleistungen und Rechnungen bedeuten, die dem Staat als öffentlichem Auftraggeber gestellt werden? Was gälte für Ansprüche des Bürgers auf Steuerrückzahlungen?

11 Im Falle einer Laufzeitverlängerung oder eines Verzichts auf Zinszahlungen wäre zumindest Kapitalschutz gewährleistet. Alle Gläubiger wären dann aufgefordert, ihre Anleihen einzureichen. Im Gegenzug würden sie neue Anleihen mit einem niedrigeren Nominalwert, einer längeren Laufzeit oder einem entsprechend niedrigeren Zinscoupon erhalten.

12 Vgl. Katia Porzecanski, Charlie Devereux und Bob Van Voris, »Paul Singer Cuts Deal With Argentina After Ugly, 15-Year Dispute«, Bloomberg, 29. Februar 2016. https://www.bloomberg.com/news/articles/2016-02-29/argentina-reaches-4-65-billion-deal-with-main-holdouts; letzter Zugriff am 18. Mai 2017.

13 Beispiel Schweiz: Es gibt keine Haftung des Kantons für die Verbindlichkeiten der Gemeinden. Gleichzeitig existiert Gläubigerschutz neben dem Ziel, die Kreditwürdigkeit der Gemeinden einzuhalten. Beispiel USA: 11 USC Chapter 9: Alle Kommunen und Landkreise sind insolvenzfähig. Antragsrecht liegt beim Schuldner allein – nicht beim Gläubiger. Einziger Insolvenzgrund ist die Zahlungsunfähigkeit (nicht: drohende Zahlungsunfähigkeit oder Überschuldung), die sechs Monate nach Fälligkeit einer Verbindlichkeit als eingetreten gilt. Oft werden Bürger mit herangezogen (Steuererhöhungen, Ausgabekürzungen).

14 Vgl. hierzu Berthold Busch und Jürgen Matthes, *Regeln für Staatsinsolvenzen im Euroraum*, IW-Analysen, Heft 104, Köln: Deutsches Institut für Wirtschaftsforschung 2015.

15 Vgl. hierzu Bundesministerium für Finanzen (Hrsg.), *Der Staat als privilegierter Schuldner – Ansatzpunkte für eine Neuordnung der öffentlichen Verschuldung in der Europäischen Währungsunion. Stellungnahme des Wissenschaftlichen Beirats des Bundesministeriums der Finanzen*, Berlin, Februar 2014.

16 Vgl. hierzu Daniel Gros,»Banking Union with a Sovereign Virus The self-serving regulatory treatment of sovereign debt in the euro area«, CEPS Policy Brief Nr. 289, 27. März 2017, Brüssel: Centre for European Policy Studies.

17 Vgl. hierzu Clemens Fuest,»Die Europäische Union am Scheideweg – zur Zukunft der Europäischen Währungsunion«, in: *ifo Schnelldienst*, Bd. 69, Heft 10, 2016, S. 6–9.

18 Vgl. hierzu und im Folgenden Deutsche Bundesbank (Hrsg.),»Ansatzpunkte zur Bewältigung von Staatsschuldenkrisen im Euroraum«, Monatsbericht Juli 2016, Frankfurt: Deutsche Bundesbank, S. 44–64.

19 Freilich müsste dafür Sorge getragen werden, dass Privatisierungen nicht im Hauruck-Verfahren durchgeführt werden. In Notverkäufen würden wertvolle Vermögenswerte der öffentlichen Hand nämlich unter Marktpreisniveau verschleudert werden.

20 Die Goldreserven der nationalen Zentralbanken unterliegen den Preisschwankungen des Goldpreises. Entsprechend treffen Zentralbanken sogenannte Bewertungsreserven.

21 Vgl. hierzu Pierre Pâris und Charles Wyplosz; *PADRE – Politically Acceptable Debt Restructuring in the Eurozone*, Geneva Reports on the World Economy Special Report. Genf und London: International Center for Monetary and Banking Studies und Center for Economic Policy Research 2014.

7 HÖHERE FINANZSTABILITÄT DURCH BESSERE BANKENREGULIERUNG

1 Andere Unternehmen der Finanzbranche, wie etwa reine Wertpapierdienstleister, Fondsmanager, Versicherungen, Leasing-Gesellschaften oder Börsen bzw. Handelsplattformen sind davon nicht erfasst und werden weiterhin allein von nationalen Behörden beaufsichtigt. Der einheitliche Aufsichtsmechanismus ist nicht für alle Aspekte der Bankenaufsicht zuständig, sondern nur für die sogenannte prudenzielle Aufsicht über Institute. Dazu zählen vereinfacht aus-

gedrückt alle Fragen, die für die Stabilität einer Bank wichtig sind, wie etwa die Vorhaltung von ausreichend Kapital und Liquidität, die Einhaltung von Großkreditgrenzen, das Risikomanagement, die interne Organisation einer Bank, das Erstellen vorsorglicher Sanierungspläne für den Fall einer Krisensituation, die Eignung und Zuverlässigkeit der Mitglieder von Vorstand und Aufsichtsrat oder die Überprüfung wichtiger Aktionäre in sogenannten Inhaberkontrollverfahren. All diese Bereiche sind ohnehin weitgehend anhand einheitlicher europäischer Vorgaben geregelt. Andere Bereiche sind nicht von der Aufsicht durch den einheitlichen Aufsichtsmechanismus erfasst, wie etwa Geldwäscheprävention, Wertpapierhandel, die Regulierung von Depotbanken oder spezielle Rechtsgebiete wie Pfandbriefrecht oder die Regulierung von Bausparkassen. In geografischer Hinsicht erfasst der einheitliche Aufsichtsmechanismus alle Staaten des Euroraums, ist aber auch offen für den freiwilligen Beitritt von EU-Mitgliedstaaten, deren Währung nicht der Euro ist.

2 Der einheitliche Aufsichtsmechanismus ist von der Europäischen Bankenaufsichtsbehörde (*European Banking Authority*, EBA) zu unterscheiden, die 2010 gegründet wurde und ihren Sitz in London hat. Die Europäische Bankaufsichtsbehörde ist nicht nur für den Euroraum zuständig, sondern für alle EU-Mitgliedstaaten. Anders als die EZB oder nationale Aufsichtsbehörden darf die Europäische Bankenaufsichtsbehörde, von wenigen Ausnahmen abgesehen, keine direkten Anordnungen oder Maßnahmen gegenüber Banken treffen. Sie hat auch gar nicht die hierfür notwendigen Ressourcen und die notwendige Kenntnis der Lage der einzelnen Banken. Die Hauptaufgabe der Europäischen Bankenaufsichtsbehörde ist gleichwohl sehr bedeutend: Sie entwickelt wichtige Detailregelungen zu den Vorgaben des europäischen Bankenaufsichtsrechts und gibt Standards für die Auslegung von Rechtsvorschriften heraus, an die sich die eigentlichen Bankenaufsichtsbehörden grundsätzlich zu halten haben.

3 Darüber hinaus ist der einheitliche Abwicklungsmechanismus auch stets für die Abwicklung grenzüberschreitender Gruppen zuständig, selbst wenn diese Gruppen nicht unter direkte EZB-Aufsicht fallen, son-

dern von den nationalen Aufsehern beaufsichtigt werden. Grenzüberschreitende Gruppen sind Konzerne mit mehr als einem Kreditinstitut (bzw. anderen regulierten Unternehmen wie etwa einer Finanzholdingsgesellschaft), deren Gesellschaften in mehr als einem Mitgliedstaat der EU ansässig sind. Ein Beispiel wäre eine französische Bank mit einer Tochtergesellschaft in Spanien, die ebenfalls eine Bank ist.

4 Bei dem Maßnahmenpaket der Bankenabwicklung handelt es sich im Wesentlichen um die Veräußerung einer Bank oder eines Teils einer Bank an einen Erwerber oder ein eigens dafür errichtetes Brückeninstitut, die Auslagerung von Vermögenswerten auf eine Zweckgesellschaft.

5 Im Unterschied zur Europäischen Zentralbank handelt es sich beim Einheitlichen Abwicklungsausschuss aber nicht um ein EU-Organ, sondern lediglich um eine EU-Agentur. Dieser Unterschied ist bedeutsam, weil EU-Organe umfassend Rechtsakte erlassen können, auch gegenüber Privatunternehmen wie Banken, wohingegen der Einheitliche Abwicklungsausschuss dies nur in eng begrenzten Ausnahmefällen tun darf und im Regelfall erst eine nationale Abwicklungsbehörde anweisen muss, bestimmte Abwicklungsmaßnahmen gegenüber Banken zu ergreifen.

6 In diese Richtung zielt auch die Kritik aus dem Europäischen Parlament am Kommissionsentwurf, vgl. Bert van Roosebeke, »EU-Einlagensicherung im Europäischen Parlament: Gewisse Fortschritte, weiterer Verbesserungsbedarf«, cepAdhoc, Freiburg: Centrum für Europäische Politik, 2016.

7 Damit sind Finanzunternehmen gemeint, die ähnliche Geschäfte wie eine Bank machen, aber im rechtlichen Sinne keine Bank sind und damit auch nicht der Bankenregulierung unterliegen.

8 Diese Grenze müsste nicht bereits bei 25 % des Eigenkapitals der Bank liegen, aber sie müsste auf jeden Fall für eine Steuerungswirkung sorgen.

9 Vgl. Datensatz *Entwicklung der Bilanzsumme der deutschen Bankenbranche von 2000 bis 2016.* Statista. https://de.statista.com/statistik/daten/studie/187500/umfrage/entwicklung-der-bilanzsumme-der-banken-in-deutschland-seit-2003; letzter Zugriff am 29. Juni 2017.

Darüber hinaus hält der deutsche Staat vor allem infolge der Finanzkrise Minderheitsbeteiligungen an Privatbanken wie der Commerzbank AG (15,6 %) und der Deutsche Pfandbriefbank AG (20 %).

10 Siehe hierzu etwa Mathias Schmit, Laurent Gheeraert, Thierry Denuit und Cédric Warny, *Public Financial Institutions in Europe*. Brüssel: European Association of Public Banks A.I.S.B.L. (EAPB).

11 Dies ist bereits bei den von deutschen Bundesländern errichteten – also den im Vergleich zur KfW deutlich kleineren – Förderbanken der Fall.

12 Stand 13. Juni 2017.

13 In Deutschland geregelt in § 25d Kreditwesengesetz. Die Anforderungen schließen nicht aus, dass politische Mandatsträger eine solche Aufgabe übernehmen. Sie müssen dann allerdings ihre Eignung und Befähigung nachweisen, sich regelmäßig fortbilden und der Aufgabe ausreichend Zeit widmen.

14 Abgesehen von den Arbeitnehmervertretern, die von den Arbeitnehmern bestimmt werden, allerdings als Verwaltungsräte auch dem Interesse des Unternehmens verpflichtet sind.

15 Die regulatorischen Kapitalquoten beziehen sich nicht auf die gesamte Bilanzsumme einer Bank, sondern nur auf die sogenannten risikogewichteten Aktiva (*Risk-Weighted Assets*, RWA). Allen Vermögenswerten einer Bank, etwa einer Kreditforderung, einer gehaltenen Anleihe oder Aktie, wird ein spezifisches Risikogewicht zugeordnet. Das soll dem Umstand Rechnung tragen, dass es riskantere und weniger riskante Investments gibt, etwa besicherte und unbesicherte Forderungen oder Papiere von solventen und finanzschwachen Schuldnern.

16 Vgl. Douglas W. Diamond und Raghuram G. Rajan, »A Theory of Bank Capital«, in: *Journal of Finance*, Bd. 55, Heft 6, Dezember 2000, S. 2 431–2 465.

17 Hinzu kommt die Tatsache, dass Risikogewichte prozyklisch wirken: In wirtschaftlich guten Zeiten sind die Risikogewichte – zumal in internen Modellen – eher niedrig, im Abschwung steigen sie an. Die Folge ist, dass die Banken in guten Zeiten zu einer weiteren Kreditvergabe angehalten werden, was schlimmstenfalls zu einer

Blasenbildung beiträgt, und dass sie im Abschwung ihre Kreditvergabe drastisch einschränken müssen, was den Abschwung weiter beschleunigt und damit auch die Ausfälle der Banken erhöht. Politik und Aufsichtsbehörden haben diese Gefahren durchaus erkannt. So ist mittlerweile für Banken ein antizyklischer Kapitalpuffer erforderlich: Banken müssen im Aufschwung mehr Eigenkapital vorhalten als im Abschwung.

18 Das Financial Stability Board ist eine von den 20 größten Industrienationen (G20) ins Leben gerufene Organisation, die die globale Finanzstabilität überwacht. Der Basler Ausschuss für Bankenaufsicht ist der wichtigste globale Impulsgeber für Bankenregulierung, bestehend aus Vertretern der Aufsichtsbehörden von derzeit 26 Staaten.

19 Grundsätzlich kommt das wirtschaftliche Ergebnis des *Bail-in* einer Verwertung von Gesellschaftsvermögen in einer Insolvenz recht nahe. Auch in der Insolvenz müssen Gläubiger eines Unternehmens in der Regel im Rahmen einer vorgegebenen Rangfolge erhebliche Ausfälle ihrer Forderungen hinnehmen. Es ist aber ausdrücklich verboten, dass der Gläubiger beim *Bail-in* schlechter gestellt wird als in einer hypothetischen Insolvenz.

20 Eine Kapitallücke, also das tatsächliche oder absehbare Unterschreiten des regulatorisch geforderten Eigenkapitals, führt gemäß der Bankenabwicklungsrichtlinie zur Abwicklung der Bank, wenn, wie im Falle der Monte dei Paschi di Siena, eine Rettung durch Private nicht zu erwarten ist und wenn aus Gründen der Systemstabilität kein normales Insolvenzverfahren durchgeführt werden soll. Die Abwicklung der Bank würde aber aller Voraussicht nach auf jeden Fall einen *Bail-in* erforderlich machen, um besagte Kapitallücke zu schließen.

21 An dieser Begründung sind Zweifel erlaubt: Auch Kleinanlegern kann man grundsätzlich zutrauen, eine bewusste Anlageentscheidung zu treffen. Wer sein Geld nicht auf Spar- oder Festgeldkonten anlegen möchte, sondern renditeträchtigere Anlageformen wie Anleihen oder Hybridkapital erwirbt, muss auch ein höheres Verlustrisiko in Kauf nehmen. Zudem handelt es sich selbst bei

Hybridkapital immer noch um eine Geldanlage, deren Ausfallrisiko aufgrund des besseren Rangs im Insolvenzfall stets geringer ist als das einer Aktie desselben Unternehmens. So lange daher Kleinanleger Aktien kaufen dürfen, lässt sich kaum argumentieren, dass es sich bei Hybridkapitalinstrumenten um Produkte handelt, die per se für Kleinanleger zu riskant sind, und daraus herzuleiten, dass diese Kleinanleger aufgrund eines für sie nicht überschaubaren Risikos aus öffentlichen Mitteln entschädigt werden müssen.

22 Eine »vorbeugende und vorübergehende« staatliche Eigenkapitalhilfe vor Eintritt des Abwicklungsfalls lässt Art. 32 UAbs. 1 Abs. 4 Buchst. b) Ziff. (iii) und UAbs. 2 und 3 der Bankenabwicklungsrichtlinie (Richtlinie 2014/59/EU) zu, wenn diese »zur Abwendung einer schweren Störung der Volkswirtschaft eines Mitgliedstaats und zur Wahrung der Finanzstabilität« erfolge, zu Preisen und Bedingungen erbracht werde, die das Institut nicht begünstigten, wenn das Institut weder die Zulassungsvoraussetzungen (einschließlich angemessener Eigenmittel) verloren habe oder in naher Zukunft verlieren werde, noch überschuldet oder zahlungsunfähig sei, sondern vielmehr solvent. Ferner ist hierfür eine Beihilfeentscheidung der Europäischen Kommission erforderlich. Die vorbeugenden Kapitalhilfen »dienen nicht dem Ausgleich von Verlusten, die das Institut erlitten hat oder in naher Zukunft voraussichtlich erleiden wird«, sondern dürfen nur Kapitallücken schließen, die »in Stresstests ... festgestellt wurden«. Eine unter all diesen Voraussetzungen gewährte staatliche Kapitalhilfe verhindere, dass der Abwicklungsfall eintrete. Die Entscheidung darüber, ob der Abwicklungsfall eingetreten ist, trifft die EZB. Im Hinblick auf staatliche Unterstützung im Abwicklungsfall selbst regelt die Bankenabwicklungsrichtlinie in Artikel 56 Absatz 3: »Staatliche Stabilisierungsinstrumente kommen zur Wahrung der Finanzstabilität ... als letztes Mittel zum Einsatz, nachdem alle übrigen Abwicklungsinstrumente so umfassend wie möglich erwogen und eingesetzt [in der englischen Fassung sogar eher »ausgeschöpft«, »exploited«; Anmerkung der Autoren] wurden.«

23 Diesen Schritt scheut sie möglicherweise deshalb, weil die Ungerechtigkeit eines solchen Vorgehens für die italienischen Wähler viel

klarer auf der Hand läge als in dem Falle, dass die gesamte Bank
vom Staat gerettet wird.

24 Konkret handelt es sich hierbei um Eigenkapital und Fremdkapital.

25 In diesem Sinne vgl. Europäischer Rechnungshof (Hrsg.), *Der Einheitliche Aufsichtsmechanismus – Guter Auftakt, doch bedarf es weiterer
Verbesserungen*, Sonderbericht 29, Luxemburg 2016.

26 Der Sprachenverordnung aus dem Jahr 1958 (VO 1/1958) war die
erste Verordnung überhaupt. Damals hatte die EWG (der Vorläufer
der heutigen EU) allerdings nur sechs Mitgliedstaaten.

27 Bis zur Finanzkrise schrieb die Europäische Einlagensicherungsrichtlinie noch eine Mindestsicherung von lediglich 20000 Euro je
Einleger und eine Selbstbeteiligung von 10 % der Schadenssumme
vor. Durch die Richtlinie 2009/14/EG vom 11. März 2009 wurde die
Mindestsicherung auf zunächst 50000 Euro, ab 31. Dezember 2011
auf 100000 Euro je Einleger heraufgesetzt und die Selbstbeteiligung
abgeschafft.

28 Bei einem Totalausfall einer Bank bekäme daher ein Anleger, der
20000 Euro angelegt hat, die vollen 20000 Euro vom Einlagensicherungssystem erstattet. Bei einer angelegten Summe von 50000 Euro
betrüge die Entschädigung 47000 Euro. Hat der Anleger 100000
Euro angelegt, würde er nach diesem Vorschlag eine Entschädigung
von 87000 Euro erhalten. Die Berechnungen zeigen, dass die Verluste spürbar sind, ohne dass durch sie untragbare Härten zu erwarten wären.

8 ALLES AUF ANFANG

1 Vgl. Jean-Claude Juncker mit Donald Tusk, Jeroen Dijsselbloem, Mario Draghi und Martin Schulz, *Die Wirtschafts- und Währungsunion
Europas vollenden*, Brüssel 2015.